转角
看见陕西北路

君天
闲听落花
北路溜溜
梦风

著

文汇出版社

序

一个城市总有很多故事，上海这个风云际会的城市当然如此，地处上海城市中心的静安区更是如此。

如果追溯"静安"的得名，那要说到南宋年间就伫立于此的静安古寺，比上海建城的历史更早，如今在金碧辉煌的静安寺周边，多条地铁线纵横交汇，摩天大楼鳞次，这里是上海最高端最时尚的商业区。在近代以来的一百多年间，现代城市起源于外滩，自东向西逐步扩界，很快就到了静安寺，一条贯穿的轴线大道也从外滩向西延伸过来，旧时东边叫大马路（南京东路）、西边叫静安寺路（南京西路），拉出"十里洋场"。静安寺路沿线如鱼骨般扩展了多条南北向马路，长长短短，曲曲弯弯，沿马路又生长出一个个里、弄、街、坊，街面或是摩登商铺或是深宅大院，最终成就了上海高档的西区不夜城。陕西北路是其中的一条名头响亮的路，1914年筑成时叫西摩路，当时马路长度约一公里。

2013年，陕西北路经静安区人民政府向文化部成功申报，被命名为"中国历史文化名街"，从此这一公里路段就叫"陕西北路中国历史文化名街"，它同时也是上海六十四条"永不拓宽的马路"之一。这条百年老街至今完好保留着二十多处名人名居、优秀历史建筑、文物保护建筑，被称为"一条西摩路，半部民国史"。这条老街也积累了中华人民共和国成立之后与城市共同发展、不断更新的文化内涵，出版社、学校、纪念馆等文化教育机构分布在街区老建筑中，在它与南京西路相交的宽阔路口，又构筑了新世纪初最繁华的梅泰恒（梅陇镇广场、中信泰富广场、恒隆广场）商圈。

《转角看见陕西北路》是一部小说集，作者们是网络作家。中国的网络文学在短短二十多年间发展成为巨大的文化产业，拥有了数亿读者和上千万作者，与互联网改变生活一样，网络文学也改变了当今的文化生态。因为上海网络作家协会原会长陈村先生的缘故，从2017年开始，陕西北路上有了一个以网络文学为活动内容的文化平台，每月一期的"陕西北路网文讲坛"已经持续举办了五年，前来参与讲座和交流的网络作家近二百位，上海市作家协会、上海市静安区文化和旅游局、上海网络作家协会是这个文化平台的发起单位。这部小说集正是在网文讲坛的基础上，邀约网络作家们撰写以静安老街区为背景的故事。小说集由四篇各自独立的中篇小说构成，写历史也写今天，将网络文学类型创作的特点加以发挥：《西摩路密码/刺白》是谍战文，讲述了大革命失败后隐蔽在上海的中央特科的一段惊心动魄的斗争；《遇见爱了》是上、下篇组成的都市文，以爱情故事为贯穿：来到魔都的新上海人、回归故里的老克勒，从四十年代到八十年代、九十年代到新世纪，弥漫在这个街区的生生死死、欲说还休。《心静即安》是职场文，四个从事心理咨询的职场女性，把创业起步选择在这片街区的梅泰恒黄金商圈，起起伏伏、磕磕绊绊，构筑一段人生经历。

文学是生活的写照，惯于天马行空、脑洞大开的网络作家们很重视这次创作实践，他们深入采风、走访街区、研读资料、反复修改，用他们独特的笔触书写这里的前世今生、这里的生活变迁。与此同时，他们对上海这座城市的了解，对前前后后生活在这块土地上的上海市民的理解也更为深入，希望这些故事给老上海人、新上海人带来共鸣。

　　这本小说集是个尝试，也是一次创新，祝愿作家们走出陕西北路后有更好的作品问世。

上海市静安区文化和旅游局局长

陈宏（签名）

2021 年 6 月

目录

西摩路密码/刺白　　　君天　　　1.

遇见爱了

上篇：林青的城市　　闲听落花　　103.
下篇：龚泽的城市　　北路溜溜　　165.

心静即安　　　　　　梦风　　　　211.

后记　　　　　　　　　　　　　　317.

西摩路密码/刺白　　　　　　　　作者：君天

楔子

民国十八年,深秋的某一天,上海西摩路,美心点心店。

午饭时间,店铺里基本已经坐满。一个西装革履的青年,梳着油亮的分头走进店铺,他看了一圈,在一张已经有一个人的桌子坐下。

桌上吃汤圆的小胡子中年人,身着长衫戴着圆框眼镜,抬头看了他一眼,没有说话继续吃喝。

青年看了看对方碗里的汤团,一只肉的一只芝麻的。他要了一份芝麻汤团,在等吃食的时候,从口袋里拿出一份报纸看起来。

小胡子用只有对面的年轻人能听清的声音说:"看报纸了?事情知道一些?"

青年不着痕迹地点了点头。

小胡子说:"前些时候我们没接到人,彭老板走了。"

青年目光一凝,在小胡子身上看了一眼,然后看向边上端来的汤圆,气定神闲地喝了一口汤。

"最近生意难做,货物也找不到。冠生让我叫醒你做生意。"小胡子中年人也不抬头,飞快吃着汤圆含糊道,"看看白货在法租界哪里买。"

青年仍旧没有说话,只是用力吸了口芝麻馅,舌尖冒着热气,眼睛眯了起来。

小胡子继续压低声音说:"大家一起想办法。菜场后头那只邮筒,可以帮侬。侬每天多关心一点。有重要消息就到老地方找我。"

青年低声说:"晓得了,阿哥。"

"当心一点。"小胡子一口吞下最后那枚肉汤团,擦了擦油嘴起身离开。

青年并没有多看对方一眼,他只是看着碗里的汤团,心里波涛翻滚。营救行动失败,彭湃同志牺牲的消息他是知道的,但组织决定提前唤醒他,却在意料之外。因为化名冠生的周恩来先生,在他潜伏下来后曾亲口说过,这次潜伏要把身份做实,至少要一年以上的时间才会给他工作。

为了找叛徒白鑫,党组织真是下了大决心了。青年脸上古井不波:这是当然的了,这几年我们受到的损失太大了。民国十六年"四一二"蒋介石清党,中共党组织遭到重创。当年六月底江苏省委书记陈延年被捕,不久在七月头上牺牲,七月中代书记赵世炎被捕牺牲。民国十七年罗亦农被捕牺牲。今年又是彭湃同志。

心里这一连串的名字,让青年最为心痛的是赵世炎。因为在民国十六年上海工人第三次武装起义的时候,他就在赵世炎的身边工作,可谓是由对方亲手培养起来的党员。为了纪念对方,他甚至将名字也改成了赵逸。

赵逸,上海本地人,在"四一二政变"后离开上海前往苏联受训,之后辗转在香港和广东工作。于去年年底回到上海,隶属于中共中央特科,代号"红兵",本来准备静默一到两年才开始工作。

刚才和他接头的是上海中央特科的领导人王庸,也是他唯一的上线,因此本次唤醒绝对有效。

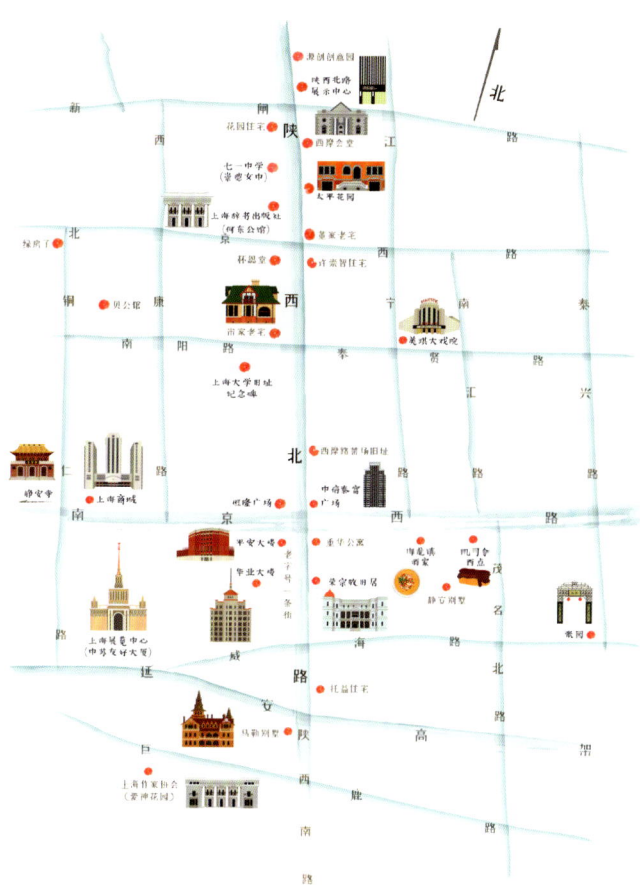

导览图. 作者／麦子

西康路菜场。 作者/高昭

认真咽下最后一口汤团,赵逸走出点心店,甜腻的感觉还在心头,外头天气却意外地有一点冷。他拍了拍西裤笔挺的裤线,大步走向西摩路菜场。

第一章　苏醒

二十世纪二十年代的上海,在后人回忆里,常说是"十里洋场,冒险家的乐园"。但其实正因为是租界的天下,外国人在上海租界拥有绝对的自由和权力,这里的治安反而相当的好。青洪帮的江湖混混也好,全国各地来的革命人士也好,一般冲突都发生在华界,在租界里通常会保持克制容忍。

拿后来叫南京西路、当时还叫静安寺路的这片区域来说,基本真的做到了"静""安"二字。许许多多有钱商人在附近买房子居住,边上这条西摩路上可谓富豪云集,前有大商人荣宗敬的荣宅,中有如日中天的宋家,后有混血大亨何东的何东公馆。

这条路上有钱人多洋人多,所以连菜场也变得洋气起来。西摩路小菜场就是一个常年给外国人和富商供应食品蔬菜的菜场。这里的水果时蔬、生鲜鱼肉被分门别类地陈列出来,就连进口罐头也有柜台。卖菜的和买菜的,经常是用英语法语来交流的。

赵逸进出菜场的时候,常有人恭敬地和他打招呼,但他既不是来买菜也不是来卖菜。确切地说,他所属的美国贸易公司,是这边肉类食品的主要供货商之一,他是美国商人爱德华的华人买办。大约一年半前,赵逸在香港和爱德华相识,他纯熟的英文和广阔的交际,让早就想在中国扩大生意的爱德华欣赏不已,因此聘用他作为买办,协助处理生意。这当然都是赵逸设计好的一个局。不过这个局的主要目标并不是美国人爱德华,而是赵逸需要有一个在上海站得住脚的公开身份。

"赵先生。"

"赵老板好。"

赵逸怀着心事,面带微笑穿过菜场,走上不远处的办公楼。其实西摩菜场固然对贸易公司的生意很重要,但若非为了行动自由,他大可去稍远一点的美国公司仓库办公。为了能够处理情报事宜,赵逸特意在此安排了一块更私密的独立空间,连睡觉也是在这里。洋人给他在附近买的宅子,他只有在需要"演戏"的时候才用。

推开办公室的窗子,他就能看到楼下路边的红色邮筒。点上香烟,青色的烟圈慢慢浮起,那么从今天开始,这个邮筒就成为他的死信箱了。

所谓死信箱,就是间谍特务用于交换情报的东西,往往是一个不起眼,或者说不会有外人接触的环境。死信箱的情报投递并没有固定的时间,可能一天几次,也可能一连几年没有动静。传递情报者会按自己的时间投递情报,而接收情报者,也是按照自己的节奏和方式接收情报。双方原则上并不产生交集。

赵逸接收这个情报的方法很简单,西摩路这里的交通员小马是他的小组成员,只不过之前小马是和他一起静默的。

吸了一支烟,赵逸关上窗子坐回老板椅。要找到叛徒白鑫,可不是容易的事。而且王庸说了,白鑫大概率在法租界,而西摩路这里是属于英美的公共租界，它们属于两个系统。当然，虽然公共租界和法租界属于两个系统，但是洋人们开公司可不管这么多，他的这间公司，正是美国老板爱德华和法国人缪拉合伙开的。他建立这个身份的目的，就是为了在租界里建立一套完备的情报系统。理论上说，在租界里，中央特科和国民党的党务调查科是在同一起跑线上的。

王庸和冠生就是出于这个原因，提前将他唤醒的吧？可是根据之前情报网设立的节奏，目前还不够强大。若只是单靠赵逸和外国人的关系，白鑫这种事普通商人也不可能知道。

换个思路，如果我是白鑫，我会怎么躲呢？

赵逸忍不住又摸了一支烟出来，如果我是白鑫……又想了一会儿，他决定出去走一走。既然要解除静默，自然要把小组成员都激活起来。

实话说，赵逸并不了解白鑫这个人，他只知道对方是个老革命，而且是彭湃的秘书。所以他首先得弄明白这到底是个怎么样的人。

走过红色邮筒，赵逸不经意地在底座边划了个"W"，然后沿着西摩路朝前走，没多远就到了亚尔培路，也就是说他从公共租界走到了法租界。不远处有个修鞋摊，修鞋的是个瘸老头子，头发花白胡子拉碴。他理了下头发，露出笔直的头路，走上前去。

"邦祖！先生。擦鞋吗，先生？"老头子恭敬地说。

"擦干净点啊。二狗叔，你没睡午觉吗？可以醒了。"赵逸轻声说。其实他心里更想说邦你个头，要这么显摆法语吗？

老头子听到说"醒了"两个字，立即清了清椅子，请对方坐下。

赵逸坐好，跷起脚摆在鞋箱上。老头子先简单去了去皮鞋的尘土，几下鞋面就亮了起来。他一面挤鞋油一面问："做什么生意？"

"为彭老板找白货。"赵逸说。

老头子皱眉道："很麻烦啊。白货很难找。"

赵逸看着周围，路上没有人注意这边，于是问道："这人我不熟，给我讲讲他？"

老头子轻声说："他是湖南人，黄埔四期，参加过南昌起义，资历深厚。是彭老板的老部下，也是他的秘书。"

"说点我不知道的。"赵逸好笑道。

老头子道："这个人贪财好赌，但胆子特别小。他在北伐时候吃过炮弹，身体到冬天就不太好，所以之后就不敢上战场了。他这次之所以造反，应该有一部分原因是和老板有私仇。别的不好说，不过这个人胆子小，很可能要离开上海的。"

"都说他在法租界。能找得到吗？"赵逸说。

老头子皱眉道："这是个敏感人物，不能公开撒网。只能盯着几个机关和几个大公馆。法租界那么大，我们人手本来就不多，不敢打包票。"

赵逸道："尽力而为吧。反正他不可能找小旅馆住，而特务藏人的地方不多。这种人也不可能太能忍。"

老头子笑道："你那么有信心啊？多想几条路走呗。我会尽力的。"

赵逸道："很好。二狗叔，我会把所有人叫醒，你也精神点。"他看着对方稀疏的白发，心想当年的战斗英雄，如今假扮擦鞋匠，真是有点屈才了。

老头子擦好一只鞋，露出发黄的牙齿道："老板，发支香烟呗。"

赵逸丢给他一支烟，跷起另一只脚。老头子自然地把烟夹在耳朵上，埋头用力擦起来。

皮鞋擦得锃亮，赵逸叫了黄包车来到霞飞路"洛里俱乐部"。

法租界素来喜欢用人名来命名道路。霞飞路作为法租界的主干道，这条路的名字就来自法国元帅约瑟夫·霞飞。此人是第一次世界大战时马恩河战役的英雄，在当时可谓大名鼎鼎。

俱乐部里人并不多，这里白天是咖啡馆，晚上则是卖酒的酒吧，相较而言，自然是晚上更热闹一些。

看着吧台后擦拭杯具的姑娘，赵逸微笑靠了过去。"嗨。丽莎。"他打招呼说。

"要喝什么咖啡，赵先生？"女招待是个中国姑娘，说的却是法语，她留着卷卷的短发，化着淡淡的眼妆。

"招牌咖啡。我刚睡醒。"赵逸也用法语回答，递出一张大票。

女招待眼睛笑成一条线，小声道："醒了？哥，我有什么可以帮你？"

赵逸指着白色咖啡杯说："调查科藏了这个，我要找到他。"

女招待轻声道："我知道了。有动静我会告诉你。"

赵逸笑道："不刻意打听。这里是消息最繁杂的地方，总会有动静的。"

"明白的。"女招待笑眯眯地给他做好招牌咖啡。

赵逸这才道："大老板在里头？"

"当然，在打牌呢。"女招待理所当然道。

赵逸走入里头的贵宾包厢，他的老板爱德华和几个商人朋友正在赌牌。奇怪的是他们没有在打洋人的扑克，而是在打麻将。看着爱德华通红的眼睛，显然打了很长时间了。赵逸看了一会儿，打开一旁的保险柜,在账本上记了几笔,然后笑嘻嘻地把爱德华换了下来。

"我家乔伊来了。看他给我翻本!"爱德华骂骂咧咧道。

九个月的时间,赵逸基本在公共租界和法租界建立起了自己的关系网。他的情报网第一层由老头子陈二、女招待丽莎以及小马组成。这些人下面当然还有各自的人手,但他就不直接接触了。如特务守则上说的,情报联系是线状的,有上下之分,而尽量不要有左右之分。上线和下线最保险的就是单线联系,绝不能和太多人有牵扯。

在赵逸打牌的时候,西摩菜场后门一个戴着鸭舌帽、邮差模样的青年来到邮筒边,他看到邮筒底座上那处新划的"W"微微一怔,然后眼中闪过兴奋之色。

他不动声色地开启邮筒,划拉几下把所有的信件都取了出来。这个邮递员就是中共交通员小马,今年只有十五岁,却是个老交通员,经历了整个白色恐怖时期。平常只有他负责这个邮筒,邮筒每天开一次,每天有四十多封信的样子。换作平日,他通常是一股脑地把它们丢到大袋子里,但从今天开始他不会这样了。

所有的信件被麻利地摆成几摞,不过今天并没有特别的收获。

法租界霞飞路,和合坊范公馆。此间的主人范争波是国民党上海党部的常务委员,作为淞沪警备司令部侦缉队长的他,前不久刚带队抓了彭湃,此时可谓声名正盛。

范争波靠在沙发上,对边上瘦小精干的白鑫道:"老白啊,你的事头交给吴禄了。你如果有什么想法,直接和他说。"

白鑫眯着小眼睛,小心看了看另一边沙发上那个面孔有点微胖、捂着半边脸、眼神犀利的男子。他审时度势地微笑道:"吴长官,我有一点小问题想请教。"

吴禄说："白先生说嘛。有话尽管说。我是受上峰委派，专门来给白先生服务的。"

白鑫打起精神说："是这样的。在共党分子彭湃被正法前，我就打报告要求离开上海。当时范长官是同意的，还说上峰也是同意的。可为什么迟迟没有安排呢？我在北伐的时候受过伤，最近天冷了很不舒服。但你们这几天又限制我外出，我是要看医生的啊。我就想问，现在到底是怎么个安排？"

吴禄侧头放下手道："不好意思白先生，我这几天牙有点痛，所以人的精神不太好。"

"你是压力大吧？"范争波笑道。

吴禄笑道："是啊，熊司令和杨特派员把白先生的安危交给我，我自然要小心谨慎。"

他说的熊司令是淞沪警备司令熊式辉，也是范争波的顶头上司。杨特派员则是国民党中央组织部党务调查科的上海特派员杨登瀛。

吴禄看了看白鑫表面谦恭、实际阴郁的脸，于是又笑道："司令的意思是这样的，白先生立下大功，帮我们抓获共党匪首彭湃，党国素来有功必赏！所以一定不会亏待白先生。不过这次虽然一举抓获多个共党首脑，但是共党在上海的情报网却没有大的损害。所以我们在想，是不是能利用这次机会扩大战果。"

"要怎么扩大战果？"白鑫问。

吴禄道："我们坦白说吧。彭湃的死，共党一定恨着你，他们一定会组织刺杀行动。而你一天不离开上海，我们就多一份机会对他们造成更大的破坏。"

白鑫冷笑道:"你是要拿我做诱饵?这难道是优待功臣的办法吗?"

吴禄道:"我这里有两个方案,请你斟酌。一,你搬出范公馆,去我们指定的房子住。我们会对你实行保护,看看有没有机会抓捕击杀共党分子。时间不用太长,如今已经是十月,你留到年底也就差不多了。"

"那不得是九死一生?"白鑫面色陡变,摇头道,"不行,绝对不行。范长官答应我可以住在这里的。"

范争波也道:"吴禄,这样不好。传出去以后谁还为我党国做事?而且我答应了白鑫,可以让他安全地住在和合坊。"

吴禄揉着面孔,认真道:"那就只能用第二个办法了。白先生你继续住在范公馆,我们会放出消息,你仍在法租界。那样共党会千方百计地打听你的下落。这样,我们也能通过你,来看看谁会送上门来。"

白鑫看了看范争波,他意识到自己不可能两个方案都拒绝。说白了,如今自己的这条命,就看国民党给不给。

"第二个方案是可以的,但是我要出去看病,你要派人保护。另外,我也不能一直留在上海,我肯定是要离开的。"说到这里,白鑫转向范争波道,"范长官,你是答应过我的,可不能没了信用。"

范争波笑了笑道:"好了,我明白的。白兄,你能答应暂且留在范某这里,这就可以了。你先下去,我和吴禄再商量一下。"

"是啊。容我们再商量一下。"吴禄也笑道。

白鑫恭敬一礼,默默退下。

"如你所言,白鑫他答应了。嗯,还算识大体,不愧是黄埔出来的人。"范争波给对方递上一根烟,笑道,"不过,吴老弟,你这样让我很难做啊，我是个守信用的人。"

吴禄接过香烟道："我也是奉了司令的命令嘛。而且真要能破获共党的情报网，范长官你也是有功劳的。"

从职位上说，范争波不仅仅是党部常委、侦缉队长，还兼任军法处长的职位，因此官阶比吴禄要高出不止一点，吴禄对其向来以下级自居。

功劳？光彭湃这件大功就够我吃一辈子的了。范争波脸上毫无反应，只是小声道："话虽如此，但我们也不能长期拖着他，而且确实要保证他的安全，毕竟他是住我这里。你知道，他说是去达生医院找柯达文医生看老伤，其实他是去看疟疾，而达生医院确实是可以看传染病的。"

吴禄道："疟疾？哎，那他住你这里……"

范争波道："这病我了解过，注意一点卫生不是那么容易传染的。而且他是复发，对我这里构不成大问题。"

吴禄道："怪不得一定要去达生医院，我明白了。柯达文这个人我调查过了，身世清白。这家医院的另一个大夫贺雨生也是名医。只是……"

"只是什么？"范争波问。

吴禄道："只是柯达文是广东人，那彭湃也是广东人，总是让我有点怀疑。"

范争波皱眉道："你是不是太敏感了？上海做医生的广东人可不少。而且白鑫说了，他之前这个病就是柯达文看的。并且在他印象里，柯达文肯定不是共产党。这家伙可怕死了，不会拿自己性命开玩笑。"

吴禄笑说："好的好的，范长官你倒是真为白鑫着想。你放心吧。

他要去的达生医院那里,其实我已经安排好了。"

"你的意思是?"范争波说。

吴禄揉着面颊说:"我已经放出风声,说白鑫可能会外出去见大夫。我对外说了三个医生,到时候我们就看有多少人提前知道,最好是共党能够自己跳出来,我们也就不用等很久。"

不愧是叫"阎王伸手,无路可走"的吴禄。只是这样也很容易误伤自己人啊。真要从下面查起来,那还不鸡飞狗跳?范争波吸了口烟,想要说些什么,还是忍住了。

吴禄见对方不再追问,于是稍许放松地抽起了烟。说实话,即便是对范争波,他也仍旧有所隐藏。

两天后的傍晚,小马打开邮筒,他认真把所有的信件麻利地摆成几摞,一封不起眼又有点特别的信件进入他的视线。

那是一个偏小的白色信封,但是信封上一个字也没写,也没有贴邮票。小马认真收起这封无字信,然后就继续他的正常工作了。

赵逸照规矩在俱乐部打了两圈牌,给爱德华赢回了点钱。爱德华吃了咖啡点心,赌瘾发作又把他换下来。赵逸笑眯眯地转了一圈,先到戈登路再回西摩路,时间已经过了下午五点半。

戈登路的梧桐树下,正是邮递员小马,两人并不做目光交流,身形交错而过,折好的白色信件悄无声息地落在赵逸的口袋里。

这么说是有消息了?赵逸心里充满了好奇。

回到办公室,锁上房门拉上窗帘,他拿出这封白色的邮件,信封里有一张洁白的信纸。

赵逸将纸头铺平,从口袋里拿出一个小巧的银制打火机,这个叫

IMCO牌子的打火机是爱德华在去年圣诞节给他的礼物。在这个时代手上有这种东西，就是身份的象征。火苗从信纸上烘过，白色的纸面上显露出一行黄色的古板字迹。

"是橘子汁嘛。"赵逸笑着收起打火机，扫视纸上的文字。

"白鑫将于明日下午前往达生医院柯医生处。"

一行简单的字，引发赵逸诸多思考。如果白鑫的行踪那么容易打听，王庸他们又如何会唤醒自己？可即便情报未必准确，自己又怎么能完全无视？

"还是要去看一看。"他在心里说。

达生医院赵逸是有印象的，那是家私立诊所，位于威海卫路春萱里，距离西摩路并不远。据说那边配的药很贵，更重要的是里面还看传染病，一般人头疼脑热是不会去的。

第二章　监视

自从去年年底在西摩路扎根落脚，静安寺路附近赵逸基本都踩熟了，从他这里到达生医院不过十多分钟的路程。

稍作化装改扮的他，绕着这家位于春萱里最后一幢楼的小医院走了一圈，眼睛微微一亮。因为这栋看起来很平常的小楼，意外地别有乾坤。先不说用专业的目光看，这诊所的门房就能看清外头马路的所有动静，那诊所的后门更是直通后街的。

不过赵逸在观察的同时，发现附近有人盯梢。盯梢的人眼睛没有看着诊所,而是对着马路。

看着像是个陷阱啊。赵逸很小心地离开威海卫路暗桩的视野,琢磨着眼前的情况。侦察的事情最重要的是谨慎,尤其是在明知有人监视的情况下更不能冒险。但是情报说白鑫会到这里看病,那么他就有必要确认一下。

稍加思索,赵逸在半小时之后,换了一套衣服,粘上假胡子,佝偻着身子提着布包,重新来到街道对面,找了一家小旅店。他开了个二楼的房间,贴着窗户缝看向楼下的威海卫路。这边视野不算好,如果有人在附近监视,不会在意这里的位置。但是配上望远镜,已经足够他看清楚诊所大门外的情况。

看了眼时间,现在是下午一点,接下来就是比耐心了。

大约到了下午三点多,两部黑色的汽车停在了医院外。前一部车下来三个黑衣人,先一步进入医院,过了五分钟,其中一个向后面的汽车汇报了几句。精瘦矮小的白鑫和高个微胖的吴禄下了车。

赵逸在之前见过白鑫的照片,所以一眼就认出了对方。这样一来,说明昨天的那份情报就是可靠的。只是我们又该怎么处理白鑫呢?白鑫和吴禄走进医院,赵逸思索着对方车子来的方向,快步离开房间,返回西摩路。

在靠近菜场的地方,停着赵逸的黑色福特车。这部福特轿车是老板爱德华的,不过平时大多数时间是他在使用。今天他让小马一直等在福特车里,便于应对突发情况。小马看到他招手立即开车过来。赵逸解释了一下情况,小马立即开车向前,而赵逸继续回到旅馆二楼做监视。

威海卫路上有暗桩,所以小马的车也不敢太靠近医院,他隔着两百多米，在车里耐心等待。因为不管看多久病，总得回住所吧。

二十多分钟后，白鑫和吴禄走出医院。吴禄这次没有和白鑫上一辆车，他和周围的人讨论了一些事，然后就离开了。白鑫和保镖的车离开威海卫路，驶向霞飞路的和合坊。

小马开车跟着对方的车到了霞飞路，看着对方汽车拐弯的方向，对白鑫的去向做了个大概的判断。然后他故意等了一会儿，才隔着很远继续向前。

赵逸回到西摩菜场的办公室，等了三十多分钟，小马回来了。

"他们的车子停在和合坊范公馆。"小马的报告简单扼要。

"你照我说的绕圈子了？"赵逸问。

小马笑道："是的，绕了个大圈子。不然早回来了。"

"威海卫路邮筒是你管吗？"赵逸又问。

小马道："那边也是我管，所以平时我可以观察。"

赵逸说："每天多花十五分钟观察，非取件时间不要长时间停留。你画人头的水平有进步吗？"

"那当然，不过多出来的活要加工钱哦。"小马嬉皮笑脸说。

"废话，算你加班。"赵逸看了眼时间，说道，"你先去忙你的事吧。我要理下思路，总觉得不对劲。"

当赵逸一个人在房间里，他在白纸上写下"达生医院、范公馆、白鑫"这几个字。然后他慢悠悠地画了一张素描，正是白鑫身边那个微胖的头目。因为距离较远，他只能是画个轮廓的样子。

如果达生医院是敌人的陷阱，那就要叫大家避开，但如果真的是白鑫在那边看病，就是动手的好机会。另外，如果敌人一早在这家医院就有布置，那说明自己之前在静安寺路这片区域的工作是有漏洞的。

赵逸想到很久以前赵世炎说过的，工作中的任何遗漏都可能导致牺牲。他看了看手表，走到窗边望向街边的邮筒，正看到一个身着灰色风衣的青年女子走出街道。

这边的路，可以连通戈登路和西摩路。虽然不是说不能有人从这边走，但这确实是条僻静的道路。

背影窈窕，侧面说不上精致，但较为秀美。赵逸眉毛挑起，这是一张熟悉的面容。他轻吸口气，疾步离开办公室。当他来到楼下街道，对方已经走在西摩路上，他小心地跟了上去。

赵逸跟着这个女子的原因，并非认为对方是特务，也不是垂涎美色。而是他一眼就认出了，这个女子正是几年前在上海工人武装起义时救治自己的女大学生。一面之缘，念念不忘。

走在傍晚的夕阳下，女子款款而行。赵逸思绪一下子飞到了几年之前。

在上海区委的领导下，上海工人运动蓬勃发展。从五卅运动到工人武装起义，从工潮学潮到发动工人武装纠察队举行城市暴动。他从一个普通的黄包车夫，变成了英勇的武装工人战士。第三次工人武装起义的时候，他作为中队长冲锋在前。在东方图书馆和上海火车站两次负伤。

当他半边身体麻木地躺在战壕里时，有那么一个天使模样的女子接近了他，给他喂水，给他包扎伤口。

在工人武装起义胜利后，赵逸曾经打听过这个女生。

"小月，她的名字叫陈文月，上海大学社会学系的学生。想知道她住哪里吗？来！一包胜利烟。"有战友替他打听到了名字。

用了三包烟,赵逸才打听清楚对方的姓名、住址、兴趣爱好。但他远远看着那个女孩,却不敢上去打招呼。两人距离最接近的一次,是他给对方拉过一次车,收了一角钱。那一角钱到现在还在他的口袋里。

"一个战斗英雄不敢追女大学生?"赵世炎听说这件事,有点好笑。

赵逸说:"先生,你教教我呗!我看到她就紧张心跳,比遇到子弹还要紧张。又怎么说话?"

赵世炎笑得更高兴了,简直把眼泪也笑出来,摆手道:"阿四啊,骂人、打架、玩手枪;读书、写字、做文章,什么都可以教,唯独谈恋爱是教不来的。"

"有那么好笑吗?"赵逸没好气道。

赵世炎笑道:"自古英雄情关难过,还有什么比这个更有趣的?"

之后,就是"四一二"反革命政变,大批革命志士牺牲,暴露身份的共产党员纷纷撤出上海,赵逸去了苏联学习。当他去年回到上海的时候,赵世炎先生已经牺牲。上海大学已被查封,没人知道陈文月去了哪里。

确实是她。跟着陈文月,微凉的秋风仿如春风和煦。赵逸被回忆包围,这一刻他和普通的青年并没有什么不同。

陈文月买了点鲜花,买了些点心,然后来到了西摩路上沿街的一栋房子。

这是……许宅?赵逸有点吃惊看着这一幕。当女子的背影消失的一瞬,他的魂也回到了身上。刚才的举动太危险了,你怎么能这样凭着感情行动,你是"红兵"啊。

赵逸看了眼手表，快五点半了，他绕路返回，在戈登路和麦边路的路口，照旧见到了小马。

"那么快又有情报了？"赵逸眯起眼睛，接过一个白色的信封。

回到办公室，照旧是用打火机火苗烘过信纸。信纸上写着一行古板的黄色字迹："白将于几日后在沧州饭店办告别宴。"

沧州饭店……赵逸摩挲着打火机，这种时候悄悄离开就行了，为何要办告别宴呢？这里绝对有问题。他看了眼时间，换了身灰色长衫，步行前往爱文义路的圣彼得堂。

吴禄看了一遍今天暗桩的报告，他不是太满意，今天的撒网行动波澜不惊。医院外没有收获，医院里面也没有可疑的人，医生看病没有什么可怀疑的。想着他的牙又开始疼了，明明在下车的时候，有种被人窥视的感觉，为何没有找到可疑人呢？

"小丁。"吴禄叫来了队员丁元明。

丁元明进来道："队座。"

"明天你去达生医院附近盘查一下，看看在我们暗桩视线之外，有没有可疑的人。"

"比如说……"丁元明有点尴尬地问。

吴禄并不生气，解释道："就是看看暗桩范围外的店铺有没有陌生人长时间停留，什么小吃店啊、茶馆之类的。哦，还有小旅馆，那条路好像有家小旅馆，看看有没有能看到医院门口的房间。"

丁元明很想说我们设了两个暗桩，布控了门前近百米的位置，再远又能看到什么？

吴禄说完这番话，牙齿莫名不疼了。嗯？他心里一松，也许我找到的方向是对的？于是他多解释了一句道："我重新看了暗桩的位置，仍旧有遗漏，所以你辛苦一下。"

"好的，队座。我现在就去查，趁今天他们印象还清楚。"丁元明敬礼道。

爱文义路上的圣彼得堂奠基于光绪二十四年的深秋，距今已有三十年的历史，是公共租界里重要的基督教教堂。基督教讲究惩恶扬善，日积月累之下，许多华人也皈依为教徒，所以圣彼得堂成了附近的地标性建筑。

赵逸来到会堂门外时天色已暗，明亮的教堂与外间昏暗的街道形成了鲜明对比。

空荡荡的教堂里，一个头发花白的中年华人牧师正在整理祭台。

他见到赵逸，微笑着迎上前来道："乔伊，你怎么有时间来？爱德华呢？"

"董牧师，我自己来做祈祷。"赵逸一脸虔诚道。

"有什么着急的烦心事吗？"董牧师笑着说。

赵逸道："是大家的烦心事。"

董牧师笑了笑，转身走出大堂。赵逸独自坐在长椅上双手合拢，心里想着这两天发生的事。不论是东正教、犹太教还是基督教，他都不信。因为他认为，如果真的有上帝，就不该让中国人民受那么多苦。如果真的有上帝，发动"四一二"的反动派就都该死。如果真的有上帝，这世上的公平就不该那么少。

不过他虽然不信教，但每次到这里都会觉得身心平静。所以董牧师之前对他说，不论有事没事，都可以来坐坐，心灵的宁静对人很重要。董牧师是上海青浦人，家里从曾祖母那一代就开始信教，到他已经是第四代了。

赵逸看着前方的烛火发了会儿呆，想着这几天所有的事，又想了想过去的事。这时，蓄着小胡子的王庸坐到了他身边。

"来得挺快的嘛。要换个地方吗？"赵逸笑道。

"不用，教堂接受世间所有人，我们是来祈祷的嘛。"王庸笑道，"而且老董会帮我们看着。说事吧。"

赵逸道："邮筒很活跃，两天给了两条情报，证实了白鑫去达生医院，又报告说，过几日他会在沧州饭店摆酒席。所以来找你汇报一下，我们要定个方向。"

"你怎么看？"王庸停顿一下，低声说，"邮筒的情报是真的，我有其他渠道可以证实这条线索。"

赵逸道："根据我对医院的观察，敌人是在钓鱼。我们明知是钓鱼，还要直接上吗？"

王庸道："做了坏事就必须下地狱。"

赵逸看着前方的十字架，低声道："我不担心沧州饭店的杀局，我只是觉得这些消息没那么容易爆出来，所以得到消息的人可能会有危险。"

王庸道："我理解你的意思，但是每个情报员都是过河的卒子，甄别消息，传递消息，执行任务，危险自负。如果我现在让邮筒静默，她会认为我不相信她的能力。何况她不是一定有危险的。"

"那行。"赵逸笑道，"关于达生医院我要潜入进去吗？"

王庸道："你的想法不错，但我暂时还不需要你出面做刺客。"

"沧州饭店该怎么处理？"赵逸又问。

王庸道:"这条线索我也收到了,说是要几天后吧?"

"是的。"赵逸说。

王庸道:"三天后或许有变化。你先想办法在沧州饭店作安排,是否动手等我命令。"

"如果要动手,具体战术怎么讨论……"

王庸笑道:"不用讨论,我只负责告诉你要不要执行,你自己把握该怎么做。具体事情知道的人越少越好。"

"哪怕是你?"赵逸眯着眼睛说。

王庸道:"是的。今天的战友,明天也可能成为叛徒。非工作流程中,什么人也不能信任。"

"你绝不可能成为叛徒。"赵逸严肃地说。

王庸淡然道:"谢谢侬。那我先走了。你只需要记得,最好不要亲自动手,毕竟你的身份很重要。"

"对了,那个邮筒……"赵逸欲言又止。

戴上帽子的王庸看了他一眼,轻声说:"有纪律的。你管好自己吧。"

赵逸笑了笑,也就不再言语。

夜晚十点半,忍着牙痛的吴禄仍在亚尔培路的办公室。他手里是一份丁远明连夜做出的简报,简报上说下午一点零五分,有人在香云旅店开了一间半日房。该人一身长衫,戴黑色礼帽,提着帆布袋,估不出年龄。这人特意要求要威海卫路这边的房间,街边旅店登记的名字叫张三,一看就是假名。在三点十分的时候此人离开过旅店一次。旅店掌柜说,记不得对方到底离开了多久,因为对方是先付款的,所以他没有太关注。账簿上记录，对方是三点半左右退房的。

丁远明的报告上说，那个房间距离达生医院有一定距离，但如果有望远镜，确实可以作为观察点。

报告的最后附有一张画像。这个可疑人面容不算端正，左眼大，右眼小，留着小胡子，左嘴角有颗挺大的毛痣。

吴禄挠着头，端详着这张画像。这是一张特征过多的脸，疑犯没有戴墨镜，也没有刻意遮掩相貌。但鉴于对方选择在旅店二楼观察，说明此人做事谨慎，甚至可能已经发现了他的暗桩。既然如此，怎么会对相貌不作掩饰呢？

他拿出纸笔，按照这张画像重新勾勒头像，将较小的眼睛调到正常大小，去除了胡须和毛痣。这样一张脸就端正多了。

两张画像一起摆在桌上，吴禄揉着面颊，但这样一来也就变得没什么特征了。这个人不太好对付。

第三章　舞会

之后的三天，风雨皆无。

赵逸从侧面调查了达生医院，里面主要是贺雨生和柯达文两个主治医生，负责医治白鑫的柯达文是广东人。他并没有继续去达生医院盯梢，因为从和干庸的谈话里，他感觉出那边上头是有安排的，自己掺和进去反而画蛇添足。他就把工作重点放在了后面沧州饭店的事上。

沧州饭店是这个时代炙手可热的饭店之一，不仅有住宿和餐饮，更有娱乐表演。那些后世的传奇戏剧大师，都到这边来表演过。

洛里俱乐部里，爱德华又输了钱，他喝着咖啡，对赵逸抱怨道："乔伊，你就算工作忙，也得来多帮帮我嘛。再输下去，公司要破产了。"

赵逸笑道："瞎讲有什么好讲的。你打一天牌输的不过是我两个月的工资，对你来说又算什么。而且，我是帮你做采购买卖的，又不是你请来的赌神。我打牌也是会输的好吗？"

爱德华打了个呵欠，眼泪掉下好几滴。说了两句粗口，又道："我给你涨工资，你帮我打两天牌。"

"涨工资是好事情，我的女朋友正要我买洋楼给她。"赵逸吹牛道。

爱德华说："你什么时候有固定女朋友了？而且买洋楼，哪个女人那么值钱？什么家庭啊？"

"现在还没有固定的，但买了楼一定有固定的。"赵逸说。

爱德华皱眉道："总之你得帮帮我。"

赵逸道："我有几个建议，你看着办。"

"说来听听。"爱德华顿时端着咖啡，坐正了身子。

赵逸道："第一，去静安寺拜一拜，敬几炷香。你明年就是本命年了，先在菩萨面前混个脸熟。"

爱德华苦笑道："我是信上帝的，乔伊，上帝是唯一的神。"

"你在中国打牌，靠不到上帝。"赵逸不容置疑地说，"想要摸大牌，就去拜拜。"

"第二呢？"爱德华说。

赵逸道："换个主场吧。这里是你和缪拉合伙开的，但仍旧算是他的店。你换个地方开牌局。"

爱德华说："换去哪里呢？"

赵逸道："去沧州饭店啊，当然是哪里旺去哪里！去那里开个长期房打牌嘛。你知道苏格兰的查理吧？他就是这么做的。打牌得有自己的主场。"

"这里就是我……"

"你赢了吗？"赵逸反问。

爱德华摸摸红鼻子，摇头道："确实没有。好吧，你帮我去那边订个房间。哈，其实我一直想去那里住。"

赵逸道："还有第三。"

爱德华苦着脸说："噢！还有第三？"

赵逸道："是啊，你不要打麻将了，打你擅长的梭哈不好吗？赢钱不快乐吗？"

"可是我喜欢麻将。"爱德华笑嘻嘻，有点谄媚道，"就像我喜欢中国！"

"滚，你又不会打麻将。"赵逸一脸鄙夷。

边上的丽莎虽然早就习惯了这两人的谈话方式，但对赵逸这么不把洋人放在眼里的态度还是感到吃惊。

爱德华皱眉又扬眉，慢慢认真道："我会成长的。一定会变成麻将大师！"

"做生意也没见你那么认真。"赵逸吐槽说。

爱德华道："做生意有你就行了。说到沧州饭店，我有没有和你说过美国总部要来人？就在明天。"

"哎？不是要下个星期吗？我礼查饭店的房间订的是下周的。"赵逸吃惊道。

爱德华道:"是我忘记和你说了。斯蒂芬在日本和东洋人有了纠纷,所以提前来上海。明天就到。我想不如就把他们的房间也订在沧州饭店。"

"我们本来是订在礼查饭店的。沧州饭店虽然好,但……"赵逸挠头道。

爱德华笑着说:"都订在沧州饭店吧。那样我熬夜之后,也不用跑来跑去了。"

赵逸皱眉道:"你如果不怕他们见识你恶赌鬼的样子,我是无所谓啊。就是沧州饭店临时不一定能有那么多贵宾套房。"

"订订看,我可以加钱。而且也不是一定全要贵宾套房。"爱德华笑道,"你知道吗?斯蒂芬比我还要爱赌,这家伙很爱热闹,礼查饭店不一定适合他。"

"这倒是真的。"赵逸摸了摸鼻子,这件事倒是意外之喜,这样一来他在沧州饭店的活动就更合理了。

当天下午,赵逸打电话帮爱德华预定了沧州饭店的贵宾套房。四个贵宾套房不算小生意了,饭店经理特意赠送了他许多配套服务。事情办完,出门没走几步,赵逸就在菜场外遇见了何府总管。虽然他是洋人买办,但何家毕竟是他们公司的大客户,所以他面带欢笑地上前寒暄。

何府总管递上一张请帖说,今夜在何公馆有舞会,西摩路上的时尚人士都会参加,沈家、席家、许家的人都会来。

"没有什么新鲜的人吗?"赵逸并不是很感兴趣。

总管笑着压低声音道:"有的有的。我知道你们这些少爷老板都喜欢新人，附近那些公司的女员工和学校的女教师，我们也有邀请。老是几个洋房里的大小姐，确实会有点无聊。然后，这是爱德华先生的请帖。"

赵逸道："你放过他吧，他对真实的女人没兴趣，他只喜欢纸牌上的女皇。"

"我们这里也有牌局。"总管笑道，"就是为了让各种爱好的朋友交流感情嘛。"

"好的，我通知他一下，来不来由他自己做主。"赵逸停顿了一下说，"对了，你说许家？"

"就是广东来的许先生呀，房子就在西摩路上那个那个……"

"我知道。就是刚才卡住了。"许家，赵逸又想到了陈文月，那天她进的房子就是许宅。"我看一下情况，尽量来吧。"他看着对方，微笑道。

"那就敬候光临了。"何府总管很高兴，他觉得赵先生真是个讲道理的场面人。

赵逸问了问爱德华，那家伙在下午果断去了静安寺拜佛烧香，纠结了一下后，还是选择去沧州饭店打牌。这样的回答在意料之中。

他站在窗边看着收拾邮筒的小马，小马收好所有邮件后，不着痕迹地摇了摇头。

那就是说，今天也没有情报。赵逸看着路的远端，他有好几天没有见到陈文月了。今晚在何公馆他会不会遇见她呢？

在房间里抽了一支烟，脑海里过了一遍何公馆周围的路线，然后从抽屉里拿出一副平光眼镜戴上。对着镜子他微微一笑，披上风衣戴上礼帽走上西摩路。

"队座,客人陆续来了。"丁远明进入房间汇报。

吴禄看了他一眼道:"何府希望我们不要带枪,你关照过了?"

丁远明道:"是的,舞会有我们二十个人在现场,分别做招待和保安。只有两个人配枪。"

吴禄笑道:"很好。让大家把《字林西报》的职员,还有西摩小学老师的情况汇总记录。对了,请帖给了达生医院吗?"

他之前真真假假放出不少消息,将和达生医院情报有关的怀疑目标,定在了《字林西报》的职员和西摩小学老师的身上。不过即便如此,被怀疑的人还是太多,这些职员或多或少有些政府背景,是不能随便抓的。

"下午送去达生医院了。"丁远明皱眉道,"不过队座,你仍旧怀疑他们?"

"也不是啊。我请他们吃饭跳舞不行吗?"吴禄微笑说。这两日他用了柯达文医生配的消炎药,牙齿消肿了,所以心情好了不少。"还有,那两张肖像弟兄们记清楚了吗?"

丁远明道:"都记在脑子里了。就是不知道这个人会不会露面。"

"这个人如果是租界圈子里的,那么露面的可能性很大。"吴禄弹掉香烟灰,眯着眼睛说,"毕竟这种花园晚宴在租界里是很常见的嘛,根本没有什么好怀疑的。当然如果这次没碰到也没关系,多开几次自然可以碰到的。"

陈文月原本是不爱参加这种社交宴会的,但是今天西摩小学的女教师们都收到了请柬,几个同事约好了一起参加。陈文月仍旧犹豫,因为上线曾经和她说过,在传递过情报的后头几天里,要尽量静默。回到家里,她听说许家也接到了请帖,那就说明是一场普通的社交活动?她稍许放下心,那么和许家的女眷一起去何家应该是很安全的吧。

陈文月,宣统二年出生,家里和许家是世交。她十五岁就在上海大学念书,参加了"五卅"一周年纪念活动和后面的学潮。很多共产党的高层都是她的同学和战友,因此早就要求进步了。但是"四一二"之后,上海大学被查封,她和组织断了联系,别说继续参加革命,就连书也念不下去了。

家里要求她回广东,但陈文月心中仍想着革命,就坚持留了下来。学校宿舍没有了,她就住在了许家,一面找地方上班,一面留意其他事。后来组织重新联系上她,吸收她加入了外围情报网。那个找到她的人就是圣彼得教堂的董牧师。

许家的主人许老先生,曾经是国民党的高级将领,但后来因为蒋介石的排挤,退出了权力中心。西摩路上这栋宅子,就是许老用蒋介石给的遣散费买的。

在白色恐怖最严重的时期,陈文月通过许家和西摩小学作掩护,传递了不少消息。又过了一年多时间,鉴于她一贯表现稳定,而共产党在租界区确实需要人手,所以她被发展入党。入党之后,陈文月多少希望做点"大事",这次党组织集中所有力量调查白鑫动向时,她就格外投入。

今晚说不定也能得到点情报呢?陈文月一面试着裙子,一面想着。只是为什么之前投出去的情报,好像没有显示出价值呢?听那些同事说,白鑫去达生医院看过两次病了,难道两次还找不到机会击杀他吗？

不过对刺杀这种事，陈文月确实不懂，也许要做到悄无声息，确实比较难吧。

"阿月，出发了。今天汉斯会来演奏，我们早点去。汉斯他好靓仔的！"外头许家的女眷催促道。

另一个声音用广东话说："痴线，你对鬼佬发咩癫。"

陈文月微微一笑，提起拎包轻盈地走出房间。

何公馆是混血大亨何东的家，他父亲是荷兰裔英国人，母亲是广东人。虽然是混血，但他以华人自居。作为香港的大商人、华人里数一数二的巨贾，自然要在上海租界拥有房产。所以他家开宴会，自然一定是场面隆重、时尚非凡。

这场所谓的"家庭聚会"分内外两部分，房间里头，略微持重一点的中年人，吃好饭要么开牌局，要么就几个人围坐一起抽雪茄喝威士忌聊天。

花园里有西洋乐队借着夜色和灯光演奏，先是传统的轻松舞曲，慢慢地随着几个爵士乐手的到来，就变成了上海顶尖爵士乐的表演。年轻人聚在花园里，吃着西点，喝着香槟、啤酒、汽水，迈着最时尚的舞步，摇摆着身躯。

租界的世界和租界外的世界，上海和上海之外的中国，穷人的世界和富人的世界。如果你没有见过，你永远无法感同身受。

陈文月对这样的场面并不陌生，和某些教师同事比起来，她从小见惯了这种场面。但她是带着任务来的，她想要听听别人的聊天，所以没有依自己的本性那样找僻静地方坐下，而是一直挤在同事堆里。

这样倒也有意外的好处，就是显得她和其他人并无不同。

一轮演奏结束后，她的小表妹真的拉着汉斯走出来聊天，还央求她代拿两瓶汽水。

陈文月无可奈何地做了小跑腿，但是刚拿起汽水就被撞了一下。撞她的是个西装笔挺的男子，个子高高，也就是二十五六岁的样子。

"不好意思，小姐，你没事吧？怪我不好。"男子微笑说。

眼里看不出一丝抱歉啊。陈文月摇头道："没关系。"

她重新拿了瓶汽水，回去找表妹。但是又哪里有他们的影子？这就去鬼混了？那不用让我做跑腿啊，我本来就没想要跟着你。陈文月一脸懊恼，刚才汽水还打翻在袖子上了，这可是新衣服。

见她转过身，刚才撞了她的男子递上名片，笑道："不好意思小姐，如果衣服需要干洗，请把账单给我。"

中央组织部，丁远明？陈文月看了眼名片，很有礼貌道："谢谢你，丁先生，不需要的。汽水也洒在你身上了，是我不好意思。"她心里一紧，普通人或许不知道就没有那么敏感，但她看到这个部门就想到了中央特科的死敌——国民党中央组织部党务调查科。她虽然想要打听情报，但还没有大胆到愿意和对方直接接触的地步。

丁远明道："请教小姐芳名。"

"陈文月。我没有名片，我是西摩小学的语文老师。"陈文月说。

丁远明笑道："原来是老师，怪不得气质不凡。"

"没有啦。"陈文月手上有两瓶汽水，拿着本来就比较麻烦。她想客气两句就离开，但对方显然没有这个意思。

丁远明道："陈小姐喜欢音乐吗？一会儿还有音乐学院的老师来表演，还会很精彩的。"

陈文月尴尬地说:"我不是一个人来的,所以一会儿就要离开。"

"是吗?请问你是和谁来的?"丁远明笑道。

他是故意盯上这个西摩小学老师的,一方面是有任务在,另一方面确实陈文月长得比较好看。既然一样是执行任务,何不找个养眼的呢?虽然在他看来,这个从进入花园后就一直在听洋人音乐的女教师没有一点点特务的样子,但是上头的命令就是每个人都要盘查一下。

"她是和我来的。"一身灰色西装、戴着眼镜的赵逸出现在陈文月身边。

他很自然地牵过陈文月的手,然后傲然望向丁远明说:"你想要做什么?"

丁远明眯起眼睛,他对赵逸有印象,好像是洋人的买办。进屋时,何家公子还亲自出来打了招呼。

"没有,是我不小心打翻了陈小姐的汽水。"丁远明露出微笑递出名片道,"赵先生,我没想到陈小姐是你女朋友。"

赵逸没有接名片也没有理他,只是摆足高人一等的架势,鄙视嫌弃地看了对方一眼,拉着陈文月就走。留下一肚子话没有说的丁远明。

转过人群来到银杏树下,陈文月红着脸挣脱对方的手掌,尴尬道:"谢谢。"然后转身就要逃走。

"不用问我名字吗?那家伙可能还盯着你呢。"赵逸好笑道。

他固然不是好人,但你就一定是好人吗?不过这句话陈文月当然不会说出来,她站定转身道:"是我错了,请教先生姓名。"

"我叫赵逸。"赵逸看着对面那张自己魂牵梦绕的面孔,低声道,"不用客气。如果需要我可以陪你看一会儿表演,然后你就可以回家了。我是爱德华贸易公司的买办，是正经生意人。"

陈文月打量了他一下，恍然觉得对方似曾相识。

"你一个人走出去，那人还会缠上来的。"赵逸露齿一笑，露出人畜无害的样子。

月色下，陈文月略有恍惚，对方的眼神让她很踏实，而她确实不希望被调查科纠缠，于是道："那好吧。不过我一会儿就走。"

两个人一起回到花园，赵逸没有厚着脸皮继续牵对方的手。舞池里的音乐一变，是正经交谊舞的节奏。他瞥了眼一旁的丁远明，有礼貌地邀请陈文月跳舞。

陈文月作为一个特工，当然也注意到了丁远明的目光，事实上在她回过神后，发现这个花园里真的有许多诡异的眼神。这是深陷重围了吗？所以她欣然接受了赵逸的邀请，只是这样一来小手又落到了对方的掌中。

陈文月面颊绯红，今晚的事情有点诡异，如果这里被敌人包围，是否意味着自己的工作出了纰漏？而面前这个男子又是什么来路？

赵逸眯起眼睛看向周围喧闹的花园，之前一走进这里他就感觉出了异常。他可不是第一次来何府，府里的保镖他都有印象，今夜却有太多陌生面孔。其中有人还带着枪，比如刚才那个丁远明。对方为何来这里布局呢？是盯上了自己，还是别的什么人？

随后，他就发现一些陌生人，纷纷和一些女士搭讪，还有一些人则纠缠着其他人。这个布局是有目标的，只是目标不明确，而且……并不是自己。

只要目标不是自己，赵逸就定下心来，没多久他的目光就落在陈文月身上。这个女子也被调查科纠缠了，可是调查科纠缠她的理由是什么呢？赵逸不由将这件事，和自己最近的任务联系到一起……

替陈文月解了围，领着女孩跳起舞，他这舞步是在巴黎学的。当时结束了在莫斯科半年的培训后，他还去伦敦、巴黎游学了一番，算是洗去了身上那层泥腿子的味道。虽然用王庸的话说，认真分辨还是能分辨出平民百姓的感觉，但是这年头上海的大人物带点底层气息，反而更加正常。

赵逸看着女子动人的耳垂，感受着对方眼角的秋波，收敛心神，目光落在周围人的身上。

这次敌人的调查和白鑫的事有关吗？正琢磨着，赵逸看到达生医院的柯达文出现在院子里。这世上没有这么多巧合。那就是说，这些事是有关的，只是不知对方具体在查什么。那么如果我是调查科，我为什么会这么做？如果我手里有白鑫，我会怎么对付中央特科？

达生医院、邮筒情报、何公馆的陌生人、被调查的普通人。等一等……赵逸眯起眼睛，隐约把握到了什么。

眼前光影浮动，边上掌声响起，一曲舞罢。

陈文月退到一边，边上有姊妹同事围拢过来，向她询问赵逸是谁。陈文月笑而不语，但她感觉到刚才跳舞时男人心不在焉。这个人也是有问题的。

"赵先生刚才是英雄救美啊。"丁远明笑着走到赵逸身边。

赵逸瞥了对方一眼，淡然道："男人要有绅士风度。人家摆明了看不上你，你又何必纠缠不清。"

"赵先生平日是哪里发财的？"丁远明敬上一支烟问。

赵逸摆手掏出三五香烟，示意自己只抽洋烟，作为场面中人，反手替对方点上烟道："我们公司是做食品生意的。今天的鱼子酱和巧克力，还有威士忌都是我们公司提供的。爱德华公司，听过吗？"

"听过听过。西摩路这里的大公司嘛。"丁远明看了眼对方的打火机和手表，不由信了对方真是洋人买办。

"那个女老师我看上了，你退一步吧，OK？阿拉交个朋友。"赵逸笑着说。

丁远明心想我又不是要和你抢女人，但表面上当然是微笑点头。

这时，何府总管过来对赵逸说，爱德华先生电话找他。赵逸自然地拍了拍丁远明的肩膀去了屋内。

丁远明看着对方的背影，心里生出一丝羡慕，中国人混到这个阶层的都是人上人，即便是自家队座也活得没他们舒服。

爱德华在电话那头很兴奋地跟他说，今晚麻将大获全胜，这沧州饭店真是选对了！分红，今晚赢的钱得给乔伊分红！

赵逸也为他开心，于是很自然说，自己一会儿来看他打牌。爱德华其实就是这个意思，大获全胜的时候怎么能没人助威？

打好电话，赵逸见到了工部局的探长。一般来说租界里大的聚会总有巡捕房的人值班，今天这里值班的探长名叫杨觉。杨觉和赵逸是老相识了，毕竟大家都混静安寺路这一片。

"今朝老多陌生面孔啊，啥呃情况？"赵逸也不掩饰，直接递上一支三五香烟问道。

杨觉笑道："上头有人来打了招呼，说是抓赤化分子。具体我们也没高兴打听，反正有人出了钱替我们站岗，只要不在租界里明着动手，我也乐得轻松嘛。"

"赤化分子。"赵逸好笑说。

上海大学. 作者/袁旭

乘凉，林荣生／攻，井海

杨觉道:"是啊。反正这种事和我们没啥关系。"

赵逸笑了笑,有熟悉的洋人过来谈生意,于是他就进了雪茄室。

花园洋房的隔音效果较好,漂亮的彩绘玻璃,精致的地砖花纹,装饰得时尚雅致。屋内洋人更多一些,赵逸第一时间注意到了角落里的吴禄。

这时,不知是谁提到了白鑫的事,有洋人很好奇地询问关于这个中共叛徒的事。有好事之徒就说了起来,说那家伙其实是黄埔军校的精英,和彭湃有杀弟之仇。这次叛变是为了给兄弟报仇。他的复仇有基督山伯爵的味道。

赵逸并没有插嘴,只是和别的洋人聊着风月。这时,有洋人来问他对白鑫这个事怎么看。

"怎么看?我对这种事不感兴趣的。"赵逸挠头用英文回答,他眼睛瞟到吴禄,知道对方正关注自己,于是又继续用英文道,"但我们做生意最讲诚信,我是素来不喜欢叛徒的。咱们对客人、对老板、对伙伴,最重要的是诚信,对吗?骑士精神是什么?各位绅士,谦卑、荣誉、牺牲、诚实、公正……我比较老派,所以不管是什么理由,背叛总是叫人鄙视的。"

"话不能这么说。要你这么说,基督山伯爵也不算英雄了?"有法国人说。

赵逸耸肩摊手,用法语道:"他没有出卖什么人吧?有吗?我记不得了,抱歉我读书少。你想说唐泰斯不诚实吗?"

周围的人哄堂大笑。有人说:"基督山伯爵确实不能算出卖人,他只是报复出卖他的人罢了。"

还有人道:"怎么你们到底有没有认真看过《基督山伯爵》?这是

最伟大的作品，没读过的都请认真读一下！"

"什么叫作伟大的作品？《悲惨世界》才是最伟大的作品。"

"是啊是啊，咱们得把这些书都拿到上海来卖。"还有人附和说。

于是话题一下就转到了小说和戏剧上，比如该如何翻译，请谁翻译，才能体现出原著的伟大等。

赵逸抽完一支雪茄，走出大房子。外头舞会怡兴正浓，但是陈文月已经不见了。赵逸皱起眉头，取过帽子和风衣走出何公馆，远远见到陈文月走在西摩路的昏黄路灯下，可是他犹豫了一下，不敢去追。

十月清凉的夜色中，他压低帽檐，落寞地走向沧州饭店。

吴禄坐在亚尔培路的办公室里，手边摆着二十多份简报。

"你都看过了？先说一下你的看法。"吴禄问道。

丁远明道："一个晚上的监视，感觉西摩小学的教师比较简单。她们都是带着亲戚朋友过来的，基本上她们大多数人八点过后就离开了。《字林西报》那边有一两个记者有嫌疑，其中一人和画像上的人有六分像。"

吴禄眯起眼睛道："那个人是谁？"

丁远明道："那个人叫关培，我已安排人监视他，明天我们会排查他这几天的行踪。"

"很好。"吴禄精神一振道，"还有其他显眼的人吗？"

丁远明想了想，摇头道："说不太好。先说柯达文吧。柯医生今天七点多到的，到何府后还给何家内眷看了病，然后才到的花园。不过没多久，就去了大房子里头打牌。没看出有什么不妥。今晚这种场合，我以前也很少参与，多认识了不少人。有几个华人买办之前没怎么见过，今晚觉得他们真是有点与众不同。"

"我也见到一个，在雪茄室里和外国人侃侃而谈。"吴禄笑道，"好像是个叫赵逸的人。"

"哎，这个人我也有印象。交谊舞跳得光鲜灿烂。"丁远明道，"队座是怀疑他？"

"不。"吴禄摇头道，"这个人给我印象很好，如果能吸收来组织，会是一块好材料。洋人的圈子里，我们也是需要自己人的。"

丁远明笑道："那我先调查一下赵逸的背景？"

吴禄点头说："优先调查那个叫关培的人，白鑫这边的事更重要一点。"

陈文月回到许家，躺在床上看着窗外，辗转反侧无法入睡。

今晚，她确实感觉到了危险。调查科为何而来，很大可能就是因为白鑫的事。而自己传递和白鑫有关的情报，那么对方极有可能就是为了那次传递而来。

"故作不知"，之前加入中央特科时，有个强化培训课程，提到过当在非正式场合遇到敌人，也就是"中央组织部调查科"的人，可以摆出一副"故作不知"的状态来。因为这个机构虽然在圈内有一定凶名，但对大多数普通人来说，是不知其根底的。作为"普通人"遭遇中央组织部的人，将其当作普通政府机关是最恰当的回应。

还好我是接受过培训的人，陈文月回想当时的表现，更像一头被狼盯上的无辜小鹿，应该是没有露出什么破绽。说实话，经过那姓丁的一搅和，她整晚都没有打听情报的心思，应该是不会露出马脚的。

只是……那个叫赵逸的人又是什么情况？

闭上眼睛，陈文月还是能看见赵逸的笑容，很温暖的笑容，似曾相识，但自己应该没见过这个人。明天开始要盯着身后了。绝不能在传递情报的时候被跟踪，或者后面几天都要保持静默，小心驶得万年船。

翻了个身，她脑海里又回忆起今晚那一支舞，好久没有跳舞了，居然是和这样一个陌生人。为什么总觉得之前就认识他？

第四章　怀疑

第二天清早，赵逸看着两车果蔬鱼肉送入西摩菜场，发现今天的车子里多了一箱水果罐头，于是他捧着那箱罐头回到办公室。

用小刀打开箱子，取出上层右上角那一罐。他撕开玻璃罐头上的包装纸，翻开花纹另一边的白底，用打火机烘了一下。

一个俄文的"杀"字浮现出来。

没有说原因，也没有说具体要怎么做。这就是说，王庸先生不能在医院解决问题，现在任务落在了我的身上。

赵逸摸着鼻子看着窗外，脑子里开始推演各种击杀的套路，和可能的意外。

如果白鑫要走出范公馆前往沧州饭店摆告别宴，我们可能有三种选择。第一种，是在他前往的路上截杀，这种可能性最小，因为在出发前往目的地路上，往往是人最警觉的时候。而拦路击杀，需要有强有力的刺客。

第二种，是最常规的方法。既然知道对方会按时出现在沧州饭店，就提前布置在饭店里刺杀。刺杀可以通过下毒和突击行刺的方法。下毒是较好的办法，但是除非亲手把毒物送到对方嘴里，中途总是可能发生变数。而突击行刺，不论成功与否，在饭店里面脱身会比较困难。而杀白鑫，还不值得让红队的同志用同归于尽的方式。

第三种，是在白鑫回范公馆的路上截杀。

归途截杀的问题在于，你不清楚他离开沧州饭店是不是立即返回和合坊的范公馆。如果他改变行程去别的地方，那么埋伏就可能落空。

不论是哪一种，都有太多的不可预测性。所以重要的是控制其中的变化。

赵逸之前也曾执行过刺杀任务，但那时候他是自己单独行动。这次他也想这样，但王庸他们给他安排的身份很重要，轻易放弃就太可惜了。

"所以重要的是控制。"赵逸自语着重复了几遍。他拿出纸，凭记忆画出从和合坊到沧州饭店的行车路线，然后在沧州饭店的标记上画了个圈。虽然让爱德华入住了饭店，但自己对那边了解得还不够。

看了眼墙上的时钟，今天爱德华有业务要谈，是从美国总公司来的高层，所以赵逸也没办法代替他出面。赵逸将草稿放在烟灰缸里烧去，起身前往沧州饭店。

沧州饭店，是由英国人的上海饭店公司投资建造，是这个年代里最负盛名的住宿娱乐一体化大酒店。酒店外形像一把直角手枪，在102间客房外，西餐厅、中餐馆、酒吧、冷饮店、弹子房、舞厅，可谓应有尽有，甚至配套有电影院和书场。

纵观二十年代的上海，那时候的娱乐商业模式，就已经和一百年后的二十一世纪相差无几。人们要享乐无非就是衣食住行玩，投资开设这些商业地产的商人会尽力满足你所有的需求。

赵逸来到贵宾套房，爱德华还在呼呼大睡。昨晚这家伙奋斗了通宵，赵逸被打赏了一块英纳格手表。但有些事还是要做，他拿了个冰袋直接丢进了暖烘烘的被窝里，爱德华大叫一声跳了起来。赵逸把衬衫西服丢在床上，指了指床头柜上的咖啡，又指了指挂钟。

爱德华爆出一连串的粗口。

赵逸好笑地用中文说："真是粗人。"

爱德华瞪了他一眼，怒道："你不怕被炒鱿鱼？"

赵逸说："好呀，你看以后谁能帮你打麻将？"

爱德华冷笑道："我可是一个晚上摸过五把清一色自摸的男人！"

赵逸说："那又怎么样？你保证今晚也行吗？赌神爷爷都是保佑新手。"

爱德华喝了口咖啡，笑道："我会继续证明给你看的。我说，这里住着不错。你不如也住过来，我找你也方便。反正这边距离公司也不远。"

"我考虑一下。"赵逸说，他要的就是对方这句话。这样他就可以顺理成章地留在饭店里布局。

"账簿带来了吗？"爱德华问。

赵逸道："当然，你见斯蒂芬之前最好看一遍，免得一问三不知。"

爱德华笑道："你真以为我一点也不管事吗？账本是预备给他们看的，当然只要礼金到位，他们自然也不会多说什么。"

"除了礼金，我还准备了雪茄和威士忌，以及我们中国的特产汾酒。我听说斯蒂芬爱喝酒。"赵逸指了指角落的东西,"一会儿我会让人送去他的房间,保证在你们会面前,他能看见这些东西。"

"尊尼获加绿牌……你还有这种好东西,我怎么不知道?"看着礼物,爱德华怔了怔。

"这东西又不难找,只要用点心,租界里什么没有?"赵逸笑道,"不过这种酒自己喝太浪费了。其实我觉得绿牌也不如我们的汾酒,就看他有没有品位了。"

爱德华白了他一眼,去洗了把脸,然后笑道:"我需要刮个胡子,理个发。"

赵逸说:"沧州饭店里都能搞定,时间也够,我们距离去码头接他们还有三个小时。"

爱德华笑道:"我没有你该怎么办?"

赵逸道:"请个女秘书。"

爱德华哈哈大笑说:"女秘书可没办法给我安排法租界最好的应召女郎。"

赵逸很嫌弃地看了对方一眼,转身出去了。他也有自己的事要安排,在送礼物安排理发师、安排其他琐碎事的同时,他把擦皮鞋的陈二和交通员小马都调来了沧州饭店,争分夺秒地连开了两个短会。

赵逸简单说了一下眼前的任务。

陈二吸着烟,沉吟道:"老板,你要我具体做什么,吩咐就行。"

赵逸道:"我需要打开思路。你觉得在饭店里刺杀,用什么手法最好?"

陈二道:"我不建议下毒。每个人抗毒体质不同,而且容易牵涉无关的人。近距离开枪击杀最万无一失，铁打的人子弹打在头上也得死。但是开枪的枪手基本九死一生。远距离开枪也可以，就是最多两发子弹的机会。我可以试试。但玩刀我拿手，枪就没那么准。结果怎么样，没人可以打包票。"

赵逸道："能请外人做吗？"

陈二说："不是不可以。华界每天都有亡命徒，不缺枪手。就是白鑫最近比较有名，你请谁做都容易被查到身上。要给钱的嘛，不可能不留下线索。要我说，这事该由红队动手，我们是情报科，只负责收集情报啊。"

赵逸道："叫红队在饭店里头动手就比较麻烦，让他们在路上截杀会容易一些。但我看了从和合坊过来的路线，不是那么容易控制。"

"有个事情我提醒你一下，希望你能有心理准备，别真做了才反应过来。"陈二弹了一下烟灰，笑道，"在公共租界，打枪刺杀这种事是很少的。巡捕房平时轻松自在，但真出了这个事真不是小事，会像捅了马蜂窝。"

"我知道，但白鑫必须死。"赵逸揉了揉太阳穴，递给对方一小袋银元，"事情我再考虑。这几日你就在沧州书场做大爷吧。有事我随时问你。"

"谢谢了老板。听书我最喜欢了。"陈二笑道。

见好陈二，赵逸又来到外头的车上见小马。

赵逸问："如果要你来策划这次刺杀，你会需要点什么？"

小马皱着眉头道："这事对我来说太复杂了。"

"你不是做了好几年交通员了吗？你象棋下得那么好，应该有点想法吧。"

小马笑道:"我只是棋子,不是下棋的人。不过你如果一定要我说,我也可以试一试。我们要两个枪手,一明一暗,明的那个如果失败,暗处那个接手。至于是谁距离近,这种事可以临时安排。"

"双鬼拍门?象棋招数嘛。"赵逸说。

"不,不。这个叫双炮搭搭将。"小马得意道,"我最爱的一手棋。有机会我摆给你看。"

"我知道那手棋什么样。"赵逸笑道,"还需要什么?"

小马道:"然后就是撤退的道路。如果是在饭店里动手,就很麻烦。因为不管从前门还是后门走,都是有迹可循的。动手的那个人,要脱身很难。如果是红队出手,我们一定要想个办法掩护他们。"

赵逸说:"如果没有红队呢?"

小马说:"嗯?那就更麻烦。因为红队才是锄奸高手,我们……包括你在内都不是吧?请外人来做,还有一个信任问题。"

"红队也不是事事周全,上次营救的事就乱哄哄。"赵逸点点头说,"你的想法很成熟,和那些老头子的想法很接近了。但能有点朝气,给点新鲜的思路吗?"

小马道:"我觉得白鑫在沧州饭店摆酒席,就是要引诱我们出手。所以能不能不中他们的计,不要在沧州饭店动手呢?"

赵逸沉吟了一下,轻声说:"跳出他们的设计。"

小马道:"是啊,这件事是他们设计在先,我们一定要跳出他们的设计。没道理明知道是陷阱还要跳下去。"

赵逸揉着脑袋,脑海里无数场景不断组合,轻声说:"我有想法了。等想法完整了告诉你。你现在回去,邮筒的消息还是要盯着。"

"这个你放心。"小马沉默了一下说,"我不知道老狗怎么和你说的,小心是最重要的。"

赵逸道:"二狗叔也叫我小心。你们这一个个是真的够怕死。"

小马笑了笑下车离开,他在心里说,那是因为我们都看过了太多人死啊。

赵逸从停车场朝饭店走,经过此地的丁远明看着他的背影皱起眉头。

"你是说,赵逸今天也在沧州饭店?"午后,吴禄听着丁远明的汇报皱眉说。

丁远明道:"是的队座。我打听了一下,他的老板爱德华在沧州饭店包了五个贵宾套房。其中一个是他的。他们公司在沧州饭店招待从美国来的公司董事。"

"这么说是巧合?"吴禄说。

丁远明道:"虽然看上去是巧合,但因为白鑫要去沧州饭店的消息是我们几天前放出来的,而赵逸是昨天订的房间,所以我觉得还是要告诉队座一声。"

吴禄皱眉道:"之前关培的事调查到了吗? 10 月 17 日他在哪里?"

丁远明道:"此人没有不在场证明,我已将他监视起来,随时可以抓捕。"

吴禄想了想道:"关培这个人,什么出身?"

丁远明道:"关培,字养丰。宁波人,今年二十五岁。之前在北京念书,三年前来的上海,一开始在《江南晚报》工作,去年开始在《字林西报》上班。有老婆和一个两岁的儿子。因为监视时间短,还没有具体证据。"

吴禄点头道："来，说说赵逸这个人。"

丁远明笑道："关于赵逸，我来之前拿到一份关于他的简单档案。赵逸，字英农，广东潮州出生，母亲是上海人。他念的是香港圣乔治学院、英国剑桥大学。家族是广东望族，在香港广州有一定地位。不过他属于分支，所以读书很认真，想要靠这个出头。"

吴禄道："这也可以理解。单凭他剑桥念书的身份，就已经高人一头了。"

丁远明继续道："去年七月加入爱德华贸易公司，年底和美国人小爱德华一起到的上海，很受器重。薪水很高，在上海有两处房产。"

"有几个女人？"吴禄问。

丁远明道："这个没查到，听说挺风流的，但没有固定情妇。有几次为了女人打架下手极狠，有一次还打了洋人。"

"疯狗吗？洋人也敢打？"吴禄怔道。

丁远明道："但后来也就是赔了点钱，据说是他东家爱德华打电话救的他。而且他虽然爱惹事，但在租界里人缘非常好。"

吴禄笑了笑道："你找个机会和他交流一下，看看他对我们调查科有没有想法。我们暂时也不用他做什么，只是多给他一份工资。另外，可以继续送一个情报给那个关培，看看有没有回响，能不能引出更多人。嗯，同样的这份情报稍作变化，也传递给西摩小学。"

"队座这是？"丁远明有点不明白。

吴禄眯着眼睛道："怕有遗漏而已。"

丁远明默默点头，该送个什么不同的情报出去，这也有点头疼啊。

陈文月几乎是无所事事地上了两天的班。作为国文老师，她的班上二十多个学生有男有女，都是西摩路上的外国小孩。他们学习中文，是为了便于交流。所以她更注重口语和认字，和教中国孩子是不一样的。

拿着书写作业回到办公室，走过狭窄的木质楼梯，就听到有人在小声说话。

"明天约好了喝茶逛街，你怎么又来不了？"一个人问。

"我家先生明天要加班啊。本来安排的是后天的工作，现在改到了明天，要保护一个重要人物去沧州饭店。"

"什么人呀，那么兴师动众的。"

"我哪里知道。听说是个黄埔出身的厉害人物，有赤化分子盯着他呢。所以，我先生说，这次加派了人手，还要绕路出行。"

绕路出行？还改期了？陈文月眨了眨眼睛，她脚步不停经过说话的人身边。

那两个女教师微笑和她打招呼。陈文月微笑点头回礼。

回到办公室，她看了看墙上的挂钟，还有二十分钟下班。这个情报值得冒险送出去吗？她有点纠结地看着周围，阳光洒在紫葡萄色的地板上，让她鼓起了勇气。

为了应酬美国来的公司高层，赵逸陪同爱德华招待客人，一直忙到晚上九点。当中小马穿过重重阻碍，终于把白色信封交到他手里。

如爱德华说的，斯蒂芬是个喜欢赌博的人，八点多吃好晚饭，他们就窝在房里打牌，一起的还有工部局里的洋人。

到了十点多，赵逸好不容易回到房间，取出小马给他的信封。静默了几天的邮筒这次给的是什么消息？

"白于明晚到沧州饭店"，纸上就这么一句话。不知为何，赵逸想到了陈文月的样子。如果有人在调查这些事，传递这个消息就是极大的风险。

如果是明晚……这条消息会是假消息吗？敌人的保密工作不可能这么差。赵逸沉默了一下，他脑海里已经有了一套完整的刺杀方案，理论上不需要知道白鑫确切的行动时间，完全可以临时操作。但是这条情报仍然有其价值。

赵逸走出房间，外头沧州书场晚上的加演刚刚结束，听书的客人正在散场。

陈二见到走廊上赵逸的身影，小心地挪到了这边。

"这两天有没有什么动静？"赵逸问。

陈二道："今天下午有几拨人在饭店里查探，虽然很隐蔽，但因为来得比较频繁，所以还是被我觉察到了。别的就没什么了。前几日都正常。"

赵逸轻声说道："明晚要动手，下午就不要去书场了。到我的房间休息待命。"

"具体怎么做？"陈二问。

赵逸道："等见到白鑫来了，我告诉你。"

这么说不在路上设伏，也不用另外召集人手？陈二看了他一眼，没有多问，只是轻声说："有数了，老板。"

赵逸点起一支烟，黑夜里烟头忽明忽暗。他确实已经想好刺杀的方法，但是还没有下定决心，是不是一定要踩入对方的圈套。领导者一声令下，不论对与不对，就要有人抛洒热血，这种事他见得太多了。

第五章　刺杀

深夜，亚尔培路的党务调查科办公室。

丁远明汇报道："今天没有在沧州饭店找到可疑人。"

吴禄来回踱步，轻声说："关培今天在做什么？"

丁远明道："下午就溜出去采访，后来在虹口他情人家里消磨了两个小时。五点多正常回家。"

吴禄笑道："有没有可能达生医院那天，他也是去会了情人？"

丁远明道："除非现在抓了他，否则真不清楚。毕竟之前我们没有监视他。"

吴禄道："明晚不论有没有事情发生，都抓他回来审问。在之前人给我盯紧了。"

"好的，队座。"丁远明说。

吴禄思索道："如我们之前预判的，如果赤匪不知道我们在试探他们，今天至少得有人在沧州饭店布局吧？还是我们做得太过，他们知道这是一个陷阱，所以不做反应？"

丁远明道："按照他们的性格，难得白鑫露头，怎么都该试一试。不然，之后白鑫离开上海，他们岂不是没地方泄恨？"

"那就是说，明天他们可能行动。"吴禄皱眉道，"他们又从何判断明天白鑫会去沧州饭店呢？"

丁远明道："他们行动的理由，我们很难判断啊。"

吴禄思索道："有个可能，会不会关培不是共党，真正的共党在西摩小学？又或者两边都没有问题，问题在我们内部？"

丁远明道："可是关培是长得最像画像上的人。"

吴禄拍了拍拳头道："是啊。所以不能轻易放过他。总之，明天上午开始，就派人进沧州饭店布局，晚上我们就带着白鑫去试试共党的刀头。"

早晨六点，赵逸在西摩菜场进货之后，带着两箱食品前往圣彼得教堂。董牧师收下食品，很快帮他找来了王庸。

两人在教堂里的小厅喝咖啡吃早饭，朴素的桌椅，简约的餐具，不简单的心情。

赵逸道："我昨晚收到邮筒消息，今晚白鑫会到沧州饭店。我也在饭店里确认过，范争波订了酒席和包房。所以我们今天是否动手？"

王庸道："我本想上午通知你的，因为我这边也有消息证明此事。冠生和我的意思是要动手。不然，白鑫窝在范公馆不出来，我们也不方便直接进范府杀人。"

赵逸道："可是根据我的判断，这本来就是一场诱杀。"

王庸笑道："所以才需要你动脑子，不然还算什么有难度的任务？"

赵逸咬了口面包，笑道："给我两个人用，但安全起见他们不用来见我。"

王庸看着对方没有说话。

赵逸继续道："白鑫如果到沧州饭店，我会找机会出手。你安排的人听到枪声就在外头大喊着火。有烟火当然更好，但不需要真把饭店烧了。之后你等消息就行。"

"可以。"王庸问，"几分把握？"

"五分。"赵逸停顿了一下，又道，"我总觉得邮筒的消息来源有问题，你听我分析。"于是他把在何府所见，以及昨日感觉到的危机总结在一起说了一遍。

王庸道："敌人在分派线索，试探我们潜伏在哪里。你是这个意思？"

赵逸说："是的，敌人在利用白鑫。利用的方法有两个，一是通过各种渠道派出真真假假的线索，引我们的情报人员上钩。毕竟既然是情报人员得到重要的线索，就不得不出手。另一个方法则比较直接，他把白鑫拿出来让我们杀，如果我们动手就可能进陷阱。即便真杀了，他们其实也不在乎。"

"关于真假线索的判断，你有什么建议？"王庸想了想问。

赵逸道："停止外围同志的活动，只采纳高层情报人员的消息。"

王庸淡然道："不是不对，若是那样我们的耳目就太少了。革命是不能怕牺牲的。"

赵逸轻轻吸了口气说："我希望保护每个人。你也知道，邮筒一旦出问题，小马就危险。小马如果有危险就会波及我。"

"谁不是活在危险里，你以为革命是在做什么？"王庸喝下咖啡道，"虽然我相信邮筒的工作能力，不过你目前算是邮筒的上线，所以我尊重你的想法。我会让她静默。今天你集中精力办事。"

赵逸拱手笑道："敢不从命！"

白鑫穿着睡衣站在客厅里，不停摆手道："范长官，吴队长，我可从来没答应过你们要去沧州饭店。是！你们是会保护我，但如果对方不惜同归于尽要杀我呢？一下子冲上来十个枪手，我怎么可能沉得下来？"

吴禄笑道："小弟知道白兄大义，所以特意给你定制了防弹甲。"他取过一件胸甲大小金属马甲，"你穿在身上，绝对没问题。"

"人家打我头呢？难道我戴头盔出门？见你的大头鬼！"白鑫转而对范争波道，"范长官，你向来一言九鼎，绝不会勉强我的对不对？"

范争波苦笑了一下道："这事情是司令下的命令，下午杨特派员也打电话来关心这个事，兄弟我也很难办啊。不管怎么说，老兄给我个面子，去吃个饭嘛。不是一定有事的。昨晚我们也放出消息去了，什么埋伏也没有嘛。"

白鑫怒道："昨天我又没去。"

吴禄用力摔碎桌上的茶杯，怒道："白先生，我严肃告诉你，你去也得去，不去也得去！"

"不然呢？你现在打死我？"白鑫冷笑道，"之后还有人会信你们调查科吗？"

吴禄看了眼边上的丁远明。

丁远明上去劈头盖脸给白鑫两个耳光，拿出手铐来说："白先生，我们可以把你铐出去，也可以你自己走出去。你还是不要受皮肉之苦吧。"

这两个耳光把白鑫打愣住了，他没想到平时和和气气的熟人，居然真的说打就打。

范争波轻咳一声道："白兄，听我一句，去沧州饭店吧。我们会保护你的。这样，我也和你一起去，怎么样？我就在你身边，他们不会让我们出事的。"

白鑫抹了一把嘴角的血丝，认真盯着范争波三秒钟，点头道："那就麻烦范长官了。"

吴禄挠了挠头,心里想真是敬酒不吃吃罚酒啊。他挥了挥手,命人赶紧给白鑫换衣服。

白鑫换好长袍马褂,死死抓住马褂里的避弹衣,魂不守舍地跟众人走出范公馆。

"长官,你真的要一起去?"吴禄说。

范争波道:"人无信不立,我答应过他的。"

"属下佩服。"吴禄抱拳道。

这一天的沧州饭店,一如既往的喧闹。

大厅一边是排队去二楼书场听书的客人,另一边通往餐厅的是衣着光鲜的生意人。

西餐厅那边,斯蒂芬和爱德华落座,边上是两个金发碧眼的西洋女人。

"乔伊呢?"斯蒂芬笑问,"我下午还告诉他晚上一起喝酒的。"

爱德华说:"他一会儿会来,说是要处理一点生意上的事。"

斯蒂芬说:"你是真的找了个能干的伙计啊。乔伊比你老家那些人可靠多了。"

爱德华笑道:"连我家老头子的信里也说下次回美国,可以带他一起去。我在想,如果他和我一起走,生意交给谁去?"

"你什么时候回国?去年圣诞你可没回去,今年呢?"斯蒂芬问。

爱德华道:"回家要么坐船,要么从别的地方坐飞机中转,都是很费时间的。我觉得还是算了。"

斯蒂芬笑道:"说得对,反正你也没有妻儿的拖累,乐得在外逍遥。"

这时，赵逸从外进来说："聊什么呢？"

斯蒂芬说："爱德华家的老爱德华，和他说圣诞节可以带你回去。"

赵逸怔道："我又不是女人，他带我回去怎么解释？"

斯蒂芬和爱德华面面相觑，随之哈哈大笑："这个好。这个笑话好。"

赵逸笑道："如何斯蒂芬先生，我们中国的汾酒好喝吗？"

斯蒂芬笑道："货真价实，回味无穷啊。"

"那今晚我们多喝几杯。"赵逸笑眯眯说。他微笑和周围的女士们打了招呼，介绍说，"这里的甜点也是很地道的。"

白鑫和范争波、吴禄等人走下车子。

远处观察监视的小马看清楚下车众人的相貌，飞奔回房间将消息送给陈二。

白鑫他们摆酒席的中餐馆在西餐厅的另一边，他一路忐忑地朝前走，两个便衣特务簇拥着他，吴禄和丁远明在前开路，范争波不动声色地走在一旁。饭店管事恭敬地过来招呼，白鑫的眼神四处飘忽，隐约感觉到一丝危险的气息，但又什么也看不到。

吴禄则一路笑嘻嘻的，他的心也是一直提着。但就他看来，最佳的刺杀时机应该是在到包厢前的那段路，那段路要经过饭店大厅，通往包厢的那条走廊上还有其他四个包厢，可能会有各种特殊的情况发生。

吴禄也不是不怕死，在前开路的他也穿了件铁马甲。这一件马甲就值一千大洋，远比普通军火要贵。

范争波没有那么多的想法，手插裤兜朝前走，裤兜里的手枪随时可以开火。但他想的和吴禄不同,他认为对方不会在饭店里头动手,白鑫不值得更多的共党和他同归于尽。所以从停车场走到饭店大堂之后,范争波的心就放下了一半。

走到包厢里,众人坐定。并没有请多余的客人,所以一共也就八个人吃饭。丁远明带着小组在外头过道警戒。

丁远明出去转了一圈,回来报告道:"没有发现可疑的人。"

白鑫如释重负,求助地看着范争波。

范争波道:"来也来了,吃好饭就走。这个包厢是杨特派员安排订的,你看窗外的视野特别好。老吴叫上菜吧。"

吴禄招呼服务生上菜,他面色阴沉地看了眼走道,附近的包厢里声音喧闹觥筹交错。如果共匪还是不动手,那说明自己之前的布局都是瞎忙。他当然不希望这样。

服务生开始端上一盆盆冷菜,范争波和白鑫一起挑选白酒。

吴禄看了眼周围,莫名感觉有些不妥,如范争波所言,这包厢的窗户对着沧州饭店前的广场,视野是极好的。抬眼望过去,远端斜对角的沧州书场走出大批客人,应该是表演结束正散场。吴禄看了眼手表,现在是不到七点,过二十分钟就是下一场评书的时间。

看着涌动的人流,吴禄不由感叹真有那么多人喜欢听说书。

"晚上书场唱的是什么啊?"吴禄问上菜的服务生。

"《野猪林》呀。"服务生笑着说。

《野猪林》?吴禄皱着眉头回望人群,突然听到"砰"的一声闷响!

吴禄肩头剧痛!他向后倒去。

砰!又是一发子弹射来,穿过窗户打穿了白鑫身边的酒瓶。白鑫在第一声枪响时已经卧倒,他在桌底下伸头看着周围。

范争波也已经卧倒。吴禄虽然中枪,但穿着防弹马甲的他按着肩膀靠在墙上。

"红队来了,快跑吧!"白鑫大吼。

"安静!"吴禄冷笑呵斥道。

"丁远明会对付外头枪手的。老吴你没事吧?"范争波反而很镇定。

吴禄肩膀很痛,咬牙道:"大家不要慌,我们早料到对方会动手,就怕他们不来。"

砰!又一声巨响。原本想要站起的人,不由再次伏下头。

紧接着沉闷的巨响连响了多次,有人在楼下大叫:"杀白鑫!"还有人大叫:"着火啦!"

外头有特务冲进来道:"队座,枪手不见了。一楼着火,丁组长说,你们是不是先撤,他留下来彻底搜查。"

"那么多人他要怎么搜查?"吴禄气得面色铁青。

范争波道:"局势混乱,我们先带白鑫去停车场,如果真的火势变大就麻烦了。"

吴禄深吸口气,只得点点头。

在丁远明和他小组成员扑向枪声传来的方向时,直角大楼另一边的陈二已经转移了位置。

老头子帽檐压低,衣领拉高,遮住大半张脸。这时候,戴着鸭舌帽的小马从他身前跑来,自然地接过了步枪。两人连眼神交流也没有做,就直接擦身而过。

沧州饭店着火的叫声响彻整栋建筑,书场、舞厅、电影院乱作一团。西餐厅这里的洋人们也纷纷起身,有烟火味从走道那头传来。

赵逸护送斯蒂芬和爱德华他们离开餐厅来到一楼。

斯蒂芬忽然道:"我的钱包没有拿。"

"你们先去安全的地方,我去帮你拿。"赵逸说着就重新上楼。

斯蒂芬一脸感激地看着对方的背影,小声道:"爱德华,能把乔伊让给我吗?"

"他又不是奴隶。你还活在上个世纪吗?"爱德华没好气道。

赵逸并没有回西餐厅,斯蒂芬的钱包就在他的西装口袋里,他只是需要一个借口离开众人行动。飞快脱下西装,赵逸心里很清楚,一楼的"假火灾"瞒不过众人太久,但他很欣赏王庸手下的办事能力,如果真的只来了两个人,这已经有十多人的捣乱效果了。

沧州饭店的停车场在大楼的侧后方,靠近西餐厅这一侧,距离中餐馆稍远。如果正规走,赵逸需要穿过西餐厅从偏门去停车场。但那样就太慢了,他飞速奔上二楼,从拐角的楼道窗户翻了出去,贴着消防管道滑向另一边的停车场。

停车场里包括停车小弟在内,人人心急火燎,他们匆匆上车慌乱离开,没人注意到赵逸。

角落里,陈二用的步枪就靠在墙边,这是一把常见的美式步枪M1917,弹容量六发,射程五百多米。赵逸手中有枪,舒展了一下身子,到事先选好的角落隐蔽起来。

"如果你一定要亲自动手,就一定要记住:你只有两枪的机会,两枪之后一定要撤离。"陈二用三个"一定"强调了事情的严重性。

赵逸距离敌人他们停车的地方有七十多米远,背后是一座矮墙,那边是他的退路。他脑海里不断演绎可能出现的情况，然后清空所有杂念，静待敌人到来。

范争波、吴禄、白鑫和四个特务来到停车场，与他们一起从停车场大门过来的还有些别的商人。

赵逸托枪瞄准，枪口对准那几个匆忙带着些许慌乱的人群。一身白衣的白鑫很容易识别，他毫不动容地扣动扳机，连续两次！

砰！砰！白鑫的脑袋飙出鲜血，肩头也是血水直流。

范争波、吴禄和其他特务对这一幕目瞪口呆。

不等他们有所反应，赵逸提着枪飞退，迅疾掠过矮墙，消失于众人视线里。

这时，吴禄才大喊一声："追！"

两个特务朝这边飞奔，但除了对着矮墙开出两枪，并没什么更多办法。

第六章　审问

特务们翻过矮墙，但赵逸早已消失不见。

汽车旁，血泊里的尸体让人心一阵阵发冷。

范争波皱起眉头，先望向吴禄，又看看边上的灰衣服特务道："还好我让白老弟你换了衣服，不然地上的就是你。"

白鑫看着地上被爆头的特务，手掌捏着自己的防弹马甲，舌头打颤道:"是,是的……谢谢范长官。"

范争波道:"我和白先生回去了,你继续在这里调查吧。不过有一点你要注意,我们在租界是没有执法权的,不要惹事。"

吴禄恭敬领命,目送对方的汽车离开。他看着周围一部又一部开走的汽车,从包厢那边的第一声枪响开始,已经有数不清的人离开沧州饭店,所谓的调查要从哪里开始?他忽然想打自己两个耳光,之前把事情想得太简单了,共匪实在太狡猾了。

沧州饭店外刺耳的警笛不断响起,一批一批的洋人宾客被送走,没在警察来之前走掉的华人客人被临时圈在一处等候调查。惹出这所有事情的赵逸跟着斯蒂芬和爱德华回到自己的贵宾套房,此时已经很清楚并没有什么火灾。

探长杨觉皱眉看着广场上,在饭店大厅角落找到了两个装着鞭炮的铁盒子。然后,又从头到尾搜查了一遍饭店大楼的公共区,在中餐馆吴禄他们所在的包厢发现了两个弹孔。其他就是饭店两处楼道的角落有几个烟雾弹的残骸。

杨觉盘问了吴禄几句后,小心翼翼地向一个叫詹姆斯的老外督察汇报,最后指了指被他带到一边的吴禄。

其实吴禄是不愿意留在这边的,可毕竟有一具尸体在这里,他虽然做事冷酷,但手下的尸体必须带回去。

看着杨觉对着外国人点头哈腰,吴禄心里生出无数鄙夷。然而这里是租界,任你是谁都得听洋人的。几年前他老蒋来上海的时候,也还不是一样?

最后杨觉走过来道:"尸体我们要拉回去验尸做尸检。你要和我回局里录口供。当然，我们相信死的是你的人，所以这次袭击你肯定不是凶手。但这是必要的程序，希望你配合。"

"有没有可能，让我查看一遍现场。"吴禄低声道，"杨探长，我们一定会记得你的好处。"

杨觉冷笑道："不要得寸进尺。其实我之前也有所耳闻，你拿白鑫钓鱼嘛。拜托你以后要钓鱼去华界好吗？不要在这里给我们添麻烦。你知道租界里多久没有死人了吗？"

"我相信凶手多数还在饭店啊。"吴禄认真说。

杨觉笑道："现在饭店里除了正规员工，就只有老外了。老外为什么要杀白鑫？"

吴禄心说店里不只是有老外，还有很多假洋鬼子……但除非以后真不想在租界混了，否则这种话真不好说。还是那句话，他之前对在租界里惹事的复杂度估计不足。

"好吧。我会配合你的工作，不过还是希望事后你能提供一点线索给我。"吴禄无奈道。

杨觉笑了笑道："嗯，看来吴先生是个明白人。后面的事，后面再说。"

吴禄松了口气，只要对方愿意收取贿赂，那么至少证据链还是能拿到的。

"白鑫没死？"刚在酒吧里喝了威士忌的赵逸眉头紧锁。

小马道："是的，外头已经传遍了，白鑫和人换了衣服，你杀的是其他人。不过外头都说锄奸队的枪法神准，白鑫都吓尿裤子了。"

赵逸一拳砸在墙上，懊恼地爆了几句粗口。

"枪处理好了?"赵逸定了定神问。

小马道:"当然,第一时间拆掉送出租界了。"

赵逸道:"那行。大家都小心一段时间,接下来调查科一定会有大动作。"

小马点头道:"放心吧,阿哥。"

赵逸想了想,轻声道:"我有件私事要你做。"

"阿哥尽管讲。"小马说。

赵逸道:"西摩路许宅有个叫陈文月的姑娘,她可能是自己人。但我还不能确认,如果她是自己人,最近就可能会有危险。你替我注意一下她。"

"怎么个注意法呢?都不知是不是自己人。"小马问。

"看看她会不会来我们这里寄信。"赵逸停顿了一下说,"上头说会让邮筒静默,但是我们还是要盯着邮件。你只需要关注在西摩小学下班时间,她会不会来我们的邮筒。"

小马说:"我晓得了。这个不麻烦,西摩路是我们的地盘。"

赵逸摸了摸对方的脑袋,掏出几个银元塞在对方手里,轻声说:"去吧。小心一点。"

吴禄一直到深夜才回到亚尔培路。

"那个杨觉也算是给面子了,让我们把所有证据线索带回来一份。"吴禄把一本记录推给丁远明,"我已看过,你也看几遍。有很多事要做。"

丁远明道:"给了他三百大洋啊,他只是转手让我们抄一下证据,这钱也太好赚了。"

"可不止三百,而是以后每个月都要给他三百。"吴禄面无表情地说,"从账面上给,你在意什么?"

丁远明叹了口气道:"队座,接下来怎么办?白鑫回来后,怎么也不肯再出门了。"

吴禄重新看着问询记录道:"他先不用管。这次的刺杀给我们提供了许多线索,先好好分析一下。哎,那些沧州饭店的洋人,根本没有什么人在认真回答问题。"

丁远明道:"赵逸又出现在那里,是不是有点可疑?"

吴禄说:"可是很多人作证,枪响时他在西餐厅。有那么多洋人替他作证,你能怎么样?越是这种情况,越说明在租界里多一些我们的人有多重要。如果赵逸是我们的人,那么我们就多了一个办法来观察这件事。"

丁远明有些不服气,现在说这个不能解决任何问题。他抬头道:"今晚的事,是不是说明,西摩小学那边有共匪?因为我们是把正确的时间,告诉了西摩小学。"

吴禄说:"有这个可能,所以我们要排查西摩小学。"

"那关培还要不要抓?"丁远明问。

吴禄冷笑道:"宁可抓错,不可放过。一并抓了吧。"

星期天,陈文月来到圣彼得教堂做礼拜。礼拜仪式结束,她等那些找董牧师说话的教友说完,才自然地走到董牧师身边。

董牧师道:"你的消息是对的,但昨晚没有成功。"

陈文月低声道:"那接下来怎么办?"

董牧师道:"神的旨意说,暂时不和学校通信。"

陈文月怔了怔，不知该说什么。

董牧师微笑道："年轻人，地狱是很危险的。什么时候恢复，下次来再说。"

陈文月点了点头，有些郁闷地离开了教堂。

她从爱文义路出来，朝西摩路走，有心绕路逛逛街。天色从明朗变得有些阴沉，前头走来一个中年人找她问路。陈文月停下脚步，看了眼对方给的纸条上的地址。突然背后停下一部黑色轿车，车上下来两个大汉将其蒙住嘴巴带走。

弄堂里，暗中跟着陈文月的小马吃了一惊，但他并没冲上去营救，而是踩着脚踏车，跟着轿车一路到了亚尔培路，看着对方把女人带进屋子。小马记下地址，急匆匆地去找赵逸。

"她被丁远明抓到了亚尔培路的党务调查科，在那之前她是去圣彼得教堂做的礼拜？"赵逸心底越发确定陈文月的身份了。

"我没有进教堂。"小马说，"毕竟我平时就不去教堂，进去太碍眼。但我看到了丁远明的脸，所以肯定是调查科动的手。"

赵逸点了点头，董牧师的身份一般交通员是不知道的。

小马分析道："陈文月既然被敌人抓了，那就说明她是我们的人。你之前的想法是对的。但我们是不是要想办法救人？"

"救当然要救。"赵逸轻声说，"但是明着去救，不仅坐实了她地下党的身份，也会暴露我们。要迂回一下。"

"向上头报告一下？"小马说。

赵逸板着脸道："让我先理个思路。上头可不喜欢我们监视自己人。"

小马吐了吐舌头道:"对,我把这个忘记了。"

陈文月被摘下头套,她美丽的脸上满是惊恐,眯着眼睛皱眉看着周围。狭窄的房间里站着一个彪形大汉,角落里放着几件刑具。

"你知道我叔叔是谁吗?你知道我爸爸是谁吗?你们敢绑票我!你们不想活了!"陈文月大叫道。

"安静,没人要绑票你。"丁远明拿着一张纸,从容走进房间,低声道,"姓名,年龄,工作。"

"你是丁远明?我们是认识的,这是怎么回事?"陈文月怒道。

"回答问题。回答好问题,我给你解释。"丁远明说。

陈文月耍泼道:"你知道我叔叔是谁吗?你知道我爸爸是谁吗?这里是租界,你们知道吗!无法无天了啊!"

丁远明啪地甩了她一个耳光,打得陈文月一愣,然后气得整个人发抖。

丁远明嘴角干笑了一下,坐回位子道:"姓名,年龄,工作。"

陈文月哭了起来,一个字也不说,一哭就停不下来。

丁远明轻吸口气,低声道:"不要耍泼,我有的是手段让你开口。我们怀疑你是赤化分子,现在甄别你的身份。姓名!"

陈文月仍旧是哭。丁远明皱眉看了边上人一眼,那大汉过来就要把女人吊起。

陈文月胳臂好像断掉了一样,她一面呼痛,一面道:"陈文月,我叫陈文月。二十岁。"

"职业。"丁远明又问。

陈文月哭道:"西摩小学,国文老师。这到底是怎么回事,你们为什么抓我？要钱就不要伤害我。我家里有钱。"

丁远明道："再说一次，我们不是绑票。怀疑你是赤化分子，因此带你来调查。"

陈文月说："我是老师，不是什么赤化分子。"

"这个人你认识吗？"丁远明将白鑫的照片放了出来。

陈文月皱眉摇头。

"这个人呢？"丁远明又把赵逸的伪装画像拿了出来。

陈文月再次摇头。

丁远明盯着对方的表情，发现这些都是真实反应。不禁有些头疼，因为他们没有直接证据能把对方和共党联系起来。

陈文月则在心里不断琢磨眼前的形势，她自问自己并没有暴露，如果对方知道自己是去教堂接头，就该在教堂外就出手。或者说，就该问一些别的问题。现在对方的询问方法，证明自己先前在何家的判断，这些人是因为白鑫的情报盯上自己的。那么问题就是，为什么对方会盯上自己？如果是有证据的，怕是前几天就来抓自己了吧。

所以……对方还什么都不知道，只是怀疑而已。

陈文月决定咬死不说。如果现在说了，之后的人生就会发生重大反转。如果不说，就还可能等待救援。问题在于……短时间里怕是没人知道自己在这里，而且边上的刑具肯定不是摆设。

丁远明又质问了她一些事，陈文月一概不知，只是哭着努力告知对方，自己的父亲是广东的官僚，自己的叔叔许先生更不简单，那可是和蒋总司令说得上话的人物。

说了一会后，丁远明离开审讯室。

"她看上去挺无辜的。"丁远明说。

"其他人何尝不无辜。我们抓回来三个女教师,一个哭得比一个凶。关个一天再看。陈文月……"吴禄翻看着对方档案,"之前是上海大学的学生,上海大学是赤化分子的老巢,她有问题的可能不小啊。"

丁远明道:"但这个……家庭背景最大,我不太好用刑。毕竟我没有证据啊。"

"是很头痛,先饿着她们吧。"吴禄说。

丁远明点头离开了办公室,回自己的房间。

桌上电话响了起来,那头传来赵逸的声音:"丁兄,你是辣手人物啊。我之前小看你了!"

"你是谁?什么意思?"丁远明皱眉道。

"贵人多忘事啊。我是赵逸。"赵逸冷笑道,"在何府你说了会退步的,现在怎么把陈小姐抓起来了?原来你是这么追求女人的?"

丁远明眉头紧锁,赵逸为什么那么快就知道陈文月被抓?那家伙一定是共党。但……即便是共党,这才一个多小时,怎么可能知道陈文月被抓呢?他慢慢道:"赵兄,你开什么玩笑。陈小姐被抓了,被谁抓了?"

电话那边传来一连串的英语粗口。赵逸怒道:"陈美女是老子我看上的女人,我每天有派小弟跟着她观察她。今天你在爱文义路,亲自出手抓的她,你敢做不敢当?"

丁远明慢慢道:"我们只是在工作。"

"工作你妈的工作!"赵逸怒斥道,"这里是公共租界,你懂什么叫租界吗?你有个屁权力工作?我告诉你,赶快给我把陈美女放了,不然我打电话去工部局说你绑架。以后你敢出门,我就叫苦力追着你打。

我倒要看看，什么东西吃了熊心豹子胆，敢和我抢女人！"

丁远明小声道："这里头一定有误会，赵先生你先别生气。让我考虑一下？这人不是我下令抓的，即便……即便真如你说，要放也要走流程啊。"

"你如果糊弄我，那样大家都没好处。"赵逸挂断了电话。

小马在边上苦着脸道："这样行不行？他们一定会怀疑你的。"

赵逸道："这么做，非常符合我纨绔子弟的身份。当然，在他们盯上我之前，我要去和上头打个招呼。"

说着，他非常低调地出行前往圣彼得教堂。

王庸板着脸看着他，化了装的赵逸也一脸木讷相对。

桌面上，王庸捏杯子的手越来越紧，终于他一拍桌子，怒道："简直胡闹！你应该第一时间向我汇报。你打的那个电话，不仅会暴露你和陈文月的身份，也让组织陷入了危机。"

赵逸道："乱拳打死老师父。我公开身份是租界纨绔，他即便有怀疑又如何？我的做法没超出我身份的能力。反过来想，又有哪个赤化分子，会公然打电话去调查科要人的？"

王庸冷笑说："他这个时候可能会突击对陈文月用重刑。你考虑过这个结果吗？"

赵逸道："我不这么做，她也可能受重刑。她既然是我们的人，就该承受得住。"

王庸深吸口气，稳定下情绪道："你为什么对陈文月紧追不放？你知道监视同志是违反纪律的，你也是老党员了，为何明知故犯？"

赵逸低头沉默。

平安大楼. 作者／高昭

陕西北路街景． 作者／陈松

王庸道："你说真话，我可以酌情处理。"

赵逸轻声道："民国十六年武装起义的时候，她救过我。我那时候暗恋过她，我去苏联后和她失联。最近我遇到她，怀疑她的身份。我只是想保护她。"

王庸叹了口气道："你和她的事，冠生和我说过。"

赵逸吃惊地看了对方一眼。

王庸说："谢谢你的坦白。任他什么英雄，都是情关难过。你不能因为个人情绪乱了方寸。"

赵逸道："我承认自己受情绪影响，但是我不觉得自己做法有大问题。如果真造成严重后果，我愿意领受处分。"

"还嘴硬。"王庸冷笑道，"那你觉得接下来能怎么做？"

赵逸道："她可能是因为白鑫情报的事被带去调查。但是除非她工作有失误，应该不会有具体证据落在敌人手里。我们能做的无非是撇清那件事和她的关系，然后从洋人的角度向国民党施压。洋人那边我来动脑子，至于如何转移敌人视线，我来找上级想办法。"

王庸笑了起来："你觉得我可以转移敌人视线？"

赵逸道："咱们的情报来源不止陈文月一个。大哥你做事素来谨慎周密，你一定有办法的。"

"别给我戴高帽子。"王庸笑道，"我去打听一下。你们爱德华不会突然要找你吧？"

赵逸笑道："他手气正旺，不会找我的。"

"那很好。"王庸看了看怀表，低声道，"你留在这里等我，哪里都不要去。我最多一个半小时一定回来。"

王庸修饰了一下，出门叫了黄包车。他此刻穿着长袍马褂，戴着巴拿马帽，提着藤木箱子。他的目的地是北四川路上的中央调查科驻沪办事处。王庸堂而皇之地靠近前台，与女秘书说了几句话，又从容离开。

过了二十分钟，方才那个女秘书走出来，到了街边的烟杂店递给他一个袋子。

"我走了，有新买卖随时找我。"女人温柔地挥了挥手。

王庸简单翻了一下文件，急匆匆赶回爱文义路。

桌上烟灰缸里好几只烟头，赵逸已经在屋内来来回回走了不知道多少圈。

"年轻人要沉得住气。"王庸把文件推给赵逸，"这是近几日关于白鑫事情的报告书。具体工作是一个叫吴禄的队长负责的。那个人我有印象，是个很谨慎的人。"

"远远见过，但没打过交道。"赵逸先一目十行地飞快看过，轻声说，"对方怀疑一个叫关培的人，是我们自己人吗？"

王庸道："不是。这个《字林西报》的记者，之前在《江南晚报》上班，发表的东西素来比较反动。"

赵逸冷笑道："原来是《江南晚报》。那地方的家伙我们之前常打交道。"

王庸说："是啊，那边是西山派的势力范围嘛。我看过他在《字林西报》的报道，常会抹黑一下我们共产党。这次会被敌人怀疑，算是巧合？"

赵逸重新看了一遍关于关培的记录，笑道："应该是我那次调查达生医院被人注意到行踪，不知道是不是我化装的样子和那家伙比较像？但我明明加了胡子，加了其他特征。如果这也能像，真是算他倒霉。"

王庸道："那次没被盯上你就偷着乐吧。毕竟你也是到了何府的。"

赵逸道："我去何府时做了简单的化装，阿哥你要相信我，我一直很小心的。"

王庸道："做地下工作，小心是第一位的。人物画像这门技术本来就不可靠。陈述人的印象本来就是千变万化，而画图人的水平高低，也决定了还原的水平。但如果有一天，照相机变得满大街都是，那才是我们地下工作的噩梦。"

"还没发生的事你就别担心了。"赵逸看着案件报告的结尾，思索道，"那我们该怎么推关培一把呢？"

王庸道："我在来的路上想过了。可以在关培身上动一点手脚，此人一贯抹黑我们，也该付出代价了。"

赵逸问："只是这么推动一下，来得及帮陈文月吗？"

王庸沉吟道："只能尽力而为，到底多快起作用，得看调查科内部的办事效率。你那边该利用洋人就利用洋人。就明着说那是你女朋友吧。洋人比较吃这一套。如果我们成功了，你记得和陈文月的接头暗号。上半句是，主救世人，努力为生；下半句是，还要努力为死。"

"行，我先去找杨觉。"赵逸说。

赵逸很快到静安寺路巡捕房，找到正在休息室睡觉的杨觉。杨觉虽然对被打搅非常不爽，但面对洋人的买办，还是打起精神应付。

听了赵逸的描述，杨觉一脸诡异地看着对方道："这个陈文月到底和你什么关系？真就是上次在何府见过一次？"

"是啊。如果见过几次，我怎么可能那么费心。"赵逸理所当然道。

杨觉眨眨眼睛，瞬间理解了对方的意思，好笑道："那你是觉得只要救了陈小姐，你就能得偿所愿对吧？"

赵逸鄙视道："瞎说什么，我是那种人吗？我是真的喜欢她。别的事如果发生了，那只能算是水到渠成。怎么样，你帮不帮我？"

杨觉道："兄弟我不是不帮。之前类似的抢女人的事，我也不是没帮过老兄你，对吧？可如果陈小姐万一真的是赤化分子，你怎么办？我开一句口是没啥大事，老子是给洋人当差的。可你如果被打上赤化的符号，会很麻烦。这可不是平日里争风吃醋打个架。"

边上有凑热闹的巡捕也说："是啊，赵少，这种事还是不要沾。租界里好看的女人那么多，何必呢！"

赵逸说了句英文粗口，然后道："老子也是给洋人当差的，这个女人我保定了。而且他们国民党在租界有执法权吗？老杨，你不帮忙，我去和上头督察说。"

"小声点。说他们没有执法权，但实际上这几年他们在这边抓的人还少吗？"杨觉拉着他走到角落，轻声说，"这样吧，我帮你还不行？你知道上面的洋人都是二愣子，真闹大了很难收场的。而且沧州饭店的事刚出，洋人正在火头上。但是这里有个麻烦的事，赵少，亚尔培路那边是法租界啊。"

"我不白让你做。能救出来给你一千美金。你如果做不来，我就去找法租界的老沙。"赵逸竖起一根手指。

杨觉咽了口唾沫，笑道："别去找老沙，那家伙和咱们不是一路人。不过如果没能……"

"那只给一百。老子是生意人好吗？"赵逸没好气道。

杨觉挠头道："好的好的。我和法租界疏通，我负责来打电话。"

丁远明接到了巡捕房的电话，要说如果是在华界，他自然不怕什么巡捕房，更何况是跨界的巡捕房。但这里是上海的租界，党务调查科没有什么话语权，所以他如实把情况汇报给吴禄。

吴禄笑道："不管他们说什么都先压一下。让我们审问这些老师两天也是好的。"

丁远明不安道："我们抓了三个老师，如果明天不放回去，西摩小学的洋人校董一定会找上来的。"

吴禄看了他一眼，慢慢道："三个哭哭啼啼的娘们，你也审不出来，还好意思说别的。那个关培怎么样了？"

丁远明说："昨晚抓回来到现在也是死不承认呢。下面的人还在他家里寻找证据，如果能有证据就好了。"

吴禄说："你去关培家里看一下，不要遗漏了什么。另外找一组人盯着赵逸，看看他到底是什么人。"

丁远明领命离开亚尔培路，前往虹口的关培家。他刚进屋，就有特务报告说在卧室护墙板的夹层发现了一盒东西。里面有一百三十块大洋，一套假证件，还有一张静安寺路地区的地图。地图上对达生医院、和合坊、沧州饭店，甚至亚尔培路和霞飞路他们的办公点都做了标记。

丁远明皱眉望向手下的脸，对方带他前往发现盒子的护墙板。可以判定，这是一个旧的暗格。丁远明虽然有些怀疑，但心底还是松了口气，于是带着证据马不停蹄又回到办公室。

一个小时后，赵逸办公桌上的电话响起，里头是丁远明的声音。

"赵先生，我们调查清楚了，这是个误会。如果你时间上方便，我们吴队长想见你一面，顺便你可以接陈小姐回家。"

"算你识相啊，丁先生。"赵逸依然是那副跋扈的样子，"我二十分钟里到。"

赵逸开着爱德华的福特车前往亚尔培路，吴禄在正厅接待了他。

吴禄像什么事也没发生过一样和他聊天，打听了他的工作和出身背景。

赵逸应对自如，婉转地询问是否能够带陈文月离开。

吴禄笑道："当然可以离开。但今天我想见赵先生是有件事要说，不知赵先生有没有兴趣多赚一份工资。"

赵逸说："怎么说？"

吴禄道："党国是需要人才的，像赵先生这样的英才，只是给洋人服务太可惜了。你有没有兴趣加入我们调查科，你的国家需要你。"

赵逸眯起眼睛慢慢道："我不缺钱。"

吴禄正色道："但是谁会嫌钱多呢？我一个月开给你五百大洋的工资。平日里你什么也不用做，也不用改变生活方式。万一在租界里有需要你的耳目，有需要你说上一两句话的时候，你为我们自己的国家说上几句话就行。作为一个中国人，赵先生不会拒绝吧？"

赵逸笑道："那么简单吗？"

"就是那么简单。当然你不用着急答复，可以回去考虑一下。"吴禄递上自己的名片，笑道，"这是我办公桌的电话，随时打给我。"

赵逸收起名片道："那好，多谢了。"

陈文月被关在狭窄的暗室里，脑海里一遍又一遍过着之前在小学里得到情报的情形。我绝对没有露出任何马脚，为何会被捉？就只是因为我把每一条情报都上报了吗？她真的很不甘心，明明什么也没做错。

手表被没收了，房间里也没有时钟，陈文月觉得又困又饿，总感觉已经过了很久了。董牧师他们知道自己被捕了吗？如果知道了，他们开始营救我了吗？

敌人还没有开始严刑逼供，如果真的用刑那还不如死了算了。陈文月看着四周，空荡荡的房间窗户被封死，没有家具，也没有被褥，想要死也没有办法。她的脸还在火辣辣地痛，但是陈文月认为，如果真的受刑，她一定是要坚持的。因为她亲眼见过那么多上大的同学被抓被关，她也亲眼见过那么多工人战士，在前几年的时候战死沙场。

陈文月从没想过，自己加入革命不会被抓，事实上她早就做好被抓被杀的准备了。虽然她也知道，被抓之后绝不是被杀那么简单，会有无数残酷的事等在前头，要不然也不会有那么多叛徒了。

她还记得学长们曾经说过："我们每个人都要有为中华牺牲的觉悟。"

到底怎样算做好牺牲的觉悟？说这话的学长死在"四一二"的屠刀下，之后大学就被查封了。陈文月还记得自己离开大学后在上海的无助，哪怕生活在繁华雅致的街区，仍旧感觉自己是孤身一人。只有革命能让她感觉自己还活着，只有回到组织，她才感觉到继续工作的动力。

陈文月冷冷看着前方的大门，全能的上帝啊，给我力量！今天……不管要面对的是什么，都可以。

这时，大门忽然打开，有特务将她带到大厅。

"陈小姐，赵先生来接你。都是一场误会，现在你可以走了！"丁远明说，他将陈文月的拎包和手表交还对方。

吴禄和丁远明的眼睛盯着赵逸和陈文月二人，任何细微的表情都逃不过他们的眼睛。

可是陈文月看到赵逸，只是一脸的错愕，任她怎么想也不可能想到，会是这个男人来救自己。

赵逸脸上有一些高兴和关心交杂的东西，可这也不能说明什么。但很快赵逸的脸上闪过了愤怒，因为他看见了女人脸上的掌痕。他霍然转身对着丁远明的脸就是一下。丁远明完全没有想到会被打，被打得原地转了半圈。

赵逸竖起一根手指警告了对方，然后牵起陈文月的手道："走，我们回家。"

丁远明大怒拔枪，周围的特务也纷纷拔枪，吴禄拦住了他们，任由赵逸他们离开。

"队座！"丁远明说。

吴禄板着脸道："二十四小时盯着他。看看这个赵逸到底是真的疯，还是在演戏。"

事实上，他在见赵逸之前，还接到了美国人爱德华的电话，在这年头洋人的电话是必须重视的。

"你打了他……没想过他会不让我们走吗？"陈文月上车问道，说实话她的心里乱极了。

赵逸发动汽车,看着台阶上的吴禄微微点了点头,然后开车出院子道:"这里是租界,他们不敢动我的。"

车子出来到外面,外头有一整队法租界的卫兵站着,等赵逸的车开走了才散去。钱真是好东西,一千两百美金替他赢得了这样的排场。

赵逸又看了眼那栋楼,轻声道:"他们不止抓了你一个。"

"他们还抓了谁?你要怎么救其他人?"陈文月问。

赵逸苦笑道:"我救不了所有人,只能祝她们好运。"

"你到底是谁?"陈文月盯着男人问道。

"主救世人,努力为生。"

"还要努力为死。"

赵逸轻吸口气,回视对方道:"陈文月同志,我收过你二封信。"

陈文月的美目顿时亮起,然后瞬间泛起一阵水雾。

"回我办公室,还是回家?友情提示,你被绑了十一个小时,现在是晚上九点。要不要先去吃点东西?"赵逸问。

陈文月道:"回家吧。阿姨一定着急了。再饿家里总有吃的。"

赵逸笑道:"好的。但你一定不能和他们说,是我打了你啊。我还想明天约你看电影逛街。"

陈文月疑惑地看了男人一眼。

赵逸腼腆说道:"我对巡捕房和国民党说,你是我女朋友。所以无论如何得约会两次吧。"

陈文月咬着嘴唇沉默不语,过了几分钟,汽车到了西摩路上,许宅就在前方。她才道:"如果,如果我明天消肿了,我打你电话。不然就再等等。"

"好的，所有的事正常去做。这几天他们会一直监视我们。"赵逸叮嘱道，然后他们核对了今天失联这段时间的说法。

陈文月轻轻点了点头，在下车前轻声道："谢谢你，谢谢你救了我，赵逸。"

第七章　约会

陈文月回到家里，什么也没说就躲去了房间。后来许太太来问她，她才说下午在外头的时候遇到了坏人，好在被巡捕房的杨觉探长遇到，杨觉和赵逸救了她。然后在巡捕房录口供，所以回来晚了。

事情就这么搪塞过去，至于许家会不会去调查，那就是后话了。

吃了点东西，洗个热水澡，换上丝质睡衣，陈文月躺在床上。短短十多个小时的牢狱，让她觉得这柔软的床铺极不真实。赵逸真的是同志吗？会不会是特务派来的圈套？可是这种时候又不能找董牧师确认。但陈文月又想，敌人既然抓住了她，没有必要再来设什么圈套。而赵逸……其实在何府那天她就能看出，这个人的眼神特别干净。

是啊，干净又温柔。陈文月抱着枕头，看着床边衣柜的镜子，镜子里仿佛出现了赵逸潇洒的身影，总觉得也许很久以前就认识了。

想着想着，她就睡着了。

这个晚上陈文月做了个梦，梦到自己又被关在了亚尔培路，敌人对自己严刑拷打。赵逸冲进牢房来救自己，却被乱枪打中。她惊醒后一身冷汗，看着镜中失魂落魄的自己，而挂钟上的时间是凌晨四点。

赵逸回到沧州饭店的套房，爱德华今天的牌局居然已经结束了。

"乔伊，乔伊，乔伊，听说你英雄救美了。我以为你不回来睡了。"爱德华似笑非笑道。

"大户人家的小姐，怎么可能睡那边。你以为是你们洋婆子？"赵逸好笑道。

爱德华举手道："当我没说！怎么了，我以为你应该心情不错。"

赵逸倒了杯酒道："陈小姐被打了，国民党的特务太无法无天了。你今天怎么结束得那么早？"

爱德华说："被我连赢了几天，他们不想玩啦。还有讨厌的老马克，说我在这里摆了风水阵。"

赵逸笑道："早点睡觉也好，休息两天吧。"

爱德华一脸八卦道："陈小姐被打了？你今天去那边怎么样？详细讲来听听，特务机关是怎么样的？"

赵逸简单说了一遍，连对方招他入伙也没隐瞒。最后说到自己扇了丁远明耳光。

爱德华一脸啧啧啧的表情，笑道："还好我提前打了电话警告那个吴队长，不然就你这种做法，怕是回不来了。"

"你打了电话？谢谢啊！"赵逸有一丝小感动，笑道，"不过我在门口准备了一队法租界巡捕呢。"

"他在里面拘捕你，你外头的巡捕顶个屁用？"爱德华没好气道。

赵逸心说租界里洋人的威力又不是人在哪里，而是就看那身皮啊。但他拱手道："确实要多谢老板照顾！"

爱德华笑了笑道："总之，这个陈小姐你必须拿下，否则我就白卖面子了。"

赵逸若有所思地点点头。

爱德华扬眉道:"怎么,你没把握?"

赵逸道:"我……说不好。你有没有真的心动过?陈小姐,我总觉得很久以前就认识了。我有点担心自己来真的,所以下不了决心。"

"男人啊,你的名字是浪漫!"爱德华鼓掌道,"但你不该试过之后,才知道自己是不是来真的吗?现在担心有什么用?"

"你很有经验吗?"赵逸问。

爱德华喝了口酒,望向太平洋的方向,嘴角露出一丝苦涩。

赵逸也没有再多说话,两人就这么把一整瓶威士忌喝掉了。

喝酒归喝酒,赵逸从不会耽误工作。清早就开始去公司各个环节做监工,恢复认真做一个洋人买办,除了工作之外,他时不时会想念一下陈文月。就连《申报》上的广告画也会变成陈文月的面容,这让他觉得有些烦恼,因为好像不够专业。十点多钟的时候杨觉给他打了电话,一方面是谢谢他的钱,另一方面杨觉告诉他,昨天国民党一共抓了三个女教师,不过在今早把另两人也放了。赵逸让对方不要客气,至于其他女人和他有什么关系呢?

直到下午三点,他办公桌上的电话响了。

"你好。我是赵逸。"他说。

"我是陈文月,今天的课上完了,可以早下班一个小时。"陈文月小声说。

"我来校门口接你。"赵逸说。

陈文月说:"不了,我要去做个头发。阿姨给我在美发厅约了师傅。你方便的话,四点半在店外头等我。然后就听你安排。"

"好的。"挂断电话,赵逸的心飞上了半空。

见到一身素雅旗袍、衣领上带着红色碎花的陈文月走出美发厅时,在赵逸的脑海里穿着大学生制服的陈文月,慢慢地和面前的双十佳人重叠在一起。他愣了半天,窈窕婉约的美原来可以如此动人心魄。

"怎么了?"陈文月问。

赵逸笑道:"我以为会是一个大波浪,或者卷卷。怎么……"

陈文月道:"嗯,其实就是修修整齐。你不知教师是不能烫头的吗?"

赵逸哑然失笑,真的是自己想多了。

"阿姨说,换个运气。现在去哪里?"陈文月笑眯眯说。

赵逸说:"我买了夏令配克的电影票。不过还有一个多小时,现在我们可以随便逛逛。或者吃个早晚饭。"

陈文月说:"嗯,我还不饿。那就随便逛逛吧。也不用开车了。"

两人就这么在静安寺路逛起来,绿屋夫人女装店、鸿翔女装店等店铺一家家看过去,最后去了美心点心店吃早晚饭……

在远处监视的丁远明和特务们跟着二人一路走下来,并没发现有什么异处。当二人去了电影院看电影,那黑乎乎的影院里就更监视不到什么了。

赵逸早就发现了有人监视,但他今天确实只是单纯的逛街,自然就由得对方跟着。

电影院门口有卖花姑娘上来卖花,赵逸给陈文月买了一支玫瑰,女子红着脸并没有拒绝。

电影结束，两人走在西摩路上。快到许宅的时候，陈文月停下脚步，轻声道："如果我们以后要继续这样，我对你有几个要求。"

"你说。"赵逸说。

陈文月看着对方道："每天我在学校的时候，给我打一个电话，让我感觉到你的关心。每天接我下班，让我的同事知道你。每晚给我打个电话，让我的家人知道你。我要出现在你生活里，你的生活里不能有别的女子。我家里人打听过你平日的名声了。"

赵逸眨了眨眼睛，心说这又不难，拈花惹草本就不是我的性格。但他忽然想到自己的身份……

"是不是有点麻烦？"陈文月靠近对方，低声笑道，"逗你的了。我们是同志嘛。"她小手拍了拍对方的胸口，低声道，"我们不用那么麻烦，工作第一。"

赵逸很想说，我不希望只是同志，却不知如何开口。

陈文月轻声道："我不想煞风景，我会一直支持你。但这个世界还有很多事要做。"

吴禄看了眼时间，皱眉道："他们真就逛了一下午一晚上？"

丁远明道："是啊。"

吴禄叹了口气道："派个三人组长期监视，暂定两个礼拜。你就不用分神了。"

"是的，队座。"丁远明说。他其实咽不下那口气，昨天赵逸那巴掌打得他牙齿也松了。

吴禄道："你如果真记仇，可以让帮会的人帮你出头，但别被查到身上。还有就是，如果赵逸没有问题，我们还是需要他这样的人才的。"

丁远明道："放心队座，我心里有数。"

吴禄道："关培我审问了一天，他交代说假身份确实是他的，钱可能也是他的，但数目不对。地图也是他的，但标记不是他做的。"

丁远明好笑道："哪有人承认一半的？"

吴禄道："说得也是。不过最主要的一点是，关培的手不像是打枪的手。他肯定是没有那个枪法的。所以线索也谈不上是线索。"

丁远明道："那接下来怎么办？"

吴禄道："还得从白鑫那边想法子，只是那家伙怕是不肯出门了。今天范长官又说了，白鑫吵着要离开上海。我去找杨特派员帮忙，他和白鑫算是旧识，但这次怕是拦不了几天了。"

日子一天天过去，不知不觉到了十一月。

党务调查科特派员杨登瀛来到亚尔培路。在吴禄的书房，两个人坐下来为白鑫的事开起小会。

吴禄道："特派员，这是杭州老家寄来的龙井，尝尝如何？"

杨登瀛比他大了有十岁，职位上也高一些，那张国字脸平日里就向来有几分官威，所以当仁不让地摆出长官架势。

他喝了一口茶水，点了点头道："登瀛今天来，主要还是要说一下白鑫的事。"

吴禄笑道："不敢，卑职听特派员教诲。"

杨登瀛打起官腔道："之前说要利用白鑫铲除中共情报网，你也试了一段时间了。现在白鑫先生决意要走，我们出于党国信用的问题，怕是只能让他离开上海了。但在他离开之前,你得把你最近的行动做一个报告。"他见吴禄要解释,摆手笑道,"书面报告当然不是那么着急,你先简单说一下最近做了点什么吧。范处长那边说,你平时也没跟他汇报过什么。"

看来范争波打了小报告了。吴禄挠了挠头,理了一下思路,正色道:"是这样的。白鑫在范公馆住下后,我们从十月份开始,陆续放出一些他的消息,试探接触潜伏在我们身边的中共情报网。这些调查,主要是围绕达生医院、西摩小学、《字林西报》,以及沧州饭店展开的。达生医院的柯达文是最先被调查,也是最先被排除的可疑人物。"

"为什么最先调查他?觉得他哪里可疑?"杨登瀛问。

吴禄道:"不是因为他哪里可疑,主要是因为他负责给白鑫看疟疾,他有机会近距离接近白鑫。我也是出于安全的考虑,另外就是他和彭湃一样是广东人。"

"我也是广东人。"杨登瀛淡然说。

吴禄抱拳道:"我也是出于安全考虑,但柯达文已经被排除嫌疑了。白鑫去过达生医院两次,如果说第一次有我在边上,柯达文不能下手,第二次去的时候,我是故意留出机会给他的,但是他仍旧没有下手。之后白鑫的治疗就改为让柯达文上门治疗了。"

杨登瀛笑道:"你思路活络啊,范处长以为你两次都是贴身保护白鑫的,原来还故意卖了破绽。"

"不好意思,我是谨慎惯了。"吴禄继续道,"之后我们发出的情报发现了两个可疑人物,一个叫关培,一个叫陈文月。分别属于《字林西报》和西摩小学。"

杨登瀛皱眉道:"记者和老师?记者也就罢了,老师怎么能接触到我们的情报?"

吴禄道:"我是通过范公馆工作人员的家属放出消息的,报社那边放出了一些,西摩小学以及太平花园,甚至几个大的酒楼都多少放出了一些。结果就这两个地方给了反应。然后,我们继续放出消息试探,优先圈定了关培,他的长相和接触情报的机会都符合,就先监视了他。后来我们安排白鑫前往沧州饭店,最后一次放出双情报,结果这次西摩小学那边接触的是真情报,而且真情报也给出了回应。"

"白鑫去沧州饭店的情报……"杨登瀛思索了一下道,"我们中高级层面拿到的都是真情报吧。不一定就是西摩小学的问题。"

"是的。但谨慎起见,我突击抓捕了几个教师审讯。"吴禄苦笑道,"因为在沧州饭店死了个部下,所以我当时也比较急。谁知这样就发生了一件意外事件。我们抓捕了陈文月,并不是有证据在手里,只是一个猜测。但她被捕没到一个小时,就有一个叫赵逸的人来救她。"

"这个叫赵逸的人是什么身份?"杨登瀛皱眉问。

"就是特别能干的洋人买办,这种人每过一两年,上海就会冒出来一两个。此人特别能讨洋人欢心,我们明面上也不能和他较劲,所以顺水推舟地释放了陈文月。后来我们盯了他和陈文月半个月,不过并没有收获。"吴禄叹息道,"这个叫赵逸的人,我本来就有印象,我原本是想吸收他进组织的。但是因为这个事,所以我也不敢冒险了,目前只能冷处理。这就是我们这一个月来,凭着白鑫取得的收获。"

"那个叫关培的人,后来有突破吗?"杨登瀛问。

吴禄道:"还关在牢里,但没有进一步的突破了。和陈文月不同,他是有具体证据联系的,但就是没办法再进一步审问出什么。"

杨登瀛摸摸鼻子,慢慢道:"你有没有想过,是自己想复杂了?

这个关培确实是共党,只不过咬牙不说而已。这种死硬分子,以前也不是没有遇到过。而陈文月,我来之前侧面叫人查过,这是许家的人,说她有进步学生的样子是可能的,但说是共党,还是得讲证据,对吗?"

吴禄道:"是的。"

杨登瀛道:"不过你谨慎也有谨慎的道理。说实话,范处长那边护着白鑫,我其实是不赞同的。白鑫既然投诚,自然不能总是惜命。"

"对啊,难道他的命是命,我们的命就不是吗?"吴禄愤然说。

杨登瀛说:"所以我建议你在他走之前,再利用他一次。这次利用,我们来安排,不用告知范处长。"

吴禄吃惊地看着对方,他一直以为对方是偏向范争波的。

杨登瀛道:"实话说,上头因为沧州饭店的事很不满意,希望我们能打压共党气焰。你也需要更努力一点。"

吴禄吸了口气道:"请特派员吩咐。"

杨登瀛道:"我们确定好白鑫出发的时间,再一次把消息放出去,引诱共产党来杀。"

吴禄思索道:"他是坐船出发,码头环境比较复杂不好控制。当然上船之后会方便些,但我们也不可能派很多人跟着上船。"

杨登瀛笑道:"就在和合坊搞。附近有巷子可以藏身,只要我们埋伏六七个枪手,大功可成。"

吴禄迟疑道:"那样的话,范处长可能有危险。你知道的,白鑫去沧州饭店他也陪着,这次出发离开上海,他一定会送行。"

杨登瀛抿着茶水,慢慢道:"成功就成功了,分他一点功劳。不成功,就当什么也没发生过。"

吴禄咬牙点头道:"我来琢磨一下具体怎么安排,然后再报告您。"

"很好。老吴,你会有前途的。"杨登瀛笑道,"立功这种事,该拼的时候要拼一下。"

"全靠特派员栽培。"吴禄恭敬道。

第八章　杀白

霞飞路,洛里俱乐部。

赵逸和王庸相对而坐,今天王庸整个换了一个感觉,大背头,金丝边眼镜,西装革履,手里还有一根西洋手杖。赵逸不由得想,这样子的王庸,真在街上遇见,他也个一定敢认。所以化装术最重要,也是最难的那部分,就是气质的改变吧。

丽莎端上来两杯咖啡,对他们盈盈一笑。

"白鑫会在11月11日晚上离开范公馆,在12日早晨坐船去欧洲。"赵逸轻声说,"这是陈文月在西摩小学收到的情报,就是不知那吴禄放出的消息是真是假。"

王庸道:"这是个真消息。他这么做就是想借白鑫,最后埋伏我们一次。"

赵逸笑道:"埋伏不埋伏的,就看我们从哪里出手。怎么样,如果红队缺人,要不要我支援?"

王庸道:"红队人手足够。但这次他既然是放消息到西摩小学,就说明还是要掂量掂量你。我们要把白鑫和吴禄都除掉,不能一直被动挨打。如果吴禄一直咬着陈文月这条线，绝不会有好事。"

"听老板安排。"赵逸说。

王庸道："法租界里的事，需要你这边提供军火，要六把没有记录的手枪。提前半天准备好就行。必须要拿到就能用的，八月份那次，我们拿到手的家伙上连黄油都没有去掉，耽误了大事。"

赵逸道："放心吧，时间很充裕。我会安排好的。到时候你听我消息，派人到这里找丽莎拿货。"

王庸笑了笑道："第二件事，我要你提前离开上海。然后，你的人要交给我指挥。陈二那家伙很好用的。"

"不合规矩吧？"赵逸皱起眉头。他当然知道陈二的厉害，武装起义的时候，这家伙可是一个能打一个班的白俄的。

王庸道："偶尔的不合规矩，是为了长期的工作。"

赵逸摊手道："你说什么就是什么。"

王庸喝着咖啡道："嗯，法兰西咖啡就是香。现在你听我具体说。"

11月11日下午，亚尔培路，调查科办公室。

丁远明汇报道："今天中午，赵逸登上了去南京的火车。我亲眼看他上车的。"

吴禄揉着面颊，不知为何今早起床牙又开始疼了。他低声道："这么说，今晚他不可能出现在霞飞路。"

丁远明道："时间上看，应该已经到苏州了。我调查过，他是去南京找德约商行谈生意，这件事是爱德华派他去的。"

吴禄皱眉道："这是不是说明他不是共党？"

丁远明道："是不是共党不好说，但至少他不可能参加白鑫的事了。"

吴禄道："今晚的事，我要两组人，一组当然你负责，另一组我亲自带。"

丁远明道："队座，你就不用亲自上阵了吧。还是有危险的。"

吴禄拍着对方肩膀道："我知道你很忠心，但这次的事老范是身处险境，我如果真完全置身事外，出了事不好交代。"他指着和合坊那一片的霞飞路地图说，"和合坊这头是华龙路，那边是陶而斐司路。杨特派员说了，他会派人守在西面，我们就负责在和合坊边上的小巷，以及东面稍远处的路口。你带两个弟兄守在小巷里。我守在东面路口，有事情发生，我会来支援你的。你觉得怎么样？"

丁远明想了想说："正常范长官和白鑫会在公馆门口上车，敌人要击杀他们并不容易。虽然不容易，但也不是完全不可能，而我们如果守在小巷里，不能第一时间救援他们。"

吴禄道："所以我晚些会建议他们在小巷门口上车。"

"这样一来，他们从公馆门口到上车，就多了二十多米的距离。上车地点距离我们固然近了，危险却增加了。是不是有点……"丁远明查看了一下吴禄的脸色，小声说，"是不是有点画蛇添足？"

吴禄笑道："我们是在钓鱼吗？"

"是的。布置陷阱打猎。"丁远明吐口气，他明白队长的意思了。

吴禄道："不留有余地，敌人怎么上钩？我只问如果你是共党，如果我们派很多人明着保护他们上车，你会不会来？"

丁远明摇了摇头。

吴禄笑道："所以了，这是我和特派员商量的方案。"

"就怕来不及救人啊，万一他们死了，我们岂不是不好交代？"丁远明问。

"富贵险中求吧。"吴禄冷着脸道,"你若实在反对,可以不参加行动。"

丁远明道:"属下当然参加行动,请队座放心。"

吴禄道:"很好,我会告知白鑫,外围有我们的人守卫,让他放心。所以一旦出事他会朝你的方向跑。到时候就看你的了。一旦杀死共党,你就是首功。"

丁远明立正道:"为队座效力,为党国效忠!"

吴禄笑道:"晚上出发前,带好保暖衣物。这几天半夜里还是挺冷的。嗯,一会儿养足精神,万一敌人不来,等他们车子走了,我们就开车跟去码头。"

"谢谢队座关怀。"丁远明感激道。

"我也得去配点止痛药。"吴禄揉着面颊说。

夜晚,霞飞路和合坊,范公馆。

范争波摆了家宴给白鑫夫妇送行。饭桌上,范争波的夫人、特派员杨登瀛、吴禄尽皆在座。

"意大利好啊。意大利有大罗马,有梵蒂冈。那边建筑很漂亮的,绝对值得去。"杨登瀛眉飞色舞地介绍着,"意大利玩好了,可以去法兰西看看大巴黎,那边可真不是这法租界的假法兰西可以比的。去好法国,还可以去西班牙,去英吉利!真的,欧洲好玩的地方太多了。"

"白兄多吃一点,到了欧洲就吃不到那么地道的家乡菜了。"范争波替对方夹了好几筷子菜。但这话让白鑫眼泪水差点掉下来,范争波不由安慰道:"你也别太在意,在外头玩个两年,风头过去自然就可以回来了。人家都说欧洲好玩,你看汪兆铭就常年漂在欧洲。"

白鑫轻轻叹了口气,但他老婆则直接哭了起来。范夫人赶紧安慰她,顺带瞪了自家老公一眼。

杨登瀛笑道:"是真的不用太过感伤。就当出国学习了嘛。白兄是黄埔的人,出去再回来,党国一定会委以重任的。到时候弟兄们都要仰仗你的。"

白鑫摆手道:"我不是担心去欧洲。我们这些人啊,都是苦过来的,这些年来,什么苦没有吃过?何况这次出发政府给了我不少路费。我是担心离开范公馆,这一路上被红队盯上。他们现在都知道我住在这里,霞飞路上肯定有很多他们的眼线。我前脚出门,后脚他们就知道了。"

吴禄摸摸鼻子,心说他们现在已经知道你要出门了。

杨登瀛笑道:"你这就不用太担心了。不论怎么样,我们都会保护你的嘛。今晚吴队长特意安排了人手在范公馆外值班,现在东面的小巷里就有我们的小组值班。之前我们虽然逼着你去沧州饭店,但当时牺牲的也是我们党国的战士,连吴队长也中了枪。不过白兄,你可是毫发无损的。"

白鑫点了点头,抱拳道:"兄弟明白各位心意,确实感激不尽。吴队长,先前不好意思了。"

吴禄摆手道:"白先生客气了,都是为党国效力嘛。"

杨登瀛道:"范兄,白兄,我有个建议啊。"

白鑫和范争波同时望向对方。

杨登瀛道:"白兄是深夜出发,如果很早就有轿车停在府门前,不免惹人注目。我建议车子不要停在门口,既然吴队长派了人在小巷里值班，那就把车子停到巷子那边。既不引人注目，也便于他们接应。"

范争波笑道："这是个好主意。人多自然安全些。你看呢，白兄？"

白鑫有些踌躇，微微颔首道："我听各位的安排。"

杨登瀛笑道："那就这么定了。来，我敬白兄一杯，远去欧洲一帆风顺！"

所有人同时举杯。

这一桌酒菜吃到晚上九点，杨登瀛第一个告辞，然后吴禄紧随其后。

杨登瀛看了吴禄一眼，没有多说话就朝西面走了。

吴禄站在范公馆的大门外，看了看不远处的路灯，再抬头看了看天上的星空，戴上礼帽低头前往东面的小巷。霞飞路的巡捕房他已经打好招呼，上半夜里不要派人过来巡逻。接下来，这里就是他们的舞台了。

走到巷口，吴禄朝里看了一眼，阴影里丁远明靠上前来。

"大约还要点时间出发。他很害怕，已经喝醉了。"吴禄轻声说，"弟兄们辛苦一下，再熬一熬。我就在前头，没事就不过来了。你们小心一点。"

丁远明道："放心吧，队座。"

吴禄收紧风衣，想要抽根烟，但谨慎起见还是没有掏出火柴。他走到更远端的路口，那边有两个部下藏在屋檐下守候已久。吴禄满意地点点头。他自问带出了一批不错的部下，和范争波手下那些乌合之众完全不同，可是偏偏捉拿彭湃的功劳是范争波的。傻人有傻福，就是这样吧？

就看今晚了,怎么也得干掉几个。不然白鑫这条大鱼走了之后,就更没有头绪了。吴禄从心底认同杨特派员的说法,立功这种事,该拼的时候要拼一下。不然这辈子都要在范争波下头过活了。

一个小时后,一辆黑色轿车停在丁远明的小巷前。汽车司机下车舒展身体,打了个呵欠。过了一会儿范公馆的侧门打开,有佣人将大大小小的行李搬上车子。

行李真是多啊。是想一辈子在欧洲不回来了吗?吴禄揉着面颊,吃了止痛药后牙不痛了,但是他有点犯困。眯着眼睛,看着那边又有佣人提箱子堆在车子边上,这是要把箱子绑在车顶吗?他忍不住打了个呵欠。

丁远明看着打呵欠的司机,也忍不住打了个呵欠。

好不容易行李都安置好了,又过了会儿,到了深夜十一点的时候,范公馆大门打开。范争波和白鑫夫妇,以及两个保镖走下台阶。

吴禄顿时打起精神来,霞飞路两边十分安静,他心跳莫名加速。

白鑫也是异常紧张,他自己提着一个小箱子,看着远端的轿车,也不管自己老婆,脚步飞快地朝那边走。范争波只能带人跟着,一队人拉开五六米的距离。

突然在霞飞路的西面,一部黑色汽车无声无息地逼近,在靠近白鑫他们的时候,车头大灯突然打开。

保镖立即转身拔枪,但刺眼的车灯干扰了他们的视线。三个黑衣人飞身下车猛烈开火,保镖们和白鑫的老婆应声倒地,白鑫大叫着救命飞奔向小巷。黑衣人追向小巷,与白鑫在一起的范争波连中三枪倒在小巷前。

丁远明拔枪上前，但他还没冲出小巷，那个一直在打呵欠的司机突然拔刀在手，一刀就割断了他的脖子。喷射的鲜血发出风铃般的声音。司机身形飞掠落在另两个特务身边，一刀一个毫不拖泥带水，丁远明的小组瞬间尽没。

白鑫跑到小巷，只看到杀气腾腾的陈二和三具尸体。他刚回转身，就被王庸的手枪顶上后背。

"马路另一边吴禄正守在那里，叫他过来。"王庸飞快道。

"他怎么会在那里？"白鑫怔道。

王庸道："用你钓鱼，不然为什么？快叫他过来。"

看着地上血泊里的范争波，白鑫心念急转，心想这里除了老范是照顾自己的，别人都是要用自己换一场富贵。罢了，自己不也是用彭湃的命来换一场富贵吗？

"快！叫他过来！"王庸催促道。

一旁陈二捡起地上的手枪，砰砰砰打光了子弹。

电光石火间，小巷那边连续爆出更多的枪声。

吴禄看见一个冲向小巷的黑衣杀手倒了下来。枪声像鞭炮一样响了近半分钟，小巷才安静下来。

这时白鑫横下心叫道："吴队长快来，共匪都死了。快来人救范先生！"

丁远明干得漂亮！吴禄带着手下欣喜地离开屋檐，快步奔向停车的小巷。范争波死不死的不重要，只要能立功！只是他有些不明白，敌人从西面过来，在那边警戒的特派员的人，怎么就没发出警告？远远看到白鑫站在小巷边挥手，吴禄加快脚步，经过路灯下时，他感觉脖子一凉……

血水飙出,然后才听到惊雷般的枪声,吴禄全身的力气瞬间被抽空,栽倒在地。他抽搐着,侧身望向子弹来的方向,依稀看到远处的飞檐上,有火光闪动。

又是两声枪响,他身后的手下全被击倒。

是那个人开的枪,吴禄心头浮现出沧州饭店停车场的那一枪,可是……他不服气地看着小巷,白鑫哆哆嗦嗦地靠在墙上,被人用枪指着头。吴禄想要说话,但一张嘴鲜血就源源不断地涌出来。帽子被夜风吹走,他的生命之火也熄灭了。

远处的飞檐上,赵逸掉转枪口,对着范公馆的大门。王庸这一招螳螂捕蝉黄雀在后,他是服气的。但要把敌人动向把握到这个地步,我党在敌人内部一定有更高位的力量。

小巷里,扮作轿车司机的陈二,手里双刀有鲜血不断滴下,他身后摆着丁远明小组的尸体。王庸则抬着手枪点着白鑫的脑袋,地上假装中枪的两个黑衣人翻身爬起。

王庸笑道:"你看,国民党从来没把你当人,那吴禄一直在用你做诱饵。"

白鑫靠在墙上不断哆嗦,咬牙道:"一报还一报,他们真不是人。同志,你放过我。我方才照你说的做了。我也不想做叛徒,实在是……实在是……"

"下去和彭湃同志说吧。"身着黑色夹克的王庸一枪打碎了白鑫的脑袋。

这时,范公馆里才有其他卫兵冲出来,对着马路胡乱射击了一通。而王庸已经带着陈二他们,风驰电掣地开车离开了霞飞路。

赵逸看着满地狼藉的尸体,轻轻呼出一口热气,重新与黑夜融为一体。

尾声

事发三日后,赵逸走下南京回上海的火车,特派员杨登瀛出现在站台将其带走。不过这次审讯无非是走个过场,因为他在南京的生意伙伴德约商行的人作证,赵逸在11日到12日,确实在南京谈生意,他有着充分的不在场证明。

"所以事情的真相是?"杨登瀛坐在洛里俱乐部,品着法兰西红酒,低声问道。

赵逸道:"真相很简单,德约商行有我的朋友,那边帮忙做个证而已,我虽然晚去半日,但车票和住宿全是11日的,公开场合在12日也有亮相。足够应付调查了。"

"朋友多就是好。"杨登瀛慢慢道,"现在你知道了,我和王庸先生是朋友。"

赵逸笑道:"特派员也是自己人,王先生真是无所不能啊。"

杨登瀛淡然道:"我只是做对的事。"

"谢谢。"赵逸敬了对方一杯。

杨登瀛喝着红酒道:"这次吴铎的布置,我有参与。为了做得逼真,我不得不承认,他的埋伏计划并没有什么漏洞。毕竟行动计划好几个人一起讨论,我也不可能要求他们放水。所以丁远明守的那条巷子，你们是怎么夺下的？"

赵逸轻声道："这件事不难。当然我说不难，是因为两点。第一当然是杨先生你提供了情报，我们提前知道了小巷里的情况。第二，则是我们队伍里有高手。那种一个人能打十个人的高手。他扮作轿车司机，在白鑫他们出门时，一举击杀了丁远明小组。"

"什么人那么厉害？"杨登瀛好奇道。

赵逸道："这却不能多说。我只能说，这个老兄的那手刀法，全上海独一无二。"

"红队果然人才济济。"杨登瀛从口袋里拿出一个信封，低声道，"这是你的委任状。之后，你就是我们调查科的人了。"

赵逸笑道："我刚被抓过，又是怎么轻易拿到委任状的？"

"这就要感谢吴禄了。在11月头上的时候，我和他说过组织需要优秀人才，因为他之前说很欣赏你，所以我让他提供一份你的材料，必要时候，我可以和他一起担保。他后来确实写了一份材料。当然那份材料并不包括他的推荐书。我看他写的材料比较完整，于是就稍作修改。"杨登瀛笑了笑，继续道，"删去了对你不利的部分，然后增加了一份他的推荐表。"

"所以我就变成了吴禄推荐的人？"赵逸怔道，这一来一去就像变魔术一样。

杨登瀛笑道："假作真时真亦假。这份材料里大多数都是真的，别人自然也难以辨别真伪。他的这份材料很有用，若没有这份东西，就算你有不在场证明，这事也没进展得那么顺利。而现在上头都相信，你是经过了吴禄甄别的人才，值得吸收入组织。如此，只要我稍作推荐就成了。"

赵逸收起委任状，拱手道："那以后，就靠特派员多多栽培了。"

杨登瀛眯起眼睛，他隐约觉得说了刚才那句话的赵逸，在一瞬间气质也变了。面前的人和王庸一样都是天生吃这行饭的啊。

"好说，以后我们就是自己人了。"杨登瀛起身笑了笑说，"你如果想要，亚尔培路的办公室可以给你。我一般没有什么工作给你，不过你可以充分地利用我。服务生，结账。"

丽莎微笑答应了一声。

赵逸摆手道："不用了，交给小弟我了。"

杨登瀛满意一笑，拍了拍对方肩膀离开了俱乐部。他开车经过亚尔培路，路边陈二正在埋头擦鞋，汽车毫不停歇地朝前开去。

在上海某处的石库门房子里，董牧师和王庸相对而坐。

"红兵出色地完成了任务，但他这次距离暴露太近了。"董牧师轻声说。

王庸道："是的，所以为了把这个窟窿堵上，我让他和杨登瀛直接接触，以后也能多一层保护色。"

董牧师笑道："他这个洋买办也比较适合在国民党特务系统里当差，以后他可以和我多配合一些。"

王庸轻声道："这次事情虽然做得很干净，但杨登瀛说了敌人一定会严查。所以达生医院会安排撤离，至于你这里……"

董牧师道："按照国民党宁可抓错不可放过的风格，柯医生是该避一下风头。我这里没那么严重，可以再观察一下。"

"嗯，你自己看情况安排。"王庸喝着茶道，"我还有个想法，就是能不能撮合红兵和陈文月一下。有家的男人不容易被怀疑。"

董牧师皱眉道:"其实那样红兵就不自由了。"

"但红兵说,他认识陈文月很久了。他是有这个想法的。"王庸说。

"原来陈文月就是红兵心里的那个上大学生吗?"董牧师怔道。

王庸笑道:"你也知道这个事?"

董牧师道:"是啊,我听欧洲回来的同志说过。这么说来……不知陈文月是什么态度?"

"看起来并不勉强,但我也没有正式说。"王庸说,"如果正式说了,应该也不会拒绝,但反而不美。告诉你个有趣的事,我觉得陈文月并不知道自己之前见过红兵。"

董牧师思索道:"红兵确实变化很大,认不出是正常的。那就让他们顺其自然吧。革命感情是最难能可贵的啊。"

"就是这个意思。"王庸将杯盏里的茶水饮尽。

陕西北路街角． 作者／王雯婷

太平花园． 作者／刘开海

遇　　　见　　　爱　　　了

上篇：林青的城市　　　　作者：闲听落花

第一章　梦魇

　　林青右手边是一幢灯火通明的洋楼。

　　一楼的玻璃门内，衣香鬓影，正在跳舞的一对俊男美女，男人俯在女子耳边说着什么，女子笑得往后仰在男人手心里。

　　灯光从玻璃门内扑溢出来，洒在门两边的花池上。

　　花池里，娇艳的玫瑰累累垂落。

　　二楼阳台挑出来，阳台上，几个华服丽人斜倚着栏杆，晃着手里晶莹剔透的香槟酒杯，说着笑着，冲她招着手。

　　林青左手边，是一大片绿草茵茵，一株满树粉艳的合欢树下，一对男女紧紧搂在一起，柔情蜜意。

　　这里没有啊！

　　没在这里啊！

　　下一瞬间，林青不知身在何处，四周的黑暗里透着浓烈的危险的气息。

　　林青想跑，却怎么也跑不动，惊急恐惧之下，林青呼地坐了起来。

　　一丝光亮，从她贴了又贴的门缝里挤进来，窗外，唥当唥当的垃圾车由近而远。

　　林青长长舒了口气，往后倒在床上。

她又做那个梦了。

林青踢了踢被子,将脚露出来。

跑不动是因为被子裹住了她的脚,脚要是露在外面,她会一口气跑到另一栋豪宅。那一栋豪宅里,有复杂到让人迷路的楼梯,还有繁杂华丽、极其漂亮的屋顶。

这个梦,她翻来覆去做了无数遍,早就熟悉无比。

片刻,林青将脚缩回被子里。才三月里,脚露在外面,有点儿冻。

门外,室友小心翼翼地走过,接着是锅放到煤气灶上的声音,打火声,倒水,撕开方便面,没多大会儿,一股子方便面的浓香飘进来,接着是关火声、关灯声,脚步声过去,挤进屋里的那片光,随之熄灭。

林青慢慢呼了口气。

她和室友合租的这套公寓极小,一南一北两间小屋,中间是厨房,也是过道。

她这个室友非常好非常难得,可室友是个做设计工作的夜猫子,黑白基本颠倒。

林青翻个身,叹了口气。

她睡眠不好,又总是做梦,并不适合和人合租。

可不合租,这个又小又偏的两室户,一个月租金三千五,合租之后,她这间北屋只要一千五就够了。

她工资不低,不过,她要存钱买房,她要在这繁华的魔都拥有自己的房子!她要节省每一分钱!

林青再翻个身,又翻回来,来回翻了几回,伸手抓过手机。

四点半了,算了,起来吧。

林青坐起来,拿过电脑,开始干活。

为了多挣点儿钱，早点儿攒够买房的首付，她做了份兼职。

林青做完兼职的报表，发出去，用力伸了个懒腰，起来洗漱，换好衣服，出门上班。

林青的公司在市中心，公司附近的房租太贵，她现在租的地方，到公司一个小时车程，中间只要倒一部车就行了。

魔都这个地方，一个小时的通勤，太正常不过了。

林青拎着在路边买的煎饼果子，上了公交车。

公司是间老企业，历史悠久风格传统，早八晚六，中午却有三个小时休息。

这样很好，她每天六点半出门时，都赶在早高峰之前，公交车上还很空。

刚上车坐下，手机嗡嗡响了两下。

林青划开手机，是宁浩的微信，他临时被安排出差，已经在去浦东机场的路上了，周末应该能赶回来。

林青看着那几行字，和最后的那个笑脸，呆了片刻，划起微信，转过头，看向车窗外。

她到魔都，这是第五年了，还没能攒够一间老破小的首付。

为了在下一次的房价暴涨前，买进一套老破小，她和宁浩都做了兼职，能多省就多省，省到锱铢必较。

为了房子，她从来没享受过这座城市的繁华。

林青头抵在车窗上，叹了口气。

在没能拥有自己的房子前，这座城市不属于她，她也不属于这座城市。

也许，她应该找个有房子的结婚对象。她是能找到的。

林青将头靠在车窗玻璃上。
　　可是,她爱宁浩,很爱很爱。

　　林青一向是早到晚走。进了办公室,换了工作服,开了电脑,泡上茶,将上一周的工作,和这一周要做的几件事再理了一遍。
　　今天周一,上班就要开晨会,作为人事主管,她要在晨会上汇报上一周的工作,以及这一周的安排。
　　八点差三分,林青站起来,拿上本子和笔,去会议室开会。
　　路过老总的办公室,林青下意识地往里看了眼。
　　办公室陈主任正站在老总面前,激动地说着什么。
　　林青赶紧收回目光,进了会议室。
　　片刻之后,老总沉着脸进了会议室。
　　林青挪了挪,坐得端正些。
　　照她的经验,老总这样的脸色,今天的晨会上,无论如何,她都要挨上几句训。
　　"开会吧。"老总啪地翻开笔记本。
　　"8251出事儿了,撞了人。我觉得吧,人事部招人得注意点儿了,曹彬入职半年不到,这是第二回出事儿了!"陈主任横了林青一眼。
　　林青端直坐着,垂着眼,专心在笔记本上写下了8251四个数字,再描一遍。
　　办公室出的一切纰漏,人事部都有责任。没办法,犯错误的主体,总归是人。是人,就是人事部的责任。
　　她早就熟知了陈主任的逻辑。
　　"小林去处理一下,现在就去。"老总接话道。

"啊?"林青愕然。

她是人事部主管,车子和驾驶员都归办公室管,让她处理车祸,这是哪儿跟哪儿?

"车子出事,不都是办公室……"

"年纪轻轻,做起工作来这么斤斤计较!"老总虎着脸,不耐烦地打断了林青的话,"都像你这么计较,这个公司还怎么运转?作为年轻骨干,要勇于承担,要有大局观!"

"我现在就去。"林青站起来往外走。

老总说的都是对的。

"车子都忙着呢,你打车去吧。"陈主任在林青身后说了句。

林青回到办公室,打电话给曹彬,问了地址,拿了包和手机,打车过去。

曹彬蹲在医院急诊室门口,一副神游天外的模样。

林青连叫了两声,曹彬才听到,忙站起来:"林主管。"

"人呢?怎么样了?"林青凑近曹彬,闻了闻,没有酒气,心里稍安。

"是他站在我车前面,没什么大事,就是骨折了。"曹彬搓着手,跟着林青往急诊室进。

林青忍不住翻了个白眼。

都骨折了还没什么事,那什么叫有事?死了人吗?

"就是他。"曹彬的胳膊从林青背后往前伸,指着留观床上的年轻男子。

"我叫林青,是他的同事,实在对不起。"林青先深鞠躬道歉。

"你是他的主管?"

不知道是因为看到林青是个女孩子,还是因为林青看起来过于年轻,男子有些意外。

"你们这个司机,等红灯,都已经停下来了,突然又撞出来,我正好经过他车前面……"

"你当时走神了吧?"年轻男子涵养极好,疼得脸色惨白,也不过最后一句有点没好气儿。

"实在对不起,是我们公司管理不到位。"林青再次深鞠躬。

"您这腿,医生来看过了吗?怎么说?要不要手术?您家人呢?要去接过来吗?"林青关切问道。

"已经拍过片子了。你贵姓?"年轻男子往后靠在床头,仔细打量着林青。

"双木林,林青,您?"林青仰头去看输液瓶上的标签。

"龚宇。"龚宇先答了句。

林青已经看到了输液瓶上的标签,轻轻"噢"了一声。

他普通话标准清晰,她还以为他是外地人,可这个"龚"字,只有上海本地人才会念成"君"。

"共字加龙而为龚。"林青一边想着,下意识地没话找话。

"共?龚是由共姓而来?这我倒不知道。"龚宇一个怔神。

"我大学有个同学,也姓龚,听她说的,说龚姓转自共氏,为避祸,顶了条龙在头上。"林青笑道。

"龚宇!"一个中年医生进来,喊了一声。

"这里。"林青急忙站起来应答。

"你是他家属?女朋友吧?倒挺登对……他胫腓骨骨干骨裂,很轻微，没什么大事儿，打石膏就行了，也就六周吧。六周内这条腿不能负重哈，还有，两周内最好卧床静养。"

"能走路吗？"龚宇有几分急切地问了句。

"咦，你没听我说卧床！什么叫卧床？你还问能不能走路！两周之后可以走走，不过最好拄个拐杖，人的肉体，那是很沉重的……一周后过来拍个片子，看看恢复情况。"中年医生好脾气而碎嘴。

林青陪着龚宇打好石膏，又替他拿了药，扶着他坐到轮椅上，转到输液室接着输液。

"曹师傅，就是撞倒你的司机，一个人住在延安高架那边，老城厢，很小的一道楼梯上去，在屋顶上搭出来的一间鸽子笼，真的就像鸽子笼那么大……他结过婚，有个女儿，离婚了，女儿判给女方，他挺疼女儿的，一个月好几趟，送东西送钱。不过他女儿很不愿意见他，路上碰到他就跑。"林青想了想，和龚宇说起了闲话。

"怎么说起这些？"龚宇打量着林青，似笑非笑。

"就是随口。"林青被龚宇看得尴尬起来。

"需要我做什么，你直接说。我就当看在你的面子上。"龚宇露出笑容。

"不是。那个，保险公司之外的费用，公司规定，要由司机承担，我没，不是……"林青窘迫起来。

她好像有些小人之心了。

"噢。"龚宇这一个"噢"字，尾音拖得有点儿长。

"我就是随口，您别多想，真没有什么，就是，没话找话。"林青尴尬得脸都红了。

"我懂你的意思。这样吧，你给我帮个忙，咱们算是互相帮忙了……我本来是要去看我大伯,他八十多岁了,最近几个月伯母不在上海,他一个人住。前几天冰箱坏了,帮他网上买了新的,今天送货。那是老式公寓,没电梯,我怕搬冰箱的工人嫌三嫌四,准备自己过去的。能不能麻烦你帮我跑一趟,看着冰箱放到位,老冰箱就叫工人收去,给不给钱都行。不过别说我骨折了,就说崴了脚走路不便,过几天再去他那儿。"

"好的好的!你告诉我地址,我现在就过去。"林青赶紧点头答应。

这事儿容易,能互相帮忙,那可太好了!

"加个微信,我把地址发给你。在陕西北路靠近北京西路那里,街面楼梯走上去。门铃多按几次,他喜欢在阳台上坐着,阳台离门远,有时候会听不到。"

"好,你放心,这事交给我。陕西北路离这儿不远,我刚才问了,你还有四瓶水,你等我回来,我送你回去。曹师傅还在外面,我叫他进来陪着你?"林青站起来笑道。

"不用他陪,我可不想看到他。你让他走吧。"龚宇笑道。

"嗯,那好,有什么事,你打电话给我。"林青笑应了。

出了医院,林青让曹彬先回去,一边往医院外面走,一边慢慢呼出口气。

这个龚宇,明显是位君子,幸好幸好!

她刚入职那年,跟着当时的人事主管,处理一起跟这差不多的车祸事故。对方是个老太太,生生头晕头疼了将近两年,一家门第二次打进公司那天,她那个主管里外受气,一怒之下辞职了。

她比她那个主管运道好。

第二章　陕西北路

林青从医院出来，查了查线路，两站路，走过去算了。

林青转进陕西北路，惊讶地看着这条带着浓郁过往气息的马路。这条路，让她有一种莫名其妙的熟悉感觉，仿佛她曾经在这里住过几十年。

可她明明是头一趟来。

听说这里是从前的富人区。

林青沿着民国气息十足的人行道，看着门牌，不紧不慢往前走。

她很喜欢这条路，路两边气质十足的小店，古旧和新颖融合得毫无边界的建筑，新绿满枝的梧桐树，以及，斑驳的阳光落在干净的路面上。

她仿佛走在明信片中。

好像就是一眨眼，她看到对面沿街一幢楼，红墙白窗，楼梯在外面，入口拱门是浓郁的英式风格，厚重而美。

看门牌号，就是这里了。林青穿过马路，站在楼梯前，仰头仔细看了一会儿，上了楼梯。

林青找到门铃，按了两下，门就拉开了。

"你是谁呀？"

"您是龚老先生吧，我姓林，是龚宇龚先生让我过来的。"

老人开了门，见是个陌生的女孩子，不解地打量着她。

林青急忙赔笑解释："龚先生在过来的路上把脚扭伤了，现在在医院，来不了了，他让我过来等送冰箱的。"

"哦，你是小宇朋友呀，你进来进来。"

"送冰箱的还没到，我刚煮了咖啡，进来喝一杯。"龚老先生露出丝丝笑意，站到一边，往里让林青。

林青笑着道了声谢，跟着进了屋。

"坐这里！这个椅子最舒服，坐在这里，正好能看到那边那棵枫树，秋天的枫树，颜色最好。"龚老先生指着挨着露台的一把椅子。

椅子宽大舒适，放着松软的旧靠垫和坐垫。

"多谢。"林青笑谢了，坐下，从龚老先生说的那棵枫树，看向四周。

房间方方正正，很宽敞，很高。

墙边精致的马赛克壁炉，透着岁月的气息，家具是不同款的Artdeco风格老家具，应该是费了很多心思收集来的，都是上等木料，沉淀着重重的岁月的痕迹。

靠着另一面墙，是一个大大的餐边柜，放满了干净亮闪的漂亮瓷器和各种水晶杯。

龚老先生正打开玻璃橱门，从里面拿出一套咖啡杯碟，转过身，将杯碟放到一张漂亮到让人不能不多看几眼的西餐桌上。

"要加糖哦？"龚老先生把糖罐端过来。

"我来吧。"林青急忙站起来，端过咖啡和鲜奶罐。

"自己加。"龚老先生扶着椅子扶手，缓缓坐到林青对面，指着糖奶示意林青。

"不用不用，我比较喜欢清咖。"林青端起咖啡杯。

这样的咖啡杯她看到过一回，看一眼就落进了心里，她太喜欢了，可是太贵了。

林青小心地端着杯子，抿着咖啡。

"怕胖？"老者打量着林青，有几分玩笑道。

"不是，是觉得清咖很好喝，这咖啡真好。"

"你姓林是吧？叫什么？林青，青春的青？正青春年少，这名字好。"

龚宇发来个微信，说送冰箱的通知他，要晚一个小时到，他连写了三个"抱歉"，还发了三个手势：[握手][抱拳][玫瑰]。

林青心想，比起预想的被骂到狗血喷头，这多坐等一个小时算得了什么。

"你跟小宇啥辰光认识的？上个礼拜他到我这里来，我问他有没有女朋友，他还说没有。"龚老先生笑眯眯。

"我不是龚先生的女朋友，我和他其实……就是普通朋友，龚先生他，崴了脚么，所以我才……"林青口舌含糊。

龚宇不想让他这位大伯知道他出了车祸，她当然不能替他说出来，那今天才刚刚认识龚宇这事儿，也就不能说。否则，老先生追问今天怎么认识的，可就不好说了。

"哦哦，小宇这孩子，走路怎么不当心点。哎，你是哪里人呀？到上海几年了？"龚老先生笑眯眯的。

"我家是南通的。"

"南通好地方，我老早有个好朋友，老家也是南通的，狼山镇上。"

"我家也是狼山镇上的，就离支云塔不远，在家里一抬头，就能看到支云塔。"林青惊讶而笑。

"哦，是吗？狼山镇上解放前有一家姓关的不知你听说过没有？"龚老先生上身微倾，带着几分急切问道。

"嗯嗯，当然听说过，我们那里关姓是大姓，我外婆也姓关。"林青笑起来。

"你外婆叫什么名字？今年多大了？"龚老先生屏气问道。

"我外婆好像没有名字，她户口本上写的是范关氏，她不识字也没出过南通，她今年八十三了。"林青忙笑答道。

"喔。"龚老先生失望地靠回椅子里。

"老先生您说的那位好朋友，也姓关吗？"林青忍不住问了句。

"嗯，她家以前是大户人家，不过听说解放后就被打倒了。"龚老先生低低叹了口气。

"那她？"林青犹豫着，问到一半又咽了回去。

好像有些打听隐私的嫌疑，萍水相逢，多问不宜。

门铃声响起，冰箱到了。送货工人背上背着比他人还高的冰箱，林青忙不迭地指挥放到厨房去，又千恩万谢让他把旧冰箱搬走。

一阵忙乎，冰箱的事解决了。

"龚先生说，还要给您换下窗帘，他这些天来不了，我替您把窗帘换上吧。"

"怎么好麻烦你。"龚老先生按着椅子扶手，站了起来。

"不麻烦不麻烦，窗帘在哪儿呢？都要换吗？"林青站起来，转身四看。

龚老先生站起来，指着长沙发一头的一叠窗帘，"最上面是这个窗户，下面就是这个，我都排好了。梯子在那个门后面。"

"我知道了，您坐着看着就行。"林青拿过梯子放好，先爬上去，取下窗帘折好放好，从长沙发上拿起最上面半旧的蕾丝窗帘，换上去。

林青抱着换下来的窗帘，送进盥洗室。

盥洗室让林青眼睛一亮。鸢尾花图案的马赛克墙面和地面,老式浴缸、洗脸台、黄铜水龙头,有些斑驳却更加有了年代感的镜子,精致的雕花梳妆台和宽大的椅子。

林青手指按在一朵鸢尾花上,她真喜欢这样的鸢尾花,在岁月的长河里,越久越美。

真好看。林青看了又看,还是出来跟龚老先生告辞。

"你有空就过来坐,讲讲你们狼山镇的事情。"龚老先生将林青送到门口,似乎是熟人了。

"好,我有空再来看您。"林青答了句,半是礼貌半是真心。

往医院走到半路,林青收到龚宇的微信,他已经挂好水打车回去了,让她不必再去医院。

林青忙打了个电话给龚宇,说冰箱换好了、窗帘换好了,让他千万放心,如果有什么需要她做,她也会去帮忙。

等再赶回公司时,已经快下班了。

老总没在,影子一般时时刻刻随侍在老总身边的陈主任,当然也没在。

林青犹豫了下,发了个短信给陈主任,告诉她至少今天还算顺利。

奔波了一天,林青拖着酸胀的双腿回到出租房,倒在床上就不想再动。

手机响起,林青摸到手机,看了眼,凑到耳边。

"正在做饭,还是吃过了?"宁浩的声音透过手机,显得格外温柔。

"刚到家,不想动,累。"宁浩的温柔让林青生出了一腔委屈。

"那先歇一会儿,我也是忙了一天,不过是坐着开了一天会,不怎么累。你今天怎么这么累?有什么事儿?不大顺利?"宁浩试探问了句。

他对林青,有着一种近乎心电感应般的敏感。

"没什么事儿,就是有点儿累。"林青犹豫了下,还是没提今天的事儿。

宁浩比她更辛苦,她向他抱怨,除了让他心情不好,别的,还能怎么样呢?

两人细细碎碎说了些闲话,林青按上电话,趴在床上,听着外面车来车往,疲惫得一动不想动。

她有点儿想家。

支云塔下热闹的香火,绚烂的春花,邻居家越墙而出的石榴树,小伙伴们说说笑笑,呼朋唤友,或是去吃某家新开张的小店,或是烤上几条鱼,喝上几杯酒。

魔都是她从小向往的地方,可这会儿,她很想家。

第三章　邀请

整整两周,老总和陈主任都没到公司,林青觉得分外自在。

再到周一,下了班,林青刚走出公司大门,手机响起,是那位龚宇龚先生。

林青忙接通微信语音。

"林小姐?我是龚宇,我刚从大伯那里出来,谢谢你。"

电话里，龚宇的声音浑厚温和，很是悦耳。

"不客气，举手之劳。"林青笑道。

电话那头沉默了片刻。

"我明天去医院复诊，来得及的话，下午去交警队，把车祸的事儿了结了吧。"

"好的！"林青心跳而喜，急忙压下心里的喜悦，尽量心平气和，"太谢谢您了。"

"不客气，举手之劳。"对面龚宇的声音里透着笑意。

"明天的时间您定吧，提前一两个小时告诉我就行。要不，我去接您吧？"林青接着笑道。

"不用了，我明天开车过去，那就这样。明天见，林小姐。"

林青连声答应，听到对方挂了电话，放下手机，长长舒了口气。

明天处理好，回来写个报告，这件职责外的工作，就可以画一个圆满的句号了。

这一回，这样圆满，陈主任应该没什么能挑的吧。

第二天，林青和曹彬一起到事故处理中心，很快处理完。回到公司，写了份简洁的过程说明以及处理建议，将事故责任认定书等复印资料附在后面，交到了办公室。

报告交上去没多大会儿，林青就被一个电话，叫进了老总办公室。

陈主任也在，坐在老总办公桌对面的椅子上，看着林青进来，将椅子转过一半，侧头斜瞥着林青，将办公桌上林青那份报告拍得啪啪响。

"你这是什么意思？"

林青一个怔神:"什么什么意思?"

"侬瞧瞧噢,她就是这个样子!成天阴阳怪气、梗头梗脑,看人都是这么斜着眼看噢!"陈主任先回头冲老总一通娇嗔。

林青抿着嘴没说话。

她真的就是没明白她的什么意思,是什么意思。

"你这报告里,建议把曹彬调离驾驶员岗位?"老总看起来还算心平气和。

"曹彬入职半年,这是第二次事故了。第一次事故,他对着树撞上去,说走神了。这一次事故,他在等红灯,车子已经停下了,他又踩了油门,问他,也说是走神了。这两次都是在市中心,又都是高峰时段,车速非常慢,才没出大事故。我觉得再让他做驾驶员,万一出了大……"

"你们这种人,怎么从来就不知道替别人想想呢?"林青的话没说完,就被陈主任啪啪拍着桌子打断。

"你不让他做驾驶员,那让他做什么?你有什么岗位给他?啊?你说啊!他还有个女儿要养你知道吧?驾驶员一个月多少钱,你有什么岗位给他,让他能赚到驾驶员的钱?啊?你说说啊!"

林青紧紧抿着嘴,没理会陈主任,只看着老总。

老总皱着眉头,点着那份报告:"车辆和驾驶员归办公室管。你这份报告,把事故处理过程说清楚就行了,你写这个建议什么意思?你怎么能插手办公室的人员管理?"

"我错了,我重新写一份。"林青心平气和地认错。

老总这话说得很对,她确实不该插手办公室的人事管理,是她多事了。

林青拿过报告，往后退了两步，转身出去。

周六是个晴朗好天。

林青难得一夜好睡，翻个身，刚摸到手机，机身震动，林青忙举起手机，是宁浩的短信：我在外面。

林青一下子跳起来，冲到窗前，拉开窗帘，推开窗户往下看。

街道对面的邮筒旁，宁浩白衫灰裤，看到她，笑着挥手，灿烂清爽得如同蓝天白云的天气。

林青趴在窗台上，目不转睛地看着笑容灿烂的宁浩。

七年了，眼前的他，还是和她头一眼看到他时一样，让她心醉神迷。

她头一眼看到他时，他站在学校图书馆对面，也是邮筒旁。她从图书馆出来，一眼就看到了他，从此春山春水春花烂漫。

宁浩挥了一会儿手，有几分无奈地往旁边的小区门指了指。

林青急忙挥了挥手，关上窗户，赶紧洗漱。

她的室友这会儿睡得正沉。

她这个小伙伴，和她一样，也是睡眠不大好，宁浩每次进来，她都知道的。几次之后，她就不让宁浩在中午之前进来了。

林青洗漱好换了衣服，轻手轻脚地出了门，飞奔下楼。

宁浩已经等在了楼梯口，迎着脚步飞快的林青，张开胳膊。

林青扑到宁浩怀里，飞快地在他脸上亲了下。

"这么好的天，咱们去哪儿玩儿？"宁浩抱起林青转个圈，俯身在她脸颊上亲了下。

"不是说了你来安排，我只要跟你在一起。"林青仰头看着宁浩笑。

"那先去吃早饭，然后我们去看郁金香。"宁浩笑容明朗。

阳春三月，正是郁金香开得最盛的时候。两个人走了大半个公园，有些累了，坐在树下的长椅上，对着眼前蔓延流淌的郁金香，林青看得爱不释手，满足地叹了口气，她喜欢花花草草。

宁浩目不转睛地看着她。

"我大学同学，上周介绍了份设计芯片的活儿给我，我接下来了。"片刻，宁浩移开目光，也看着郁金香花丛，笑道。

"嗯？你会设计芯片？听说设计芯片很难，你已经兼了一份工了，哪有时间做设计？你不像我，我们公司虽说烦人，可实在不忙。"林青往后，看向宁浩。

"时间像海绵里的水，捏一捏，总归有的。"宁浩伸手抓了下，笑道，"主要是，价钱挺好。我看了下，不算难。"

林青看着宁浩，好一会儿，叹了口气，低低道："你这么拼命挣钱，都是为了我要买房子，是不是？你这个人，明明很懒，你说过的，八十分过关，你从来不肯费力考八十一分的，你这都是为了我，是吧？"

"我觉得，不全是为了你，也是为了我自己。"宁浩笑起来，"两个人在一起，总是有分歧的地方，有些分歧没关系，像吃饭，你爱吃鱼，我爱吃肉，我们可以你吃鱼我吃肉，或者这一顿吃鱼，下一顿吃肉……可有些分歧，就得要么我让你，要么你让我……有没有自己的房子，我无所谓，可你很想要，你的意愿比我的意愿更强烈，那肯定是依着你的意愿，反正，我无所谓。"

"到上海，也是你迁就我啊。"林青低低道。

"到上海之前,我无所谓去哪儿。到了上海之后,我发现我最喜欢的地方就是这里。不是因为这里有你,而是因为这里的人际边界让人很舒适,路边的小店很美味,街道很干净,春天的郁金香,秋天的落叶,正好都是我喜欢的样子。你看,让着你总是对的,这个我经验丰富。"宁浩在林青脸颊上,飞快地吻了下。

"明明都是为了我么!"林青笑。

"也为了我自己。对于我来说,没有你,就没有了色彩。还有,我真的喜欢这座城市,仅次于爱你。"顿了顿,宁浩接着道,"遇到你之前,我觉得人生漫长而寡淡,但好在,中间夹杂着星星点点的欢喜和闪亮。遇到你之后,我觉得人生漫长而美好,中间夹杂着星星点点的苦恼和灰暗。"

"我也是啊!你说了我的话!"林青挪了挪,靠近宁浩,将手塞到他手心里。

新的一周,林青正忙着核对新一年度的社保基数,手机响起,林青扫了眼,来电显示是一串儿号码,号码有点儿眼熟。

"喂。"林青按通电话。

"林小姐你好,我是龚宇。"

龚宇这个名字,和这熟悉的温厚的声音,让林青意外地"呀"了一声:"是龚先生,你的伤怎么样了?"

"已经好了,可以自己走路了。"龚宇笑道。

"那太好了!"林青不加掩饰地松了口气。

"是,行动不便的这几周,实在很难熬。林小姐什么时候有空?我想请你吃顿饭,上次给大伯帮忙的事,还没谢你。"龚宇笑道。

"不客气不客气，举手之劳而已，哪用得着谢。我最近事情也多，多谢啦。"林青婉拒。

她有正职有兼职，真没时间。

"林小姐，那个……"电话那头的龚宇，看起来很不擅长这样的邀请，透过手机，林青都感受到了丝丝窘迫。

"谢是一定要谢的，还是出来吃个饭吧，不是为了我，是大伯要谢你。最近几趟过去看大伯，大伯见了我就问，见到林小姐没有，替他谢谢你没有，还说你答应过去看他。"

"那……"

听龚宇这么说，林青犹豫了。

那位迟暮之年的老人，他还有位很要好的朋友是她的老乡，和外婆一样也姓关。

"咱们就在陕西北路找个地方，麻烦你了，陪着我，陪一陪大伯。"龚宇觉察到林青的犹豫，急忙笑道。

"那好吧。"林青想了想，答应了。

没多大会儿，龚宇发了微信过来，林青看着马勒别墅几个字，轻轻哈了一声。

这可是个很贵的地方！

第四章　马勒别墅

下了班，林青坐延安路上的中运量公交车到上海展览中心站。71

路中运量是上海唯一一条站台在道路中央的公交车,跟普通公交车进站靠右正好相反,它是从左侧上下车的。从虹桥到外滩,中运量公交车有一条专属车道,其他车,哪怕公交车也不能占用,因此它特别快。

上海展览中心站下车往陕西路方向走不远,一大片街心绿地,后面就是城堡一般的马勒别墅。林青忍不住跟其他人一样,摸出手机一通拍。心里想着,从前住在这里的人家也像生活在童话中吧。

在马勒别墅门口,林青看到龚宇和龚老先生。

龚宇灰衫灰裤,白色亚麻外套,简单清爽,龚老先生穿一整套细格子西装,打着领带,戴了顶宽边呢帽,十分正式。

龚老先生先看到了林青,笑着冲她招呼。

"林小姐。"龚宇也抬起手,笑着示意。

林青紧走几步:"我来晚了,让老先生等我,真是不好意思。"

"这有什么不好意思的,难道让你等我们男士?"龚老先生微微欠身,将林青往马勒别墅大门里让。

"大伯说过,和女士约会,无论如何不能让女士等待。"龚宇走到林青另一边,笑道。

"可我是晚辈啊。"林青笑道。

"晚辈也是女士。"龚老先生看起来心情很不错,指了指马勒别墅,"这里来过的吧?"

"没有,这是头一次。"林青仰头仔细打量。

离得近了,这些颜色很深的墙砖显得炫目起来,让林青有一种魔法的感觉,仿佛她再走近一些,这个小小的入户门,这间童话别墅,会突然变身,变得灯光璀璨,熠熠生辉,无数的南瓜车马,由远而近,从天而降。

这间入户口，会阔大到看不到边，无数闪烁的纱裙，一对对的王子公主，旋转而出。

走进大门，城堡的左侧有一个半人高的马的雕塑，是青铜的，神采奕奕。林青不由走过去。

龚老先生说着："早年马勒家族的人喜欢在跑马厅跑马。他们是从北欧来到远东创业的犹太人，在中国建码头做航运发家，二十年代在这里购地建房，没住几年，太平洋战争爆发，日本军队进入租界，把犹太人都赶到虹口集中营，此地也被日本人占掉了。二战结束后，马勒家也没回这里住，他们都离开了上海。"

龚宇也插话："我小时候家住得不远，这里面是团市委办公地方，不好进去的。以前一直传说，是马勒女儿做了个梦，马勒就叫建筑师按照梦里的样子建了这个房子。"

"大伯对这一带都很有感情的，以后你可以听他讲故事，很多故事。"龚宇紧前一步，和林青并肩，低声解释道。

林青轻轻喔了一声。

最前面的服务员带着三人，穿过一间富丽炫目的房间，出到露台上。

露台不大，两边各摆着小小一张圆桌，其中一边，放着三把椅子。

林青站在露台边上，呆看着面前的青翠草坪，和草坪两边的流水垒石，有几分眩晕的感觉。

她好像来过这里，林青转身，下意识地看向园子一角，一间小小的玻璃房。

那间玻璃房，她梦到过，不止一回。

"坐吧。"龚宇扶着龚老先生坐下，笑让林青。

"喔。"林青恍过神,坐下,深吸了口气,慢慢平息着那股子眩晕。

"楼上有个露台,看园子视野更好,二楼是主人女儿的房间。"龚宇指了指顶上,笑着介绍。

"还有一只猫。"林青下意识地接了句。

"林小姐看过马勒别墅的介绍?是,马勒先生的小女儿喜欢猫,她那个房间门下面,留了个猫洞,是这幢别墅的寻宝点之一。"龚宇笑道。

龚老先生往后靠在椅背上,看着草坪,神情怔忡,他人坐在这里,神思却不知道深陷到哪里去了。

"大伯每次来这里,都是这样。人越老,越爱怀念过去,这是他说的。"龚宇指了指龚老先生,压着声音,和林青笑道。

"我外婆以前也这么说,说人越老,越要想起小时候。"林青说到外婆,心里一酸,下意识地摸了摸脖子上小小的翡翠吊坠。

几年前,外婆有了老年痴呆的症状,这一两年,越来越严重,最近半年,已经认不出她了。

这枚翡翠吊坠,是她考上大学那年,外婆给她的。外婆说,这枚吊坠保佑过她,她老了,没用了,以后就让这吊坠保佑她的宝贝孙女儿。

"林小姐是在狼山镇上长大的?"龚老先生回过神,看着林青笑问道。

龚宇看起来有几分意外。

"是。"林青笑应道,"考上高中之后,就不在镇上了,不过周末都是要回去的。后来上了大学,再后来毕业上班,回去的时候越来越少了。"

"你外婆有兄弟姐妹吗，还有什么亲戚没有？"龚老先生一句话问出来，上身微倾，有几分期待地看着林青。

龚宇听得眉梢挑起。

"现在狼山镇就没什么亲戚了。我舅公五十年代瞒着家里人报名去了新疆，原本通信不便，来往更不便，这个舅公和外婆联系极少。后来，舅公去世了。舅公去世的时候，外婆正病着，就没告诉她。再后来，两家就没什么联系了。"

"听外婆说，关家有一支是大户人家，在镇上修了座大宅子，不过他们基本上住在上海。那宅子解放战争的时候被炮轰了，烧掉了。"

龚老先生听得极为专注。

"我小时候，外婆常说她小时候没过过好日子，先是日本人占领，后来打解放战争，解放以后才太平了。她说小时候，吃不饱，要过年才能吃一回两回肉，怎么怎么苦，常常说我们有福气，不管哪一个，一生下来，都是生在福窝里的。"

"你外婆说得对，我们年轻时代不停地打仗，军阀打、北伐军打、日本人打，就是有钱人家，也是今天不知道明天。我们家住在租界里面，算是最安全的，但是太平洋战争后，租界也被日本人管了……我当年去国外，原以为过一两年就能回来，没想到一去三十多年，回来旧人已逝，物是人非。唉！"

吃完饭他们绕着花园走了一圈儿，龚宇说："回去吧，林小姐明天还要上班。"

"好。是不早了。"龚老先生点头。

"我去把车开过来。"龚宇站起来，大步先走，林青和龚老先生一起往外走。

出了马勒别墅，林青极其坚决地谢绝龚宇送她，看着车开出大门，往旁边去等公交车。

第二天上午，一束双色郁金香送进公司，林青翻了一圈，没找到卡片，抱着花回到办公室，见手机上有条短信，是龚宇。

花是他送的，感谢她昨天一直陪着龚老先生，龚老先生昨天很高兴。

林青看了看短信，再看看花，想着龚老先生，忍不住笑起来，将花放到窗台上。

第五章　外婆

整整一周，宁浩都很忙。周五下午，宁浩手里一个项目出了意外，从公司直接赶往机场。

林青看着宁浩发来的信息，发了好一会儿呆，慢慢算着起飞时间、落地时间。

落地时，已经要凌晨两点钟，宁浩说，明天一早就要赶过去看现场。

想着宁浩连轴转的劳累，林青心情郁郁。

每当这种时候，她都会动摇，她的房子，一定要买在环线以内吗？一定要买吗？租售比那么低，租房子更划算不是吗？

可她总觉得，没有自己的房子，她就不属于这里，这座城市，也就不是她的城市。

林青郁郁而睡。早上起来，烧水冲了杯咖啡，从冰箱里拿出昨天早上剩下的半块蛋糕，端进自己屋里，喝着黑咖啡，一口一口吃了蛋糕。看看时间，差不多了，林青再冲了杯咖啡，端回来，等宁浩的电话。

宁浩没打电话过来，只发了一串儿信息，他从机场直接去了工厂，在工厂会议室休息了两三个小时，就开始开分析会了，一会儿就要进实验室。

一连串儿信息，让林青心情更加不好，握着手机，仰倒在床上，思绪纷乱地想着昨天夜里的梦。

漆黑的街道，风吹在她肩膀上，很冷，她沿着街道奔跑，她到底在找什么？

从上了大学，从前那些稀奇古怪、五彩缤纷的梦就很少了，做了她也记不住，或是记不清，只有这个梦，清晰而鲜明。

永远漆黑的街道，一座座灯红酒绿、富丽晃眼的房子，碧翠的草坪，她一直在到处找，仓皇地寻找，急切地寻找。可她在找什么？她要找什么？

梦里的人，是自己么？

她觉得不是，她对梦中的人，疏离而观望。

可不是自己，那是谁呢？她为什么一直做这样一个梦？

是自己的前世么？

林青正躺在床上胡思乱想，手机再次振动，林青抓过手机，看到"康恒"两个字，呼地坐了起来。

外婆住在康恒养老院。

"林青啊？你赶紧过来！你家老太太摔伤了，骨折了，昏迷不醒！

你得赶紧，快点过来，在县医院急诊室，你们家属不来，我们可不敢作主，人命关天！你快点！"

"喂！"没等林青多问几句，那边已经挂掉了电话。

林青呆了一瞬，急急忙忙换上衣服，收拾了几件换洗衣服，拎着双肩包出来，给室友留了张纸条，急急出门，一路小跑，赶往长途车站。

她住的这个地方，离长途车站不远，等公交的时间，和一路小跑奔过去，时间差不多。

林青连走带跑，刚刚冲过马路，沿着路边逆行往前，走没多远，一辆黑色英菲尼迪靠近过来，龚宇从车里伸头出来："林小姐，真是你，你要去哪里？这么着急，我送你过去。"

"不用不用，多谢，我就到前面车站，已经快到了。"林青走得急，出了一身热汗，勉强笑了笑，脚步不停，接着往前。

"前面长途车站吗？林小姐要去哪里？回南通吗？正好，我正要去狼山办事，要不，我搭你过去？"龚宇的车滑到前面公交站台，靠边停下，龚宇下车，拦在林青面前。

林青顿时有些犹豫。

她要尽快再尽快地赶到狼山，越快越好，可这里的长途车不能直达狼山，她要到南通再转车，和私家车直达相比，至少要多出一倍的时间。

"上车吧，顺路而已。正好，我一个人开过去也无聊，有个人说说话儿，也省得犯困。"龚宇欠身过来，打开副驾车门。

"好吧。"林青不犹豫了，尽快赶回去更重要一些。再说，像他说的，反正也是顺路。

看着林青系好安全带,龚宇的车驶离公交站台,在前面路口转过弯,往高架上去。

"怎么赶得这么急?没出什么事儿吧?"龚宇看了眼一头热汗的林青。

"养老院刚刚打电话给我,说我外婆摔倒了,骨折昏迷,现在在医院急诊,要家人赶紧过去。"林青从包里翻出纸巾,一点点擦着脸上的热汗。

"狼山那边,只有外婆了?"龚宇试探着问了句。

"嗯。"林青喉咙微哽,片刻,才接着道,"我爸妈很早就离婚了。离婚后,我妈妈在南通市里找了份工作,周末才回狼山,我就跟着外婆。"

林青的话顿住,面容苦涩。

"妈妈呢?没在南通?"

"我大四那年,妈妈车祸,当场就走了。"林青声音哽咽,"外婆的身体原本还好,听说我妈妈没了,一下子就不行了,丢三落四,不是忘了关火,就是丢了钥匙,没法再照顾自己,好在我妈妈车祸赔了些钱,就让外婆住进了养老院……后来,外婆老年痴呆越来越严重,我就把老房子卖了些钱,给外婆换了家能特级陪护的养老院……不知道外婆怎么样了,怎么会突然摔倒昏迷!"

"别着急,你外婆肯定没事儿的。咱们到狼山也就一个小时,很快就能到了。别急,哪个医院?我直接送你到医院。"龚宇叹了口气。

她这样的身世,从她脸上身上竟然看不出来,只是,她身上那份远胜同龄人的懂事温婉,大约就是在这些艰难中历练出来的。

"对不起,不该说这些。"林青低着头,抽出纸巾,用力按着眼角。

何东公馆. 作者/费鹏强

中南海怀仁堂 余海人水彩

"没什么该说不该说的。咱们现在，得算是朋友了，朋友之间，没什么不能说的。"龚宇道。

龚宇车子开得很快，一个小时后，车子停到了医院门口。

"我陪你……"

"不用不用！已经很感谢了，谢谢你。"林青急忙感谢，她确实已经极其感谢了，她不能再多麻烦他。

"不客气，我要到傍晚才回上海，要是有什么事，或是下午要回去，你给我打电话，千万不要客气。"龚宇郑重交代了句。

林青点头，再谢了句，下了车，急匆匆进了医院。

林青直冲急诊室。

急诊室里，外婆头发蓬乱，衣服凌乱，脸上和头发里都是血痂，一张脸苍白浮肿，躺在急诊留观室一角的床上，还在昏迷中。

"外婆！"林青见外婆脖颈下托着颈托，心一下子提了起来，转身拦着个护士问道，"我是范关氏家属，就是她，她现在怎么样？我现在该怎么办？医生呢？"

"我不是急诊上的，你到那边问问。"护士烦恼地拧着眉，往旁边错开一步，急步走了。

林青找到护士指向的地方，里面一位中年护士听林青说完，跟着出来，看了看林青外婆床头的卡片。

"噢，我知道，养老院送过来的。你是她家属？那赶紧去交钱，她颅底骨折，肋骨骨折，胯骨骨折，挺严重的，多交点儿钱。我看看，骨二科好像正好有个床位，你快点去交钱，现在就转进骨二科。这里是急诊，没法进一步治疗，你快去交钱，要是有人先交了钱，你可就住不进去了,现在床位紧张得很。"中年护士一连串儿地交代干脆利落。

林青连声答应,正要往外走,护士喊住她:"唉你急什么,拿上单子。记着,多交点儿钱。"

"先交多少?"林青顺口问了句。

"先交两万吧。"中年护士一句话没答完,就被急急推着病人进来的护士喊走了。

林青匆匆交了押金,回来找到中年护士,叫了两个护工,推着外婆进了骨二科。

骨二科这唯一的床位是一个四人间的最里面,两个护工将外婆抬到病床上。骨二科护士过来,翻看着随人过来的病历。

"有什么基础病没有?高血压糖尿病,那怎么这上面都没写?这两天吃药了没有?糖尿病不吃药不行的!这很严重!小张,快点给她量个血压!血糖也要测。真是要命,你们这些家属,怎么回事?这么不负责任!"

林青站在旁边,强忍着眼泪,听着护士的数落。

管床医生过来了一趟,看着护士给外婆挂上水,开了药,匆匆走了。

林青坐到床前,握住外婆冰凉的手,心里一片凄惶。

"住进病房了?你挺快的嘛。"一个中年胖妇人进来,看着林青,一连串儿地抱怨上了,"你们家属到底怎么回事啊?啊?老太太摔着了,到现在才来,这都半天了。老人老了就不要了是吧?可真是噢,我们就收那点钱,护理费都不够,我们这养老院,全靠这个补贴那个补贴硬撑着,穷得来。我跟你说,不是我们不管,我们就是想替你们垫这个医药费，院里没钱，也垫不起啊是不是！"

中年胖妇人站到林青面前，说一句拍一下巴掌，越说越生气。

"你们要是不管，那就是没人管！真要出了什么事，我告诉你哈，你们别想往我们养老院赖！谁都赖不着！"

"外婆怎么摔倒的？我没责备你们，就是得问清楚，刚才医生问我。"林青用力揉着太阳穴，打断了胖妇人的话。

她被胖妇人高昂的抱怨声，扎得耳膜刺刺地痛。

"还能怎么摔的？她自己摔的呀！神经病一样，非要往上爬，踩着凳子爬，踩着床爬，看都看不住，上一回差点摔着，把她屋里凳子拿走了，这一回，她又爬，踩着床，一个错眼，好了，摔着了！"

胖妇人啪啪拍着手，越说越气。

"她要拿什么东西？"林青按着太阳穴，看着胖妇人问道。

养老院里，老人除衣服之外的东西，都放在吊柜里。

"那谁知道啊！她老年痴呆了啊，成天颠三倒四，这有一阵子了，成天念念叨叨，也不知道她念叨的什么，要拿东西，要找这个找那个，也不知道她要找什么！她就是糊涂了！真要拿什么要什么，说一声就行了啊！说一声，我们给她拿是不是！她自己爬上去，这算什么？你看看，这算什么！"

胖妇人继续啪啪拍着手。

"我知道了，我没怪你们，这不怪你们。等外婆醒了，我问问她要拿什么，麻烦你们了。"林青被胖妇人叫得拍得眼花头疼。

听到林青这么说，胖妇人舒了口气。

"说起来么，你外婆么，还好有个你噢，半个月一个月来看一趟。你知道吧，从你上次走后，你外婆就不怎么安生了，成天念念叨叨，说要去什么姐姐家,说什么姐姐给她洋糖吃。我跟你说,这个是有讲究的,你外婆她姐姐,早死了是吧?"

"我跟你说,去年,也有一个,也是这样,突然不安生了,不停地念叨,说外婆接她去听戏,她要去听戏了,还说什么外婆给她买了麻糖。也就一个月,人就没了……"

"我知道了!"林青扬高声音,打断了胖妇人的念叨。

"我跟你说,人吧,都有这一天,你得看开。行了行了,我走了。我跟你说,你得请个护工,她伤了脖子,得懂的人才敢动。我认识一个护工,人挺好,懂行得很,我叫她过来你看看?"胖妇人热情建议。

林青犹豫了下,点头答应,她一个人,确实顾不过来。

刚刚谈好护工,护士就送来了单子,让她推着外婆去拍片子。

好在病房的床能推着走,林青和护工两人推着外婆,下楼上楼,拍CT,要把外婆从床上平平地挪上CT床,再挪回去,做磁共振时,再抬一遍。

一趟检查做下来,林青浑身汗透,难为得只想对着墙角大哭一场。

"老太太得吃点东西,她糖尿病唉,一顿都不能少的。"护工提醒她,"还有,你是包我饭呢,还是给我饭钱我自己吃?给饭钱一天三十。"

"给饭钱。"林青立刻答道,"你自己想办法吃饭吧,我去给外婆弄点儿吃的。现在才十一点半,你等我回来再去吃饭。"

林青从医院出来,站在车来人往的医院门口,只觉得眼花头晕,往路边挪了挪,林青靠着棵树,闭着眼睛平复气息。

站了一会儿,林青沿着热闹的大街,一家家看了七八家饭店,找了家看起来还算讲究的饭店,和老板娘商量着,少油少盐,做了份病号饭,自己要了份饭菜吃过,拎着饭菜往医院回去。

外婆比在急诊室时,看起来脸色好了一点点,还是昏昏沉沉,嘴里却开始不停地嘟嘟喃喃了。

林青心里稍宽,没让护工动手,坐在床边,将带来的饭菜拨出小半碗,慢慢地喂给外婆吃了。

吃好饭,林青坐在病床前,仔细听了好半天,也没听清楚外婆不停嘟囔的是什么。

外婆的老年痴呆本来就相当严重,这一摔,说不定要更加严重了。

林青坐了一会儿,心里实在焦急,起来往医生办公室,想找管床医生问问,外婆到底怎么样了。可医生办公室里只有一位值班医生,今天是手术日。

林青回来,坐在床前,呆呆看着外婆。

这一刻,她感到前所未有的孤单无助。

呆了好一会儿,林青和护工交代了一声,出了病房,打电话给老总请假。

外婆这个样子,一时半会儿,她肯定没法离开。

可下周是每年一次调整工资的时候。下周一晨会后,她要陪老总一起,挨个和中层管理谈工资调整的事儿,有不少人,新一年度的工资,不是调高,而是调低,但凡这个时候,一向是由她来告诉被调低的人。照老总的话说,这样的时候,她要冲在前面,不能把领导顶到杠头上。

这个假,她不知道能不能请下来。

林青鼓足勇气按通电话,喃喃说了外婆突然摔倒住院的事儿,以及,下周,她想请一周假。

"是你外婆是吧,难道你外婆就你一个亲人了?下周有什么工作,你比我清楚对吧?能不能请假,你也比我更清楚,对吧?

"你打这个电话,跟我请这个假,你说我是给你这个假,还是不给你这个假?给你吧,下周的工作怎么办?你自己说说,你觉得怎么安排?不给吧,你看你说的,简直就是我不让你孝敬老人了。

"这事儿你自己看着办!你要是觉得这假你该请,那你下周就不用到公司了!"

老总啪地挂上了电话。

林青强压着满腔的委屈,用力屏着气,将猛冲上来的眼泪屏住,屏回去。呆呆站了好一会儿,林青慢慢垂下头,给老总发了个短信:下周一她准时到公司,不会耽误工资调整谈话。

下午,外婆看起来舒服了些,睡着了。

林青出去,买了水杯吸管、抽纸湿巾等日用的东西,又买了几瓶水,再到离医院最近的小宾馆订了个房间,接着到旁边的长途车站,买好了周一最早班的车票。

回到病房,护工正站在病房阳台上,对着手机,聊得义愤填膺,外婆已经醒了,时不时舔一下嘴唇。

林青忙倒了点儿水,用勺子慢慢喂给外婆。

"我刚才问过她,她说她不渴!"护工忙里偷闲,大声说了句。

林青没理她。

外婆根本不能沟通,她不会说她不渴,也不会说她渴了。

林青喂了水,看着外婆头发里的血污,拿盆端了半盆热水过来,慢慢擦拭。

"我来我来!我本来要给她洗洗的,护士说她伤的是脖子,颅底骨折,不能动你知道吧,要不然我早把她洗得干干净净了!"护工握着手机过来。

"不用,我在这儿,闲着也是闲着,我来照顾她,我不在的时候,就麻烦你多费点儿心。"林青客气道。

她周一一天肯定不在,周二估计还要一天,最快要周三才能请下来假,周一周二两个白天,以及夜里,只能托付在护工手里。

"这你肯定放心!我拿了你的钱,那肯定得把活干好!"护工满口答应。

林青笑笑,转回身,接着给外婆擦拭。

傍晚,医生再次过来查房,林青追着问了几句,却没能问出什么,医生只说先观察,这样的状况,眼下也没什么能做的。

林青呆站了一会儿,交代了护工一句,准备出去给外婆买些晚饭。

"你还跟中午那么买啊?"护工追上来问道。

"嗯。"林青点头,"还是一荤一素一份米饭,我拨一点出来给外婆,余下的,你要是不嫌弃,晚饭就不用出去吃了。"

"那这个算剩饭,不能算管饭的噢,饭钱你还得给我。"护工紧跟了句。

"不算管饭,每天的饭钱我照样算给你。"林青暗暗叹了口气,勉强笑答道。

"小姑娘你真是孝顺噢。你赶紧去吧,你放心,我就坐在这里看着老太太。"护工眉开眼笑。

林青买了晚饭回来,慢慢喂外婆吃了小半碗,给外婆擦了牙,擦了脸,等护士来测过血糖,看着外婆睡着了,出了病房,往宾馆走去。

　　回到宾馆,已经将近十点,林青洗了澡,半坐半躺在床上,翻着手机。

　　这一整天,宁浩没打电话,也没有信息,不知道他这会儿忙完了没有。

　　林青正犹豫着要不要打个电话过去,宁浩的电话打了过来。

　　"喂。"手机里,宁浩的声音含糊沙哑,鼻塞严重。

　　"你感冒了?"林青立刻问道。

　　"嗯,没事儿,我吃过药了,在实验室盯了一整天,刚刚拿到手机。你今天怎么样?还好吧?"宁浩那边声音嘈杂,有人在叫他,以及关柜门的声音。

　　"我没事儿。你赶紧回去睡觉吧,还没吃饭吧?"林青没提外婆的事儿。

　　"现在就去吃饭,那我换衣服了,明天再给你打电话。"

　　"嗯。拜拜。"林青按断电话,往后倒在枕头上,心里涌起股浓烈的酸涩。

　　她的宁浩,就是网上说的那样,只生了两只胳膊,用来挣钱,就不能拥抱她,如果拥抱她,他就没办法挣钱养家……

　　不是,他们还没有家,他们还没有买到一个家,他要用那一双胳膊,买一个属于他和她的家。

　　他和她都是只有一双胳膊。现在,这双胳膊都用来挣钱了,她没办法拥抱重感冒的宁浩,宁浩也没有办法拥抱孤单一人照顾外婆的她。

　　人生,真是艰难。

林青蜷成一团,拉过被子盖在身上。

睡吧,明天还要战斗,她的每一天,都在战斗。

第六章　援手

也许是太累了,林青一整夜都仿佛深陷在泥淖黑暗之中,一整夜都在黑暗中艰难跋涉,早上醒来的时候,浑身疲惫,却意外地想不起梦到的那些黑暗跋涉,想不起来她都看到了什么,遇到了什么,她又做了什么。

可虽然记不得梦境,她却极其疲惫,仿佛她真是艰难跋涉了一整夜。

林青一边下意识地努力回想着梦境,一边刷牙洗脸换衣服,匆匆出来,买了早饭,赶往医院。

昨天听护士说,今天主任要来查房,她一定得早到,看能不能找机会问问主任,外婆总这样昏昏沉沉,总这样怎么能行呢!

主任是从市医院赶过来的,带着一群医生和学生,林青没能挤上去,只能眼巴巴看着主任被簇拥而来,又被簇拥而去。

看着护士又给外婆挂上水,林青坐在床前椅子上,手按着额头,满心满身的急躁惶惑:外婆到底怎么样了?她该怎么办?她能做什么?

手机响起,林青拿出手机,看着屏幕上眼熟的号码,呆了一瞬才想起来，这是龚宇的手机号。

"喂。"林青按通手机。

"我是龚宇。"龚宇一如既往地先报名，"你还在医院吗？我在病房楼下，过来看看外婆。你们在哪个病房？骨科吗？"

"不用不用。啊，你在病房楼下了？那你，我们在十二楼，骨二科，我到电梯口等你。"林青一句推辞没说完，听龚宇说他已经在病房楼下了，赶紧改口。

他已经到了，她就不好再推辞了，再推，就是闭门不纳，过于失礼了。

林青等在电梯口。

龚宇很快就上来了，抱着小巧一束紫罗兰。

"实在太麻烦你了。"林青十分不安。

"不麻烦。我昨天没回上海，在朋友家住的，几十年的好朋友了。外婆怎么样了？"龚宇不动声色地化解着林青的不安。

林青听说他不是从上海赶过来的，心里稍安。

"外婆……""没什么事"几个字，卡在林青喉咙里，没能说出来。

外婆不是没什么事，而是有很多事，她却束手无策。

病房离电梯间很近，进了病房，林青侧身在前，带着龚宇进到最里面。

龚宇将花交给热情迎上来的护工，微微弯腰，仔细看了看头脸浮肿的外婆，皱眉道："医生怎么说？"

"医生说她现在不能动，先静养。可她一直不清醒，这会儿睡着了，没睡着的时候，就不停地说话，听不清她说什么，跟她说话，她也不理，也不知道她听到了没有。医生说是有可能伤到了颅脑，可她本来就有点儿老年痴呆的症状，现在，伤得怎么样，就看不出来了。"林青喉咙哽咽，说不下去了。

"颅脑的话，要请脑外科会诊。会诊过吗？"龚宇皱眉，往前一步，拿起床头上的护理卡，仔细地看。

"会诊单开过了，说医生忙，要等。"林青缓了几口气，将紧哽的喉咙舒缓下来。

"我有个朋友，也许能帮忙，你等一下，我打个电话。"龚宇一边说，一边往外走。

片刻，龚宇回来，和林青笑道："他正好在这边医院，说过来看看，我们有几年没见了，正好见一见。"

不等林青致谢，龚宇接着道："老人家年纪大了，小病小灾难免。大前年，大伯也摔过一回，胯骨骨折。

"大伯住院那一阵子，我和伯母也像你一样，焦头烂额，一个月瘦了六斤。

"不过，你可不能再瘦了，你已经太瘦了。"龚宇从上往下，飞快地打量了一遍林青。

"老先生恢复得真好，一点儿也看不出来骨折过。"林青心事重重，没留意到龚宇的打量。

"外婆今年八十三。"林青看着床头上的护理卡，说到八十三，语调极轻。

"肯定没事儿，别想太多。噢，来了，这家伙，怎么这么快！"龚宇往外面看了一眼，笑着招了招手，往门口迎出去。

片刻，龚宇和一个穿着白大褂的年轻医生，一前一后进来。

年轻医生从看到林青起，就一脸笑，不停地打量着她。

"这是刘医生,林青。"龚宇的介绍简单到不能再简单。"你正好是脑外,给看看吧,住进来两三天了吧,也没个说法,她急坏了。"

龚宇看起来和刘医生极其熟稔。

"这要会诊,光脑外不行。"刘医生伸头看了看护理卡,"高血压,糖尿病,多处骨折,颅底骨折的话,不知道有没有出血,以及积液渗漏。还没会诊过吗?"

"这不能怪我们。病人实在太多,根本忙不过来,实在是忙啊!你别急,我先去看看片子,这就会诊。"

刘医生一边说一边往外走,龚宇示意了林青,跟着刘医生出去。

没多大会儿,龚宇自己回来,和林青笑道:"会诊的事,他去安排。旁边有个双人间,要不,先把外婆挪到那边去吧,你也能有个地方坐一坐。"

"多谢。"林青简直不知道说什么才好,"我……"

"先别说这些,护士来了。"龚宇温声打断林青的感谢。

病房门口,一个护士带着两个护工进来,没用林青动手,将外婆连同病床一起,推进了隔了几间的双人病房。

没多大会儿,刘医生和五六个中年医生,包括刚才查过房的主任,说着话儿,拿着片子进来。

林青急忙让开,看着几个医生仔细检查商量后,重新开了检查单,调整了药物,两个护工进来,推着外婆,再去拍了片子。

外婆被推回来,安顿好,龚宇带着林青,下楼上楼,进了另一间医生办公室。

"刚才骨科、内分泌、五官科几个主任都过去看了。你外婆几处骨折都不严重,颅底骨折导致脑髓积液渗漏到耳朵里,这个也没什么关系，一般情况下都会吸收的。

"你外婆之前已经有了老年痴呆的症状。你看，这里有阴影，现在看不清楚，对神智有多大影响，也看不出来。不过，凭经验看，应该不大好。

"现在，她的颅底骨折不宜挪动，得等一等，等骨折好一些，再检查这块阴影。反正，这里肯定已经很长一段时间了，急也没用。"

刘医生的介绍简洁明了。

林青听完，长长松了口气。

不管什么样的情况，能明确知道情况如何，她就安心多了。

"谢谢您。"林青欠身感谢。

"客气什么，这是我的工作。晚上一起吃饭？我请客。中午也想请你们，不过实在没空，一堆的会诊。"刘医生看着龚宇笑道。

"好，该我请客。"龚宇笑道。

中午，林青要请龚宇吃饭，龚宇不多推辞。两人吃了饭，龚宇将林青送到医院门口，再次嘱咐，有事打电话给他，看着林青进了医院，才转身往停车场过去。

周一的头班车是五点，林青四点起来，到医院看了外婆，再三交代了护工，匆匆赶往长途车站。

忙了两天，周二下班，林青直接从公司赶往长途车站，赶回南通。

回南通的车上，宁浩打电话过来，他又是一整天在实验室，虽然他说没事儿，可林青听得出来，他的感冒好像更严重了。

宁浩和她一样，重感冒上来，必定要发烧，再怎么也要烧上三四天，退了烧，再有个两三天才能好。

林青听着宁浩浓重的鼻音,没提外婆的事儿。她说了,他除了担心她,还能做什么呢?

赶到医院,天已经黑透了,护工正对着手机,大声地讲电话。

"好啦好啦!这家的姐姐来了,我一会儿再跟你讲……你外婆没事儿,好得很!睡了一天,你看看多好,饭也吃得好,你放心!"

"血压怎么样?血糖呢?外婆没醒过吗?能说话了吗?医生查过房了?说过什么没有?"林青微微蹙眉,一连串问道。

"都好都好!她睡着好呀!睡着才好得快!医生说好呀!都好呀!"护工自信而坚定。

林青放下包,出来到护士台问了外婆的血压血糖,以及医嘱。

"你看,我跟你说了呀,是不是都好!"护工跟在林青后面,颇为不满。

"这一天辛苦你了。"林青客气了句,回到病房,看着昏睡的外婆。公司准了三天假,总算能安心在这里陪一陪外婆。

周三从早上到中午,外婆几乎没清醒过,只喂进去了半碗汤水,林青急了,这明显不是好转。

医生过来会诊了两回,推出去又做了一回核磁共振。

到傍晚,外婆又喃喃地说起话来,林青一口气松下来,趴在外婆耳边,不管她能不能听着,大声和她说着话。

吃了小半碗肉粥,外婆眼睛似睁非睁,还是继续不停地喃喃,却清晰得多了。

"……姐姐,记下了噢……姐姐……有小青,小青……"

"外婆,我在,我在这里,外婆!"林青趴在外婆耳边,大声应答,外婆却没什么反应。

"……姐姐，杏啊……姐姐……"

外婆好像累了，声音低下去，不停地喃喃，林青却一个字也听不清了。

林青慢慢坐直，看着不停呢喃，声音却越来越低的外婆，突然悲从中来，嘴唇抖着，用尽全力，才压下了那股子想号啕大哭的冲动。

眼前昏昏沉沉的外婆，让她觉得格外孤单，孤单得仿佛一个人站在万古洪荒之中。

林青在病房待到很晚，才回到宾馆。

一进房间，林青一头倒在宾馆带着隐约霉味儿的床上，好一会儿，才慢慢撑起来，抓过手机。

宁浩只发了一条信息：他发了一天烧，不给她打电话了，不过不用担心，他明天肯定就能退烧了。

林青放下手机，趴在床上，先睡一会儿吧。

半夜，林青突然惊醒，直直瞪着不停振动的手机，呆了好一会儿才反应过来，是振动的手机把她叫醒的，不是梦中的尖叫。

"喂。"林青抓起手机时，还有几分恍惚。

"你快来！快！你外婆不行了，快！"手机那头，护工急怕交加。

林青喉咙紧得一个字也发不出来，抓着电话就往外跑。

跑出门才发现光着脚，急冲回去，穿了鞋，拿了包，拿上房卡，往医院狂奔。

林青站在抢救室门口，护士冲她叫着什么，她听不到，她耳朵里嗡嗡地响。

外婆走了,外婆回不来了,她梦到外婆了,外婆和她说,她走了。

外婆被推了出来,蒙在白布里。

林青麻木地一张张地填表,一张张地签名。

外婆被推走了,林青慢慢挪过去,坐到走廊的椅子上。

护工远远看着她,犹犹豫豫,不敢上前。

林青慢慢弯下去,在椅子上蜷成一团。

"你外婆是睡着睡着没了的,这叫善终,是福气。"护工挪过来,赔着小心道。

林青抬头看着护工,见护工张嘴要说话,抬手止住她:"你微信能收钱吗?我结账给你,你走吧。"

"能能能!"护工长长舒了口气,急忙掏出手机。

林青结了护工钱,往后靠在椅子里。

外婆的丧事,还要买墓地,该怎么办,有哪些规矩?她还没有准备……

林青看着手机,呆了一会儿,翻开来电显示,找到龚宇的电话,看了好一会儿,飞快地按了下去。

天刚蒙蒙亮,龚宇就赶到了。

林青蜷缩坐在抢救室外的椅子上,看着冲着她急步过来的龚宇,按着椅子扶手站起来,张了张嘴,话没说出来,眼泪夺眶而出。

"没事儿,会过去的。"龚宇上前一步,用力搂了搂她。

"又麻烦你……"林青哽咽。

"我是个闲人,先别想这些,我先带你去吃点东西。你脸色很差。现在外婆在太平间?"龚宇揽着林青往外走着,说着话分散着她的心神。

"是。"林青一个"是"字里,透着浓浓的孤单和苍凉。

外婆一个人孤单凄凉地走了,留下她一个人孤单凄凉。

"嗯,咱们先去吃点东西。外婆生前,安排过后事吗?墓地挑好了?那就好,过去买下来就行。吃好饭,我送你到养老院,你去给外婆收拾东西。我去看看墓园那边。你放心,肯定用你的钱。先别难过,咱们先得把外婆安顿好。"

龚宇一句一句明晰的安排,让林青渐渐恢复过来。

是的,逝者已逝,生者,仍要生活。

龚宇和林青一起吃了早饭,开车先将林青送到养老院,自己往外婆早就看中的墓园去买墓地。

林青跟着管理员,进了外婆的房间。

外婆是双人间,隔壁床上老太太已经不能下床了,看着神情憔悴的林青,扬着声,颠三倒四地问着关老太呢,关老太怎么没回来,关老太去哪儿了。

林青垂着眼没答话,蹲下来,先从外婆的床头柜开始收拾。

床头柜里放着外婆的几件旧衣服,一盒子她上次带给外婆的黑巧克力豆。

床已经被护工整理过了,林青踩到床上,打开吊柜。

她们说,外婆是踩在床上,开吊柜时,摔下去的。

外婆要从吊柜里拿什么?

林青将吊柜里的东西都拿出来,放到床上,一样样地细看。

几件冬天的厚衣服,两本厚厚的影集,里面多半是她小时候的照片。是为了拿影集吗?

应该不是，外婆连她都不认得了，这几趟来，外婆一直喊她杏儿，把她认成了妈妈。她上周来，还拿着这两本影集给外婆看过，外婆说这不是她的东西，她不认得影集里的人了。

还有几件极旧的绸衣服，打着补丁，是外婆的衣服。林青记得，很小时候，见外婆穿过，那时候就打着补丁。

林青抖开衣服，一封厚厚的信，从旧绸衣里掉出来。

林青拿起信，信口印着古老的漆印，花儿一样的一个字，像是繁体的"关"字。

林青翻过来，果然，信封是竖排的，一行繁体字写着：龚泽先生收启。

字迹已经磨损得很厉害，整个信封都磨得毛茸茸的了。

林青手指按在那个漆印上，犹豫了一会儿，翻过来，看着"龚泽"两个字。

是给姓龚的先生啊，龚老先生有位好朋友，姓关，难道这个龚泽，就是龚老先生么，这是写给龚老先生的信？

冥冥之中，有这样的巧合？

林青托着那封信，掂了掂，很重，很厚。

林青目光落在"龚泽"两个字上，看了一会儿，将信重新裹进旧衣服里，连衣服放进包里。

先拿回去再说吧。

有龚宇帮忙，林青几乎没操什么心，将外婆送进公墓，从公墓出来，上了龚宇的车，往上海回去。

第七章　重逢

林青回到出租房，昏天黑地地睡了一天一夜，做了无数繁杂黑暗的梦。

傍晚醒来，室友也是刚好醒来，两人难得合拍一回，一起做了顿饭，吃了顿饭。

室友回房间工作，林青晃回房间，趴在床上，看着宁浩一串儿的信息，呆了好一会儿，划关了信息。

她心头纷乱，至少这会儿，她不想回宁浩的信息，她甚至不想想到宁浩，她还没睡好，她要接着睡觉。

林青这一觉，竟然没怎么做梦。

第二天醒来，林青仰面躺在床上，一点一点回想着这一周发生的事，这一周发生了那么多的事，以及，那一封信。

她得起来，她得去一趟陕西北路，问一问龚老先生，他叫什么名字，那信封上的龚泽，是不是他。

也许呢。

要是不是，她该怎么办？发到网上？发起寻找？

林青一边摸出那封信，举着信看着，胡乱想着。

外婆不识字，这封信，肯定不是外婆写的信，肯定是有人托付给外婆的。外婆一直带在身边，进养老院时，除了影集，只带了这个。这封信，或者托付这封信的人，对外婆来说，肯定非常重要。

她应该替外婆找到收信的人，把信送出去，替外婆做完这件事。

这是她能替外婆做的，唯一一件事了。

林青洗了个澡，换了衣服，带上那封信，坐车往陕西北路过去。

龚老先生开了门，站在门口，仔细打量着林青。

"我很好。"林青被他关切的眼神，看得心里酸涩而暖，勉强笑着，一句话没说完，眼泪却下来了。

"进来吧，喝杯咖啡。

"昨天小宇来过，说了半天话儿。

"唉，往后，你就是孤单一人了。不过没事儿，人，最后都是要孤单一人的，没什么不好，坐吧。"

龚老先生让进林青，开始煮咖啡。

"来，喝咖啡。"龚老先生煮好咖啡，放到林青面前。

"谢谢。"林青端起咖啡，捧在手里，用力闻了闻浓郁的咖啡香味儿。

龚老先生坐到林青旁边，慢慢往咖啡里加了奶，加了三块糖，端起来，慢慢抿着。

"您，是单字名吗？"林青抿了几口咖啡，犹豫了片刻，看着龚老先生问道。

"嗯？怎么想起来问这个？单名，泽，水泽的泽。"龚老先生笑道。

林青惊讶得眉梢高扬，急忙放下杯子，从包里拿出那封信："那您看看，这封信，是不是写给您的？"

"嗯？"龚老先生极是意外，接过信，只扫了一眼，脸色就变了。

"这是她的字！这信，你从哪儿拿来的？你怎么会有这个？谁给你的？谁给你的？"

问到最后一句"谁给你的"，龚老先生声音尖利，激动得脸上一片潮红，站起来就要往外扑。

林青吓了一跳，急忙扑上前扶住龚老先生。

"是我外婆，这是我外婆的遗物。我看到龚，想着也许是您，外婆不识字，我不知道这信是谁给外婆的，外婆从来没提过，我不知道。"林青凌乱地解释道。

"你外婆，你外婆姓关！是了，你外婆姓关。"龚老先生脸色由潮红而苍白，"这是给我的信，是我的信，这是关小姐的字，这是她写给我的信，谢谢你，谢谢你，你，"龚老先生往外挥了挥手，"我不留你了，帮我把门带上。"

"好。"林青急忙站起来，踮着脚出去，带上了门。

龚老先生听到关门声，小心翼翼地拿起那封信，仔仔细细地看过正面，慢慢翻过来，仔仔细细、一丝一丝地看着漆封，看着漆封上那个关字，片刻，捧起信，轻轻吻在那个关字上。

好一会儿，龚老先生站起来，拿过裁纸刀，重新坐下，慢慢地，小心翼翼地挑开漆封，抽出厚厚一摞信纸，将信纸托在手上，老泪纵横。

人生将末，他又见到了她。

周末，宁浩还在工厂查找问题，他的感冒好些了，至少退烧了。

周六一早，龚宇就发了信息过来，替龚老先生邀请她，中午到陕西北路老先生家里吃饭。

林青立刻就答应了。

她有一点担心龚老先生，也有一些好奇，对那封信，以及那段过往。

到了约定的时间，林青提前十来分钟等在小区门口。龚宇的车过来，带上她，往陕西北路过去。

"龚老先生还好吧？"林青看着龚宇，问了句。

"嗯？他很好，怎么这么问？"龚宇很敏锐。

"外婆的遗物里，有一封信，是写给龚老先生的，昨天我把信交给龚老先生时，看他十分激动，我有点儿担心。"林青忙解释道。

"原来是这样。"龚宇扬眉而笑，"怪不得！今天一大早，大伯给我打了个电话，让我过来接你过去吃饭。"

林青噢了一声，不再多问。

龚宇说过，家家都有一份不堪的过往，以及现状。

陕西北路那幢英式住宅楼里，龚老先生站在门口，格子衬衫，打着领带，又老派又时髦。

"算着你们该到了，我煮好了咖啡。"龚老先生招手示意林青，"咱们喝咖啡，让小宇煎牛排给咱们吃，小宇很会做饭的，你知道吧？"

林青笑着摇头。

"他很会做的，也会煮咖啡。"龚老先生和林青笑了句，冲着一脸惊讶的龚宇挥着手，"我早上买的，很好的牛排，你去做！"

"好。"龚宇笑着，脱下外套，往厨房进去。

"来，咱们坐这里，喝着咖啡说着话，等吃！"龚老先生让着林青，坐到落地窗前。

"你外婆不识字？"龚老先生抿了口咖啡，看着林青道。

"是。外婆说她出生的时候，正打着仗，家里很穷，等到新中国教识字的时候，她已经很大了。外婆说她脸皮薄，跟小孩子在一起学识字，她觉得不好意思，家里活又多，就没学会识字。"

林青看了眼专注听话的龚老先生。

他想听的,不是外婆怎么样,而是关于那封信的主人,她和外婆的交往,信怎么到了外婆手上,诸如此类。

"我是跟着外婆长大的,外婆极少提起她小时候,或是年轻时候的事儿,偶尔说一句两句,都是因为什么事儿,有感而发。"

林青歉意地看着龚老先生。

他想要听的,她知之极少。

"你外婆的后事,小宇说都是你料理的?"龚老先生转了话题。

"嗯,龚先生帮了我很多,要不是他,我一个人根本办不下来。"林青声音低落。

"想开一些。父母长辈,总是要走在儿女之前。"龚老先生缓声劝道。

林青低低嗯了一声。

龚老先生嘴角带着笑意,好一会儿,叹了口气。

"小宇说,他和你认识,是因为他被你们公司的车撞了?是哪家公司啊?你做内勤?"好一会儿,龚老先生恍过神,扯起了闲话。

"嗯,我是人事主管,处理车祸是老总临时指派的。说起来,这都是和您的缘分。"林青想着缘分两个字,有几分感慨。

"那天,小宇挂着拐杖过来,我净听他说你了。

"小宇是个好孩子,人品好,有责任有担当,脾气也好,厨艺不错,咖啡也煮得很好。"龚老先生看着林青,笑眯眯夸奖道。

林青唉了一声,想要解释,话到嘴边,却没能说出来。

这一周里,她经历得太多,也太累了。

龚宇煎的牛排确实非常好吃,拌的沙拉同样美味。

傍晚,龚宇送林青回到小区,看着林青进了小区,车子往前滑行走了。

林青回到房间,一头扎在床上,不想动,不想说话,不想思考。

手机振动了下,林青抓住手机,片刻,又松开。

她不想看,不想想,不想分析考虑衡量,让她先逃避这一夜吧,明天再说。

林青混混沌沌,做了一夜的梦,被铃声叫醒时,头昏昏沉沉。一夜的梦,能记得的,就是一团黑暗,以及不停地奔跑。

林青有几分机械地洗漱,换衣服,拿了包出来,买了份煎饼,上了公交车。

坐上车,林青慢慢划开手机,看着信息旁边的红色数字,呆了片刻,将手机塞进包里,看着车外,咬着煎饼。

她还没想好,她还在一团纷乱中,她还想逃避,逃避现实,逃避自己。

坐到会议室,离开会还有几分钟。林青划开手机,看着那些未读信息,片刻,又划上。等开完晨会,她就看,开完晨会,她就开始面对这一切。

晨会时间到了,老总没进来。

又过了两分钟,办公室小吴探头进来:"老总说今天不开晨会了。"

林青合上笔记本,跟着大家刚出了会议室,办公室陈主任从老总办公室伸头出来:"林青你进来!"

林青进了办公室,从陈主任青白的脸,看向老总阴沉到能滴水的脸,顿时有些提心吊胆,出什么事儿了?

陈主任紧挨老总办公桌站着,紧紧抿着嘴,一反常态地一言不发。

林青更纳闷了,站着等老总说话。

老总沉着脸，好一会儿，声调有几分晦涩道："曹彬开车出了点儿事，你去看看。"

"出事故了？"林青下意识地问了句。

"嗯。"老总极不情愿地嗯了一声。

"很严重？"林青看向紧紧抿着嘴、用力靠着办公桌的陈主任。

"严不严重，要去看了才知道是吧！"老总突然暴怒，猛一巴掌拍在办公桌上。

林青吓了一跳，陈主任看起来比林青更惊悸，竟然激灵灵打了个寒噤。

"我陪陈主任一起去。"林青往后退了一步，看着突然暴怒的老总。

"你这话什么意思？啊？你这话什么意思？"老总这一巴掌拍得更响。

林青再往后退了一步，看着老总，语调坚定："我一个人处理不了，我没有这个能力。"

"那你还能干什么？啊？公司请你来干什么？你没能力你还在这儿干什么？"老总呼地站了起来。

"我是人事主管，处理车祸不是我的职责。"林青又往后退了半步，态度却很坚决。

这次的车祸，肯定不像上两次那么简单。她要是一个人去了，照老总和陈主任一贯的习性，这次车祸所有的责任，他们都会推到她头上。

在他们这样的老企业里，这是很严重的责任。真要是出了人命，谁知道会怎么样！

这份责任，她担不起。

"不是你的职责,那是谁的?啊?你这是什么态度?啊?"老总看样子气坏了,"职责?你跟我谈职责,你不要做了,滚!"

林青紧紧抿着嘴,转身出门。

回到办公室,林青气还没平稳,办公室小吴一脸惊悸地进来,喃喃道:"老总让你交接,让你,现在就走。"

"算开除我吗?那要有书面手续。"林青倒平和了。

小吴呆了片刻,转身往外走。

林青呆坐在办公室里,等了很久,没见小吴回来,垂着头,慢慢做着该做的事。

中午,一个办公室的同事进进出出,带回一个一个的消息:

办公室小吴和财务小裘去处理车祸了,听说是撞死了人,可能还不止一个。

老总叫人开会呢,要处理她顶撞领导、不服从工作安排的过错,说是还有人事管理上的重大失误。

下午,处理她的文件就下来了,她被撤掉一切职务,薪资等级一路降到了最低,上海市的最低工资线。

林青慢慢收拢着东西,收拢着纷繁杂乱的情绪。

果然,祸都是不单行的。

从公司出来,林青拖着脚步,上了公交车。

车子咣咣当当往前,远远的,林青看到童话般的马勒别墅,呆了一瞬,忙挤到车门口,车子一停,下了车,转圈找到方向,往陕西北路一路过去。

龚老先生开了门,见是林青,微怔:"怎么啦?脸色这么不好,快进来。"

"打扰您了,我……"林青看到龚老先生脸上的怔神,恍过了神,顿时赧然,自己过于莽撞了。

"不打扰,快进来。"龚老先生往里让林青。

"咱们不喝咖啡了,喝伯爵茶好吧?"龚老先生让着林青坐下,拿了杯碟过来,放到林青旁边。

"怎么啦?出什么事儿了?"

"没……是有点事儿。公司有个司机,叫曹彬,就是他撞了龚先生。"林青实在忍不住,将曹彬出车祸的事儿,一口气说了。

"……上回他撞到龚先生的时候,我就建议把他调岗,领导说我歹毒。现在,撞死了人,他们又怪到我头上,说我没尽到管理好员工的职责。这事儿怎么能怪我?"

林青说到最后,嘴唇颤抖,用力眨着眼,也没能把眼泪眨回去。

"委屈就哭一会儿,别一直忍着。实在不行,换一家吧,东家不打打西家,也没什么大不了的。"龚老先生拿了盒纸巾递给林青。

"我当时进公司的时候,因为户口,签了五年约,五年之内,我要是走了,要赔钱的。"林青哭得有些哽咽。

"当时能给你办户口,不是这个老总吧?"龚老先生皱眉问道。

"嗯,当时的老总对我很好,可我进公司不到一年,他就退休了。"林青叹了口气。

她的运道,总是差一线。

"你在公司做了几年了?"龚老先生跟着叹了口气。

"还有半年就满五年了。"

"要不,让小宇帮你找找人?"龚老先生看着林青。

"不……"林青"不"字吐出一半,余下一半卡在喉咙里,好一会儿，才垂眼道，"龚先生已经帮过我很多，我不能总是麻烦他。"

"小宇这孩子，是个热心牢靠的人，带女孩子到我这里，你是头一个。你要是觉得小宇还不错，就大大方方让他帮你，他能帮你。"龚老先生看着林青，笑容温暖。

"我……"林青垂着眼，好一会儿，抬头看向龚老先生，"龚先生，我想听您讲讲关家小姐的故事，毕竟她跟我外婆那么亲密，外婆最后连我都不认得了，居然还记得关家小姐留下的信。"

"应该说，我们彼此都是初恋。我刚进大学，考的是圣约翰，关家小姐读的是崇德女中，就是现在街对面的七一中学，她家就住在这个公寓大楼里。我们是在一个婚礼上认识的，那个新郎是我父亲的同事，那个新娘是她家亲戚。那天，她穿了件淡青色旗袍，外面披了藕色的毛衣，乌黑黑的短发、乌黑黑的眼睛，脸白得放光。"

龚老先生的话顿住，出神地看着窗外。

"我们认识了，她那个年龄，迷美国电影，迷周璇、白杨、金焰那些电影明星，也迷上海滩的女作家。她十来岁就看《紫罗兰》《万象》杂志上的小说，女作家里面，她顶崇拜的不是张爱玲，而是一个叫施济美的作家。那时我姑姑也在崇德女中当老师，后来施济美也到了这个学校，跟我姑姑同事。"

龚老先生的话顿住，好一会儿，才接着道："1949年我去国外读大学，想好了她高中毕业也会出国，我们就团聚了，没想到，天人永隔。"

龚老先生老泪纵横。

"对不起。"林青喃喃道着歉。

"小林，你是上天派来的天使，带给我这个意想不到的礼物。这几十年里,她是我心头挥不去的念想和痛楚。九十年代我和我太太去狼山镇打听过,知道她早已去世,却没有更多人知道她、记得她。如果小宇早一点碰到你,早一点找到你外婆,那将是多么好。"

龚泽蜷缩在圈椅里,一言不发,久久沉默。

那一夜,龚泽一直坐着。

第八章　当下

林青回到出租房,将满满一袋杂物扔在地上,蜷缩在床上,思绪纷乱。

对她来说,生命中,什么才是最重要的呢?

是爱情,还是她梦寐以求的房子?

还是,有个依靠?像龚宇那样?

手心里猛一下的振动,把林青从黑暗中扯出来,林青呼地坐起来,浑身汗水淋漓。

手机在床上振动闪亮。

林青吐了口气,拿起手机。

宁浩的信息哗哗地刷屏:

"问题解决了,我买了凌晨的机票!

"我很想你,你好不好?发了好些信息,你没回。

"明天早上我送你上班,想你,想看到你,立刻!"

林青呆呆看着一排儿的信息,心里酸涩暖烫,五味杂陈,一股子热辣从心底冲上来，冲得她热泪盈眶。

遇到宁浩前，她的人生平淡无奇，看到他第一眼起，她的生命就斑斓五彩起来。

他俯在她耳边说话时，他的声音里都是她，他看着她时，他的眼睛里都是她，他爱她，如同她爱他。

他是她的爱情，她没办法从五彩斑斓的精彩中，再回到平淡无奇。

林青坐起来，划开手机，回了一个字：好！

片刻，林青看着宁浩回复的一个小小的笑脸，手指按在笑脸上，再按到自己唇上，慢慢躺下，这一觉，睡得十分酣甜。

早上，林青比往常早了几分钟下楼，出了小区门，就看到宁浩白衬衫灰裤子，站在棵树下，冲她灿烂而笑。

林青低低"啊"了一声，几步冲过去，扑进宁浩怀里。

"你瘦了一圈儿，出什么事儿了？"宁浩揽着林青，仔仔细细，一点点细细看她。

"你也瘦了一圈，这儿还没好。"林青手指按在宁浩嘴角的水泡结痂上。

"在实验室里连轴转，吃不好，又感冒了一场，好好吃几天就把肉吃回来了。你呢？出什么事儿了？"宁浩揽着林青，往公交站过去。

"外婆过世了。"林青低低道。

"什么时候？"宁浩震惊得顿住步。

"上周三夜里。"林青从外婆摔倒说起，略过了其他。

"你一个人撑下来的，你该告诉我。"宁浩心疼得用力揽了揽林青。

"你回来又能怎么样？也拉不住外婆。"顿了顿，林青垂眼道，"还有件事。"

林青简短几句说了昨天发生的事儿。

"这份工作,大约做不下去了,他们把我的工资降到最低,连房租都不够。可我要是主动辞职,还有大半年才够五年,他们肯定要我赔偿,我不想赔偿,这不是我的责任。"林青声音忿忿。

她一想起来,就非常生气。

"我陪你去跟他们谈,这不是你的错,该强硬的时候,不能退让,现在就去。"宁浩皱眉道。

林青沉默片刻,点头:"好,他们降我工资,三条理由都站不住脚,要是谈不拢,就申请仲裁,他们太能欺负人了。"

"嗯,放宽心,就算要赔偿,也换一家做吧。我接的活儿很顺利,以后可以多接几件,你不用那么辛苦,咱们也能按你的计划买房子。"宁浩温声道。

"我现在觉得,房子,好像没那么重要了。"林青沉默片刻,看着宁浩道。

宁浩惊讶得眉梢高扬。

"就算有了房子,我也不能拥有这座城市,这座城市太大了。

"再说,我为什么要拥有这座城市,我有你就足够了。

"趁着咱们年轻,趁咱们都还活着,要好好地过日子,好好地享受每一天!"

林青和宁浩一起吃了晚饭,伴着流闪的霓虹,回到出租房,室友正在吃晚饭。

"我要搬走了。"林青将手里的玫瑰花递给室友,"我要结婚了。"

"啊？恭喜恭喜，是宁浩吧？这么突然啊，你们买房子啦？"室友又惊又喜。

"没有，我不想买房子了。我们打算到静安区那边租老房子住，好好认识一下这个城市。"林青声调轻快跳跃，旋转过去，给自己倒了杯水。

室友呆了一瞬，一声长叹："你要是搬走，我就不找室友了，把整套房子租下来算了。我这么辛苦地赚钱，我要活得好一些！"

"我有瓶好酒，要不要喝一杯？祝贺你结婚，祝贺我……"室友的话顿住，"醒悟，活在当下。"

"好！"

林青和室友干脆对着瓶口，一人一口，喝光一瓶利口酒，醉醺醺，各自回屋。

林青和宁浩坐在恒隆广场，慢慢喝着咖啡。

风阵阵吹过，匆匆的人群来来往往，天空，一群鸽子呼哨飞过。

"这是我们的世界，这是我们的天空，这是我们的城市，我们！我和你！"林青冲宁浩举了举杯子。

"我也是你的。"宁浩笑个不停。

毕业大楼. 作者/高昭

商业街区 · 特色街区店铺

下篇：**龚泽的城市**　　　　　　作者：北路溜溜

第一章　寻觅故人

那天，龚泽拿着林青交给他的信，静坐在圈椅里，久久不再说话。

天暗下来，陕西北路上的梧桐树褪去了最后一缕夕阳，一片片树叶变成了黑色的小斑点，路灯的光从树丫缝里漏出来，也是斑斑驳驳的。街对面的酒吧开始热闹起来，一堆堆的老外聚集着，这家酒吧一年到头每天晚上都挤满老外，店堂里从来都装不下，站满了人行道，男的女的。带辫子的24路电车隔几分钟开来一班，像阅兵一般，从一排排梧桐树队伍前驶过，开进了梧桐树拱起的城门。

龚泽拿着信，像握着久别重逢的老朋友的手，不肯放开。那一夜他一直坐着，往事如同一部老电影，一幕幕回放着。

1982年底龚泽第一次绕道香港回到上海，距离他1949年初离开这个城市三十多年过去了。去时的翩翩少年已经年过半百，而他心心念念的那人，那个关小姐，早就杳无音讯、踪迹全无。

半世漂泊，龚泽仍孑然一身，他急迫地回来，回来寻找故人。

三十多年过去了，外滩、南京路、霞飞路、静安寺、十六铺……这些他熟悉的街区除了更旧，都没什么变化。肉眼可见的变化是，不管石库门还是新里还是洋房还是棚户区，里面都挤满了人家，挤得不可思议。老房子层高高，几乎所有人家能隔两层隔两层、能搭阁楼搭阁楼，楼梯转角也做个吊橱，白天放杂物，晚上就睡人。孩子多的人家，晚上在桌子下面打地铺。

他以前住过的静安寺路西摩路这一带，解放前一户人家住的花园洋房，现在都挤进了十几户人家。花园是早就没了，不是搭了丑陋的矮房子再挤进几家，就是搭个棚，让那些挤在汽车间、阁楼间的人家摆一排煤炉，当厨房用。很多人家一家三代挤在一间十来个平方米的小隔间，厨房、厕所设施基本是没有的。原本带抽水马桶卫生间的老洋房，因为用的人家太多，一个楼里七八户人家抢厕所，一天到晚吵架，最后卫生间改成房间再住进人，大家只能用痰盂和马桶了。

城市破了旧了，街道也旧了脏了，龚泽怎么也无法与记忆中那个摩登的上海联系起来，也想象不出像关小姐那样的有钱人家大小姐挤在没有抽水马桶和煤气炉子的房子里，怎么过日子。

上海能让海外华侨住的酒店没几家，他住华侨饭店。解放前这里叫金门大饭店，隔壁是国际饭店，再隔壁是大光明电影院，都是上海滩的地标。饭店南面的跑马场早就改成了人民公园，跑马总会钟楼却依然雄赳赳地矗立着，里面是图书馆了。1949年之后上海没建什么高层建筑，国际饭店还是市中心最高的楼，几公里外都能看见。

龚泽从华侨饭店坐20路电车，没几站就到了西摩路，现在叫陕西北路。

跟国内亲戚断了几十年联系，回国之后他就到以前他们住的房子上门去找，几番周折找到了已经退休的孃孃（姑妈）。姑妈就是龚宇的祖母，龚宇父亲是跟着母亲姓的。

姑妈家早先住在华业大楼。龚泽记得，那是个八层楼的高级公寓，西班牙城堡式样的楼顶，很漂亮。华业大楼的弄堂对面就是棉纱大王荣宗敬家的大花园和大洋房。往北不远就是静安寺路,现在叫南京西路,路口有个四层楼的西摩路菜场,里面的摊贩多半也能讲讲洋泾浜英文,跟来买菜的外国人讨价还价。再往北就是宋氏姐妹娘家住的花园洋房了,龚泽从小走过这里,一直看到高高的竹篱笆围墙。宋家在宋耀如先生去世后就搬到了西摩路这处花园洋房里面住,当年蒋总司令就是从这里迎娶了宋美龄小姐。因为宋家信仰基督教,总司令也成了基督徒,他和宋美龄结婚的宗教仪式是在家里办的,据说教会因蒋介石离过婚不同意他们进教堂办婚礼,宋家就请牧师在家做仪式,之后再去大华饭店举行盛大婚礼,那个婚礼还拍成了电影,轰动得不得了。

姑妈家在"文革"时被抄家,造反派逼他们跟一个工宣队员家换房子,他们就被赶到以前叫亚尔培路现在改名陕西南路靠近蒲石路(长乐路)的一大片棚户区去住了。虽然那里离华业大楼不过一站路距离,但这个棚户区里的房子是居民乱搭出来的,高高矮矮、乱七八糟,几十户人家共用一个露天水龙头、共用一个倒粪站,更不要想什么厨房卫生间了,实在蹩脚得一塌糊涂。

龚泽找到姑妈的时候,老人惊吓得不敢见他。那么多年,因为有海外关系和资产阶级家庭,姑妈一次次被批斗、一次次写检讨,从中学教师变成废品站收废品的,她恨不得把这些让她倒霉的家族里的人统统忘记。

姑妈的儿子龚兴国赶上老三届,高中没毕业就上山下乡去农村,家庭出身不好的孩子别无选择,去了云南农场,一直到1980年随着知青返城大潮回到上海。龚兴国见到龚泽这个从国外回来比他年龄大挺多的堂哥倒是高兴,华侨回国有外汇券,凭外汇券能到华侨商店、友谊商店买外面买不到的吃的和用的，甚至家用电器。那时每户人家的粮票、布票都极其珍贵，有钱也买不到东西，更别说姑妈家一个是废品站的一个是回城无业青年。海外亲戚要是送点外汇券是能换钱的，友谊商店门口总有一些人，看见往里走的就上来问："外汇券有哦？"上海人叫他们"打桩模子"。

龚泽下了电车，沿南京西路走到梅龙镇酒家，中午他请姑妈和堂弟吃饭。离开上海几十年，以前有名的酒家都改了名字变成国营单位，菜也不可以讲究，否则要被当作资产阶级思想批判。听说梅龙镇酒家改名叫立群饭店，前几年才刚刚改回来。能到那里请客吃饭也不是普通人家，多半是刚刚落实政策、补发了钱的资本家或者有海外关系的人家。

姑妈穿着蓝卡其布方领罩衫、蓝卡其布裤子，头发全白脸上满是皱纹。龚泽心里发酸，怎么也不能把她跟三十多年前对姑妈的印象等同成一个人。记忆里的姑妈是亭亭玉立的，脸白得发光，姑父有时开玩笑说姑妈的脸"白得像奶油浓汤"。姑妈当老师的学校是所教会背景的贵族女校——崇德女中，学生大多是富家小姐，所以姑妈也一向衣着考究：高级面料的旗袍、西装外套、呢绒大衣。

饭桌上，龚泽有很多事情想问，但姑妈小心翼翼地，总是回避一些话题。龚泽知道，被阶级斗争折腾了几十年，大陆亲戚跟海外来的人讲话都很当心。姑妈比较明确回答他的是，姑父的右派问题平反了。姑妈说这话时，似乎放下了一块心里的石头，尽管姑父已经去世多年。

"那施济美老师呢？解放后还写小说吗？"

姑妈沉默了一会儿，轻轻说："没有，没有。崇德女中后来改成七一中学了,她还是教书,1968年就去世了。"

"啊。"龚泽大吃一惊,看看姑妈的神情,也不敢多问下去。

当年认识关小姐的时候,她顶崇拜的女作家就是施济美。施济美发表的小说关小姐都要买来看,《古城的春天》《圣琼娜的黄昏》,后来追看她写的《凤仪园》。那时名气最响的女作家当然是张爱玲、苏青,施济美属于"东吴系女作家"圈子,一度与张爱玲齐名。她的小说发表在畅销杂志《紫罗兰》《小说月报》《万象》上。抗战胜利后,有一家杂志做了一次读者调查,其中"我最钦佩的一位作家"投票中,施济美的名字紧挨在巴金、郑振铎、茅盾之后。

情窦初开的龚泽爱屋及乌跟着去看施济美小说,他们理所当然把"我最钦佩的一位作家"投票给施济美。

有次龚泽去姑妈家。姑父沪江大学毕业后在孔宋家族背景的商行做事,薪水很高,跟姑妈结婚时用金条顶了华业大楼的一套公寓做他们的居所,生活优渥。

吃饭时,龚泽跟姑妈说起自己喜欢的女孩子最崇拜的作家叫施济美,没想到姑妈说,她是我们东吴大学校友,她现在在进德女中做国文教员。

龚宇听了有点吃惊,大明星一样的女作家,却是一个清苦的中学老师。

姑妈说,进德女中是基督教会办的,去当老师有四个要求:第一要女的,第二要未婚,第三要单身,第四要大学毕业。

"她没结婚吗?"

"没有,她不容易,真的不容易。"姑妈长长地叹了一口气。

龚泽第一次听说了施济美的故事，比小说更加凄美。

再跟关小姐见面，他们先去平安大戏院看了场刚上映的美国电影，然后就坐进了大楼底层的咖啡馆。

西摩路静安寺路口的平安大楼，是当时上海最高级的美式公寓大楼，红砖墙面沿着街转角圆弧形排开，从马路对面看，像八字的一捺。咖啡馆大门不在路边，要从平安大戏院通道进去，很低调，里面却贵族气十足，坐在玻璃窗前可以看外面的马路和行人。常客在里面是有专座的，Waiter对他们的偏好了如指掌，不用问就知道要哪一款咖啡豆、哪一种甜品。

龚泽把关小姐约到这么隆重的场合，是有很重要很重要的事情要告诉她。

"你知道施济美跟她恋人的故事吗？"

关小姐立即眼神放光："你快说，你快说。"

龚泽把从姑妈那里听到的故事讲述了一遍。

施济美中学读的是上海培明女中，在学校跟俞昭明最要好，她们两人小时候都在北京住过，讲起话来是像电影明星那样的一口京腔。俞昭明有个弟弟叫俞允明，1937年他们三个人一同考进东吴大学经济系读书，施济美跟俞允明相爱了。

没多久八一三事变。

龚泽对关小姐说："八一三事变那年，你还小，我也没什么印象，就是听大人说，苏州河边的四行仓库打得好惨好惨。多少日本军人围攻里面的国军，手榴弹、机枪轰隆隆响，老百姓和外国人就在苏州河对面看，挥旗子给仓库守军鼓劲。"

淞沪会战在上海打了三个月，中国军队全面撤出，日军沿沪宁铁路长驱直入，上海沦陷、南京沦陷、一路沦陷。国民政府迁都重庆。

很多年轻人不愿意在沦陷区生活，选择去大后方，俞允明也一样，改入了武汉大学。他是家中独子，只能把父母托付给姐姐和恋人。1938年10月武汉也沦陷了，俞允明随学校搬到四川乐山。然而，乱世无常，1939年8月的一天，三十多架日军飞机轰炸乐山城，正在学校宿舍的俞允明不幸遇难。

这个噩耗对不到二十岁的施济美来说，打击巨大。但是为了不让俞允明的父母悲伤，她和俞昭明一起做了个决定，对两位老人严密封锁允明的死讯。从此之后，施济美就模仿允明的笔迹给他父母写信，然后她又是那个在老人面前读信的人。俞允明的父母直到去世，都不知道爱儿已逝，以为他在国外念书。

"姑妈说，施济美到现在没嫁人，也一直没再找恋人。"

关小姐满脸悲戚，一双亮晶晶的眼睛低垂下来，喃喃说道：

"怪不得，怪不得。她以前有篇小说叫《嘉陵江上的秋天》，讲一个叫成秋的女孩在嘉陵江边认识了高高个儿的南国青年黄鑫儒，两人恋爱，后来黄鑫儒在昆明遭遇覆车之惨，死于非命。从此，曾是校花的成秋再也不唱歌、再也不会开心大笑，就连话也懒得说。她跟好闺蜜说：'鑫儒死后，我断断不会再爱别人。'后来她也生病去世了。"

关小姐长长的眼睫毛里噙满泪水，啪嗒啪嗒滴落下来，龚泽拿出手绢递给她。

"这会不会就是写她自己的内心呢？这篇小说的第一句话我还记得，是'纪念一个朋友的朋友'，这就是纪念她自己吧。"她又忍不住抽泣起来。

龚泽轻轻地拉住她的手，不知该说什么。关小姐沉默地坐了许久许久，这个故事太伤心了，尤其无法与她崇拜的女作家联系在一起。

一年之后，龚泽离开上海，原本以为漂泊几年就会回来。没想到，一别数十年，而关小姐，龚泽打听过，她先被打成右派送到劳改农场，后来回到狼山镇，没过几年就香消玉殒。这中间发生过什么，龚泽不敢想，就像施济美在1968年她生日当天突然去世，发生了什么，不敢想。

第二章　归国／出国

自从1982年第一次回上海之后，政策慢慢开放了，到八十年代中期，海外关系变得像硬通货一样吃香。年轻人能通过海外亲戚朋友担保出国的，都千方百计去国外，读书好的大学生第一选择就是考托福申请奖学金去美国，去不了美国的就去澳洲、去新西兰。那时一般家庭的收入才几百元，如果有一个孩子出国，整个家族凑钱帮他换外币，能够带一百美元出国就是有钱人了。

龚泽接到了堂弟龚兴国的来信。

"阿哥侬好：

我们家落实政策搬回华业大楼去住了，姆妈精神好许多了。我们跟姆妈住在一起，现在有了儿子，名字叫龚宇。姆妈托人帮我找了个工作，是房管所的临时工。这里房子都是公家的，没私房，都归房管所管，交房租。弄堂里居民报修，我就去修水管、修电表，好的大楼房子要定期去给地板打蜡保养，有时候去跟居民催房租。工钱很少不过也算有点收入，不再全靠姆妈的退休工资。"

龚兴国在信上说，他想去日本打工。

"现在上海很多人都在办去日本，只要申请语言学校就能办日本签证。不仅我这种没学历的人要去，很多大学毕业有蛮好工作的人也办停薪留职去日本，打工一两年挣到的钱，这里十年也挣不到，我觉得不抓住这个机会，就只能一辈子在上海苦穷。"

"通过中介办入学申请和倒签证需要一万多人民币，外加初到日本的租房和食宿，家里一时没有这么多钱，阿爸平反补发了一笔钱，但是也不多。"

龚兴国希望堂哥能资助他，说自己到了日本会拼命打工挣回来。

之前龚泽从姑妈来信中得知，虽然他们搬回了华业大楼，但是有一间房间被别人占了，另外开了扇门。家里比以前少了一间房间，儿子结婚，只能把客厅隔成前后两间，原来姑妈和姑父的卧室给了儿子做新房，姑妈自己住在客厅的里间。龚泽想到，尽管是隔开了，儿子儿媳进进出出都要经过姑妈房间的，如果有客人来，在外间说话也很打扰，姑妈一定觉得没有隐私。有了孙子之后，房子更挤了。

龚泽一口就答应资助堂弟出国。他只是回信问，你要是出去了，小孩谁照顾？姑妈谁照顾？龚兴国回信说，小孩有老婆管，妈妈身体还健康，不用照顾，这个家就靠他，能挣到钱比什么都重要。

三个月后，龚兴国办妥手续去了日本。

可是一切都没有预想的顺利。先是中介公司推荐的语言学校根本不在东京而是在偏僻的四国岛，所谓语言学校也没有像样的教学，其实就是挣一笔钱。龚兴国是急于要打工挣钱的，在偏僻地区没打工机会，在语言学校三个月经济上只出不进，他每天都发愁，省吃俭用省到一天吃两顿，除了泡面其他都不舍得吃。等三个月语言学校结束，他马上跑到东京各处找上海去的熟人介绍工作，只要有钱，再苦再累的工作都干，洗碗工、清洁工、搬运工，能打两份工就打两份工。东京房租贵，他跟朋友合租的房子小到转不过身，这样起早摸黑万分辛苦，能攒下日元寄回国内，就是他最大的欣慰。

龚兴国不敢把吃苦的生活告诉家人。当年去日本打工的人，男的女的都很辛苦，但是，辛苦换来了日币、日币换成了人民币，总比在上海苦熬有盼头，他只能经常写信把真情告诉堂哥。

读书签证很快就到期了。为了留在日本继续打工，龚兴国没回国，黑掉了，成为非法居留者。而一旦身份黑掉，就再也不能正当地回中国回日本，很多中国留学生因此几年、十几年回不了家。

也因此，龚宇从小跟父亲天各一方。

就在无数年轻人千方百计出国谋出路的那几年，上海也看不清头绪地变化着。说看不清头绪，是因为深圳、广州甚至走私起家的晋江变成了众人向往的地方，所有的好东西都是从南方贩过来的，所有有本事从南方贩东西过来的倒爷都发财了。上海从近代起一直都是全中国最先进繁荣的城市，哪怕最穷最革命的那几十年，上海人依然是骄傲自信的，没把盛气凌人的北京放在眼里。但是八十年代深圳、广州崛起，真是让上海憋屈得很，明明对国家贡献最大，老百姓却很穷，城市很旧很破。

说变化着，是买得起家用电器的人家多起来，姑妈家也用侨汇券从友谊商店买了黑白电视机、电冰箱，还买了洗衣机，这是厨卫独用人家才能享受到的好处。相比之下，很多老房子人家买得起洗衣机但是没地方放、也没自来水管子接，只好依然手工洗衣服，衣服放在木盆里，木盆放在公用水龙头旁边地上，支个搓衣板，搓呀、搓呀。弄堂过道上空永远挂满各家各户的外套、长裤、背心、短裤。

装家庭电话的人家多了一些，姑妈家把原有的电话恢复了，儿子有国际长途，不用跑到弄堂口去接传呼电话。不过，绝大部分人家还是靠传呼电话联络彼此："二楼小毛，有电话，快点来接噢，占线了嗨。"

家家户户都竭尽所能地改善着，这是上海人的本能和本事。

华亭路服装一条街突然火起来了，成为上海滩最闹猛最时尚的地方，摊子上的衣服都是从南方沿海地方贩过来的，号称是香港、台湾走私货。

一个拗口的叫"桑塔纳"的名字出现在《新民晚报》头版新闻上，说是德国大众到上海建了中外合资汽车工厂。当红颜色桑塔纳轿车出现在马路上的时候，很多人突然想起来，其实老早上海的花园洋房都有汽车间的，住花园洋房的人家都盖（用）得起私家汽车和司机，只是后来一幢洋房都住进十几户人家，汽车间也改成房间住人，住进的又大多是棚户区的工人，大家倒把原来有私家汽车这件事给忘得精光了。

红色桑塔纳如同一道彩虹，唤起了无数市民对现代化生活更强烈的向往，有辆私家车差不多就是这向往里的终极梦想。

1992年夏天，龚泽又回到上海。这次回来不是匆匆访友探旧，他的身份是一家国际公司的中国首席代表，公司办公室租了上海商城西峰公寓的一层楼面。

市中心多了一些高层建筑，最醒目是南京西路西康路口的上海商城、三栋高楼，东峰、西峰是办公楼，中间一栋是五星级波特曼大酒店。商城裙楼是开放式的，开着高级服装店和高级餐厅。一家西餐厅供应大份美式牛排，能进去吃一顿的都是先富起来的人。商城裙楼还非常超前地开了一家 HardRock Café 餐厅，餐厅酒廊在二层敞开空间，晚上放着响亮的重金属音乐，除了吸引城中老外，奔赴四楼剧院的文艺青年也能在中庭的电梯上看到酒吧盛景。

龚泽回上海的前一年，浦东开发的宣传声势渐渐大起来，上海进进出出的外商多了，相比上海的消费水平，外资公司派到中国又拿国外工资的人，简直过得太舒服了、太有钱了。

龚泽平常就住在波特曼酒店里，一是上海外资企业喜欢把商务活动办在这家酒店，上海证券交易所成立后，国内上市公司也经常把上市发布会、酒会放在这家酒店，真可谓政商云集；二是酒店附近的西康路、铜仁路、陕西北路、南阳路都是他年轻时熟悉的地方，小马路、老房子，又旧又破几乎看不清原本面貌，但总有回家的感觉；三是这里到华业大楼几步之遥，他在上海的家族亲人就只有姑妈一家了。

公司业务不算忙，国内对外资的经营范围、经营方式还有很多限制，每个项目都要跟多个政府部门谈很久，所以，外资公司更多时间花在跟政府部门公关，好在政府重视引进外资，官员的态度还是很客气的。国际公司大多出于战略考虑先进入中国市场，并不急于多做生意。

龚泽隔一两个月去看看姑妈，每次都把他们约到饭店吃饭。上海人住房太逼仄了，家里请客吃饭是件很头疼的事情，况且每次没进门弟媳就嚷嚷着要客人换鞋了，所以，龚泽就干脆请他们在外面吃饭见面，姑妈也高兴。

这天，龚泽请姑妈到平安大楼底层的珠江酒家吃饭，当年他给关小姐讲施济美的故事也是在这个平安大楼底层咖啡馆。咖啡馆没了，原先的维多利亚酒家解放后改成了珠江酒家，算是上海滩有名气的粤菜餐厅。

姑妈比他第一次回国看见的样子改变了许多，头发烫了、染黑了，人顿时精神起来，衣服也好看了，不是什么高级服装，但是姑妈很能在小细节上做文章，领子的反面用了不同颜色的布料，让深色外套上有了隐隐约约的鲜艳。他知道姑妈现在自己做衣服，样子大多是根据以前衣服的记忆，让弄堂口的裁缝师傅帮她裁好料子，回来踩缝纫机做，龚宇的小衣服也都是姑妈自己做。

今天弟媳没来，姑妈带着小龚宇。

"孃孃，龚宇要上小学了吧？"

"是呀，到秋天就入学了。"

"学校远吗？"

"弗远弗远，蛮便当咯。弄堂后面穿过去，不到威海路，他可以自己上下学的。"

"噢。"

小龚宇很乖巧，也很期盼有好东西吃。

"孃孃，点个烟熏鲳鱼好哦？"

"好咯好咯，他家这个菜有名的。"

"龚宇妈妈没空来呀？是要加班吗？"

"不加班。"姑妈欲言又止，"她工厂下岗了。现在跟着别人去做生意，在华亭路帮一个老板看摊位。"

"哦，那蛮辛苦的吧？"

"唉，现在家里什么事情都不管了，龚宇也都是我管。老板是广东那边的,进货过来时,她就说要发货、要跟客户应酬去,家也不回来的。唉。"

看得出姑妈内心焦虑不安。

"那么叫阿弟回上海来吧。这样家里要出事情了怎么办。"

"这种出花头的事情我又不能写信跟他说,弄得不好要拆散一个家了。"

姑妈顿了顿又说:"他现在在日本也算稳定下来了,习惯那里生活了。要是回上海,还是没工作的,赚那点钱也不够几年坐吃山空呀。"

小龚宇很开心地自顾自吃叉烧、吃烧鸭腿,心无旁骛。

姑妈看看龚泽:"你们外资企业现在老吃香噢,我以前学校同事的孩子大学毕业,千方百计都要进外资企业工作,一个个都起好外文名字,西装也做好穿了去应聘,有几个'文革'时候进来工作的老师,自己都没穿过西装,领带也打不来,叫小孩跑到我这里,教他们打领带、拿西餐刀。唉,要是你姑父还在,现在肯定也吃得开,他外语又好。"姑妈说着,眼泛泪花却朝龚泽笑了笑。

"是呀,姑父是学金融的对吧?现在股票市场也开了,嘎许多人都通宵排队抢认购券,他的本事足够去给证券公司当顾问了。"

姑妈不语,呆呆地发了一会愣。姑父是姑妈心头永远的痛。

默默吃了一会儿,姑妈看着龚泽。

"个么侬呢,你总也要找个人成个家吧。不能一辈子一个人呀。既然关小姐早已过世,你就放下心结,看看有没有合适的。你现在的条件,多少人抢都来不及呢。你看,现在一说是外面回来的华侨,不管香港人台湾人美国人还是哪里的,也不管是蓝领工人还是种地的,年纪再大也有人愿意嫁。"

龚泽被姑妈逗笑了："孃孃侬讲得对，不过呢，真要找个很合适的人也不容易。我在国外待久了，跟国内人的想法不一样。现在回上海，跟人接触，年龄大一点的，觉得她们都没机会受到好的教育，素养见识跟以前的人没法比，而且穷日子过久了，把钱都看得很重。年轻的吧，大部分就想嫁人出国，你要跟她们说爱情，她们看你像个戆大。"

姑妈不住地点头："现在一下子开了国门，看到外头世界，差距太大了，心理不平衡了。你想以前的上海，远东第一大都市，上层人家哪里把什么日本人香港人台湾人放在眼里了，更不要说广东人。"

姑妈继续说："素质是教育出来的，太穷就没底气呀。以前上海有多少好学校，中学大学出来到国外都不输的，现在，能讲好英语的都很稀奇了。"

龚泽点点头，看看吃得很香很开心的小龚宇，说："孃孃侬吃呀，多吃一点。现在上海老字号餐馆又重新开了，以后我们都去吃吃看，看看老底子的味道还有哦。"

跟姑妈这样说话，让龚泽内心很舒服，像姑妈这种年轻时养尊处优的女人，解放后经历了太多磨难打击，一直到现在仍没有摆脱困窘的生活，但她还是保持着内心的清高，不市侩、不庸俗。容颜老去，走在马路上就是个不起眼的老太太，可是，一说话一深谈，分量就是不一样。

龚泽脑海里兀然跳出了当年跟关小姐坐在咖啡馆窗前谈论施济美的画面。姑妈、施济美、关小姐，这些女人身上都有让龚泽倾心的东西。

"龚泽，我有个学生，四十出头点，她算是施济美最后教过的一届学生，那时候施济美还是语文教研组组长，再后来施济美就被打倒了。

前一阵这个学生打听到我的地址，特地来看我，还跟我讲起施济美给她们上课的情景。

"你要不要跟人家接触接触呀？这个学生倒是一直没结过婚的。就算不能谈婚论嫁，大家有共同语言，做做朋友也是可以的。"

龚泽看看姑妈，没有吱声。他内心犹豫。

一个月前，龚泽的海外朋友回上海，特地来相亲的，快六十的离婚男士，家里三个孩子。亲戚朋友四处发布消息，人还没到上海，排队见面的小姑娘、老姑娘名单列了近五十个，从早到晚连轴转，每个人说话说不到一小时，简直比商场挑衣服还效率高。当然啦，大老远特地从国外坐飞机过来相亲，不百里挑一岂不成本太高。

朋友看到第五天，人都看傻了，谁也记不住。年纪大一点的觉得不够靓，年轻的又怕拿结婚当跳板，带回去就跑了。临走前也没定跟哪个继续发展，倒是羡慕龚泽："你在这里肯定很开心吧，找女人玩玩很容易哦，哈哈哈。"

龚泽没搭理。在市中心为数不多的高档住宅里，有一类女性悄悄滋生出来，广东那边叫"包二奶"，上海话发不出"包二奶"这三个字，就说"某某某是被包的"。她们不同于"小姐"，小姐是短期买卖，现买现卖，她们却通常跟一个男人同居几年，直到这个人回美国回日本回香港或者回广东。她们陪伴这个男人，自知结婚无望也或许心存侥幸，她们能得到的回报是享受比同龄人多几十倍的零花钱。比如一个上班女孩的工资大概一百多元，她们一个月从男人那里拿到两三万元生活费轻而易举。她们不用挤在没有抽水马桶和煤气的破房子里，而是住着让人羡慕的高档住宅，经常从男人那里得到国外带回来的各种洋货，从而丰富了娘家的家电、手表、日用品，丰富了自己从头到脚的高级时装、鞋子、内衣、香水。

这个城市早年间就有陈白露、蓝妮这样的前辈，有无数舞女和交际花化腐朽为神奇地把有钱有势的男人变成自己的宝藏金库，似乎她们也从未臭名昭著，而是过上了名利双收的生活。再剖析深刻一点，一百年前这个城市的女性就独立了，无论是受过教育的上流社会还是工厂女工，她们自己工作挣钱，不需要男人供养，也不看公公婆婆脸色，又有大批新思想知识分子呐喊撑腰，女人过什么日子没那么多道德的指指点点，只要自己混得下去。所以，广大市民对"娼"有所鄙视，对"包"却大多不加议论，只要自己混得下去。

龚泽非常了解这一切，他公司所在的东峰、西峰公寓，时不时就在电梯里碰到衣着高级、打扮艳丽又一脸无知的女孩，这些人当然不是来楼里公司上班的。

当姑妈劝他找个女友，他倒犹豫了，担心对爱情的寄望幻灭。

第三章　初见苏月

在姑妈的张罗下，龚泽跟苏月见了面。龚泽很赞同姑妈的说法，不能谈婚论嫁也可以做成朋友。

苏月，很江南女子的脸型却是很洋人的身材，丰满高挺，皮肤特别细腻白皙，白色衬衣配上黑色长裙，腰间松松斜扣了根皮带，脚上平跟皮鞋。说简朴十分简朴，说妖娆又十分妖娆，主要是这简单的衣和裙将她的丰满和高挑都勾勒出来，吸引眼球，却又不动声色。头发在脑后挽住，插上一根木质发簪，同样的又简单又妖娆。

嗯，很高级感。

龚泽第一眼印象。

她的穿着打扮并不刻意掩饰自己人到中年，恰恰相反，她把中年的成熟、知性、亲和变成令人陶醉的风韵，让龚泽感到舒坦、安全。他不需要年轻女孩的刺激与挑战。

他们约在商城裙楼咖啡厅，能看见马路对面上海展览中心苏式建筑高耸的尖顶。

苏月在出版社当编辑，出版社就在陕西北路上，解放前这里是香港富豪何东家族的住宅。龚泽自然更熟悉这一带，以前关小姐家就住在何东家对面的高级公寓里，这里是他们经常约会散步的街道。龚泽现在供职的公司与何东家族第三代掌门人、何东长孙何鸿章旗下公司有业务往来，因此，龚泽与苏月很容易就找到了共同的话题。

"何东爵士以前在香港名气很大，早年香港人嘲笑别人就说：你以为你是何东呀。他家产业很大，慈善也做得很多。"

"我在出版社资料室看到何东的照片，长着洋人的脸却穿中国的长袍马褂，看上去很特别。"

"他算是第一代的欧亚混血儿吧，父亲是英籍荷兰人，鸦片战争后跑来香港淘金，母亲是本地人。那时香港华洋地位悬殊，像他这样的混血儿私生子在白人社会是见不得光的。他父亲后来抛弃他们跑到英国去了，他和弟弟何福是跟着母亲长大的。小时候他进过中国私塾，后来又进了西学学校，成年后开拓了自己的商业帝国，鸦片贸易、地产、轮船运输、纺纱织布、银行金融，他们家族产业很多。他的脸完全像欧洲人，他却一直在各种场合都穿长衫着布鞋，自认为是华人。"

苏月听着，想想自己每天上班的那栋小楼和偌大的花园，没想到当年的香港首富还有这么复杂的身世。

"你知道吗，何东是第一个住进香港岛山顶的华人。当时香港岛半山以上的地盘规定是欧洲人居住区，不准华人住的。何东发财后，想把家安到山顶，遭到港督反对，但是何东没让步，凭借他的财力，一点点逼近山顶，最终在山顶建了何东花园，现在还在呢。"

苏月说："听说澳门赌王何鸿燊也是何东家族后人是吧？"

"是他侄孙。他们这个家族后代跟欧洲人通婚、跟混血儿通婚的很多，所以何家人都很漂亮，也很风流。"

九十年代初上海的报纸杂志很少登八卦，苏月并不很知道何鸿燊娶四房太太的花边新闻，而龚泽在酒店每天看香港《明报》《星岛日报》，三天两头有何家太太们明争暗斗、几房子女也明争暗斗的消息，真真假假、源源不断，这一家真是为香港报纸贡献了无数话题。

"我们出版社是五十年代搬进去的，我大学毕业后分配到了出版社。我们办公室就在何东家的老洋房里，二楼阳台看出去是大花园，花园特别大，一直到北京西路都是。不过，现在房子里面隔得乱七八糟，早就看不出原来的样子了。外面看看，四根罗马柱贯通二层楼房，还是很神气。"

"我记得小时候路过他们家，门口是有红头阿三看门的。平常何东喜欢坐Baby奥斯汀轿车出门，还记得他们院子里养了很多猎狗。"

"这里改成办公地方后，原来的暖气水汀、锅炉都拆掉了，冬天太冷，要生炉子取暖，我们编辑就自己把煤扛到二楼，时间长了，墙都熏黑了，原来的地板也坏掉了。真可惜呀。"

"我回到上海，有空的时候也去这里看看那里看看，很多以前有名的老房子都损坏蛮严重的,像波特曼后面南阳路上的贝家公馆、铜仁路口吴家的绿房子、这里不远的荣家老宅,都认不出原来的样子了。"

终于有个人跟他聊老早的上海,龚泽心里有点激动。

"你说的铜仁路上的绿房子,他家后代娶了个女作家叫程乃珊,她写了篇小说很有名叫《蓝屋》,就是写他们家族的故事。你感兴趣我去找出来给你看。"

"哦,是吗,我很想看看。绿房子建成的时候蛮轰动的,号称远东第一豪宅,是上海第一栋装电梯的私人住宅。邬达克设计的,老考究的,像三楼阳光房,一整块圆弧形的玻璃,听说'文革'时候都砸了。现在机关占着,看不出里面弄成什么样子了。"

"嗯,没机会进去看。房子主人吴同文在'文革'时跟他姨太太一起在里面自杀了,是把安眠药放在咖啡里喝下去的,等被人发现,两个人手拉着手,分都分不开。听说,后来落实政策,政府要把房子还给吴家大太太,可是吴家大太太被丈夫的薄情寡义伤透了心。大太太是贝家的小姐,学历高、门第高,丈夫却还是讨了姨太太,最后死也跟姨太太一起死,都不跟她商量。她咽不下这口气,也不想再住进去,就把房子交给国家了。"

"哦,还有这段往事呀。"龚泽沉吟着,"你说这是悲剧故事还是个爱情故事呀?"

他们沉默地喝着咖啡,微风吹动着苏月鬓角垂下的碎发,这碎发使她脑后插着木簪的发髻显得生动可爱。

见多了花花世界的红男绿女,龚泽觉得苏月的这份简单干净赏心悦目。

"你一直没结婚是没遇到合适的人吗?"他有点怕直入主题会令人

尴尬,刚才的说话气氛太好了,像两个老朋友在聊共同认识的朋友,丝毫没有急功近利、谈斤论两的市侩感。

苏月的脸掠过一丝苦笑,又轻轻叹了口气。

"我爱过的人,牺牲了。"

龚泽一惊,不知如何是好,他想岔开话题,又一时想不出其他的话。

"我们是同一个农场的知青。有一年山里发大水,他去抢救仓库的粮食,路上遇到山洪,被洪水冲走了。"

苏月脸上的哀伤像凝住了,眼帘下垂。

"当时的人,太无私了,哪怕冒着生命危险,也不能让国家财产受损失。他才二十二岁。现在有谁记得他们?除了亲人。"苏月似乎要哭出来。

在海外几十年,龚泽对国内情况并不了解,像上山下乡、插队落户这种事,也是回国之后才陆续听说。

"不要太难过了,我们出去走走好吗?"

他们从裙楼楼梯下到了西康路,往北走到第一个路口南阳路,两个人没作商量,却不约而同地往西走去。往西走,是贝家公馆,贝家的显赫传奇不仅因为家族中有银行家贝祖贻、颜料大王贝润生,更因为贝家后代出了享誉世界的建筑大师贝聿铭。贝公馆再往西走,就到了铜仁路,再往右一拐的北京西路口,就是绿房子了。绿房子主人吴同文的大太太是贝家九小姐,豪门千金,荣华富贵,却早早地没了爱情。

绿房子的围墙也斑驳了,不再绿色。

第四章　老克勒热

龚兴国又有信来，他老婆跟着人炒股票，准备把他这几年寄回家攒下的六十多万都投进股市里。姑妈自然担心这样不靠谱，写信告诉龚兴国，让儿子劝劝老婆，至少不要把六十万全部投进去。龚兴国一着急就打国际长途回来，话还没讲几句，这边倒先发了火："你妈真是拎不清。侬看看现在股市涨成什么样子，一千五百多点了，炒股都发财了，涨几十倍，再不投进去，人家都发财了就我们还是穷光蛋侬晓得哦。"龚兴国还想说几句，这边电话就挂了。

那段日子，确实所有人都疯狂了。证券公司门口乌压压都是股民，一个个民间股评家在人群里慷慨激昂、指点江山，一有小道消息，第二天天没亮，证券公司门口就挤满人，能进入证券公司大户室的，绝对就像凯旋将军一样被人崇拜。

只有涨多涨少的差别，谁相信有亏本的风险，大家都做着一夜暴富的梦，孤注一掷。

龚兴国又打国际长途给龚泽，问堂哥怎么办。

龚泽并不关心国内股市，在他看来，这个初创的市场充满野蛮生长的混乱，他理解不了。他也没办法管这件事情，堂弟媳是个十足的小市民，缺乏教养，对丈夫对婆婆都如此不近情理，他一个外人怎么去跟她讲。况且，她现在认定炒股就能让她成为富婆。

他跟堂弟说了句："以后你寄钱回来，还是存到你妈名下吧。"

"那她不把家里屋顶吵翻才怪了。"

龚泽也苦笑了一下。

龚泽的公司与浙江省政府达成了合作协议，要在温州组建一家合资公司，龚泽因此经常在上海、温州两个城市间飞来飞去。

南方谈话后，沿海城市仿佛突然苏醒了一般，所有的社会细胞都蠢蠢欲动，大大小小的城市最轰轰烈烈的一件事就是招商引资。龚泽经常收到各地省政府、市政府甚至县政府的招商考察邀请。他的公司指示他关注上海浦东和东部沿海城市的发展动向，他马不停蹄地在各个城市间参加招商推介会、考察投资环境，给公司写评估意见。

他第一次去温州就吓了一跳。在国内城市，他还没见过哪一个地方的市政府是比同一条街上的老百姓房子还破旧的。当时温州因为生产假货在国内声名狼藉，温州的私营企业被视作破坏社会生产秩序的典型。他带着好奇和戒心去，到温州第二天，发生了超强台风和天文大潮，几十米高的海水突然席卷城市和附近岛屿，瞬间又横扫一切地退潮，破坏力等同海啸。顷刻间，城市瘫痪，温州人自己投资建的飞机场被海水淹了，飞机停航，龚泽没法回上海。从电视新闻里看到，靠近海边的岛上，家畜挂在树枝上，铁船撞进居民房子里，海边水产养殖的数千亩鱼和虾不见踪影。令他吃惊的是，当地人顾不得自家房子还泡在水里，忙不迭地该开工开工、该卖货卖货。被海啸淹得倾家荡产的老板哭都不哭一声，恢复生产，从头再来。

龚泽吃惊于这种改变命运的意志。那些私营老板只上完小学，他们奇怪的温州话其他城市的人都听不懂，但是这个一向很边缘化的城市却特别敏感于各种商机，任何企业在这里就像种韭菜一样，总能成长，总能壮大。

公司董事会从龚泽提交的十多个项目中，选择了在温州的项目，合作方是省级机构。项目前期需要谈判、立项以及各种协调、报批,龚泽多半时间在温州。

龚泽写信给苏月,问她愿不愿一起去看看雁荡山和楠溪江,苏月就利用假期来到了温州。

虽然都位于东部海岸线,上海、宁波、温州却是很不相同的城市等级,然而山海风景是温州最有特色,低山丘陵,看似并不高耸威严,却崇山峻岭,冷不丁又奇石突兀。夕阳剪影下,远处山头莫名其妙地像猴子了、像道士了、像一对恋人了。又忽然,瀑布从天而降,百米高,哗啦哗啦,气势汹汹,让人心生畏惧。一阵大风,瀑布吹横了,像要发火,更加猛烈地灌下来,哗啦啦哗啦啦。

龚泽和苏月手握着手,并肩站在瀑布下面。在自然里,人很小,人和人必须相互依靠。

等龚泽回到上海,股市也像雁荡山的瀑布一样一泻而下,指数从一千五百多点跌到三百多点,龚兴国的钱,变成了股市里的韭菜。

"嬢嬢,你别难过噢。阿弟说,钱还能赚的,他再拼几年再回来。"

姑妈摇摇头,不想谈这个话题。本来讲好年底龚兴国就回来不再去日本了,一家人在一起过日子。姑妈快八十了,希望余生太平。股市亏了之后,儿媳也没有太平,跟着广东老板跑到南方开厂去了。

"龚老师,其实让您儿子回上海吧,现在上海发展起来了,机会也挺多的。他在日本年数长了,回来找家日资企业去工作,比在日本打工强。"

苏月把龚泽和姑妈一起约到上海商城旁边一栋老洋房里的餐厅吃饭。小龚宇长高了,戴着红领巾,依然是安安静静的,很乖。男孩子胃口好得很,苏月点了红烧肉、煎牛排给龚宇,给姑妈点雪菜蒸黄鱼、西芹百合，给龚泽点了份上海酱鸭、香干马兰头。

正逢周六，龚泽穿得很雅皮，染黑的头发一丝不苟。从年轻时代至今，龚泽对自己的穿着一直很讲究，每天出现在office自然是西装，十几件定做的衬衣挂在酒店衣橱里，每一件都由洗衣房熨烫得服服帖帖，跟一排领带一起，随时待命出发；周五如果没有商务活动或正式会议，他就穿休闲的牛仔裤、夹克衫、T恤。双休日则去国际网球中心打网球或者去淀山湖畔的高尔夫乡村俱乐部打打高尔夫。他总是精神抖擞、身板笔直。

餐桌上苏月说："现在社会上把你这样的人叫老克勒你知道嘛。"

姑妈听了笑起来："男的叫老克勒，女的叫啥呢？老摩登？"

"现在老克勒可吃香呢。以前小姑娘欢喜暴发户老板，现在不对了，老克勒比暴发户吃香，老克勒有品位、有阅历还有家世背景，暴发户比不上。"苏月笑盈盈地说着。

认识苏月几年了，她从来没追问过是否结婚之类的话，她有自己的事业，工作很忙，工作之余还在做民间口述历史，她内心充实、自信，不焦虑嫁不嫁人。她崇拜的女性是西蒙·波伏娃，她把龚泽看作难得知己，在一起时两情相悦，不在一起时各自忙碌。

这样的状态龚泽也深感不易，倍加珍惜。

三人吃着精致的上海菜，苏月突然对姑妈说："龚老师你听说了吗，张爱玲去世了。"

这几年张爱玲突然在大陆火起来了，旧小说出版了，不仅出版而且盗版卖得更火。文化人喜欢谈论她，老上海好像人人认得她，新上海好像不知道她都不能算入门。她住过的常德公寓在常德路近愚园路，好事的记者就混进大楼，去敲她住过的房间的门，猜测开门的老太太是不是总在她作品里写到的姑姑。

苏月和姑妈自然对张爱玲不陌生。姑妈年轻时也是追着《万象》《小说月报》《杂志》看张爱玲小说的,苏月是出版社编辑,对文化动态自然敏感得很。龚泽当然也知道张爱玲,四十年代她的名气太响了,不过,因为关小姐的缘故,他看得更多的是施济美的小说。

"我记得施济美跟张爱玲是同一年出生的,1920年。"在这样的气氛中,龚泽不免会回想起早年那梦幻一样的初恋、梦幻一样的关小姐、关小姐的偶像施济美。

姑妈长叹一声:"施济美才活了四十八岁,多么可惜多么可惜。她语文教得很好,学生都喜欢她,我们语文教研组的公开课经常都是她上,那时我们学校把她讲课叫'施济美水平'的。"

苏月也叹息了一声:"我在学校最喜欢上的就是语文课,她教我们写作文不要喊口号,要观察生活,写自己的真心话。现在想想,那时讲这话是冒风险的。也是因为喜欢她,我各科里面语文最好。记得有一次我作文得奖,她就送了鲜花给我,那是第一次有人给我送花,这样的记忆一辈子都不会忘记的。"

"她选在自己四十八岁生日那天去死,她是多么心有不甘呀。"姑妈眼泪流了出来。

第五章　再失老宅

龚兴国从日本回国了,一晃在日本打拼了十多年,明显有了疲惫的中年人的脸相，头发也稀疏了。老婆在南方折腾了几年，没变成富婆，也没上位变成老板娘，身上的小市民气却又加上了江湖气，越发嚣张。

龚兴国在一家日资机械制造公司负责产品销售。有过在日本十多年的历练，做人做事都有着认真尽责的习惯，工作状态很得老板好评。做销售不免要全国各地推销，日资产品质量肯定好，价格却高。儿子回来姑妈自然高兴，可是好景不长，儿媳妇又开始出花头了。

三代四口人住在一套老式公寓里面，房子是好房子、地段是好地段，可是客厅隔出房间，客厅就小而且暗。龚宇长大了，也没有自己的房间，只能睡另外半间客厅。老式公寓被这样一室Ｎ厅地用着，毕竟不方便。

儿媳想把房子卖掉，到外环线买新房子住，至少要住两室一厅。

可是母亲不想离开这住了一辈子的家，不想离开熟悉的老街区。

家庭矛盾不可避免地爆发了，而且，一发不可收拾。

吃好晚饭，龚宇在客厅做作业，他母亲过来厉声说："侬哪能没在学校把功课做完？拖拖拉拉弄到这么晚，害得我电视剧看不成。"

龚宇要哭出来："作业来不及做的。"

那边高声说："侬不会做快一点吗？侬忒笨了侬晓得哦。"

龚宇哭起来。却是女人更高声地骂："哭啥哭啦，家里这点地方被你哭得吵死了。"

隔三岔五就要这样吵一场。姑妈劝说几句，就是反唇相讥："嫌贬我在屋里吵，去买房子呀，买了房子各归各住，没人跟你吵。"

声音从窗户传出去，上下邻居都能听见。姑妈在这儿住了几十年，见人客客气气，说话温文尔雅，即便"文革"被抄家批斗，也不曾斯文扫地,这样的闹腾,姑妈觉得十分丢人。

龚兴国夹在母亲和老婆中间,也很窝火。

他也想搬新房子住,新建的小区虽然远,可是社区规划好,马路新崭崭的,小区新崭崭的,商场新崭崭的,房子新崭崭的,不会半夜跳出蟑螂老鼠,也不会堵马桶堵下水管,更不会在公共楼道堆满破椅子烂柜子。

但母亲住惯了热闹的市中心,好几次,他都试探着母亲口风。

"姆妈,侬看见《新民晚报》上的广告了哦?大华新村房价倒不贵。"

"那边属于宝山区了吧,不要单看房子,附近有好学校吗?龚宇上学方便吗?"

"那龙柏新村侬觉得哪能?以后龚宇去考七宝中学。"

"总归静安的好学校多呀。要么等龚宇考了高中,我们再决定动房子好哦。"

"那还要等好几年呢。"龚兴国脸色难看了。

"我年纪大了,经常要看病开药的,住这里看病方便呀,静中心医院靠了嘎近,我老同事动迁到七宝那边,到市中心看趟病要弄掉一天呢。"

"新小区以后也会造医院的呀。姆妈,侬看现在我们家住得那么小,大家都弗适意,要是卖掉买远点的新房子,三室两厅,正正气气,啥弗好啦。现在有点钞票咯人家,都去买新房子住了,啥人要住这种老房子?旧得要命。"

儿子说的是实话,毕竟几十年的老房子,又住进了更多人家,富丽堂皇的原貌早就消失了。

可是她恋恋不舍,她喜欢沿着梧桐树茂密的马路散步,喜欢到陕北菜场买菜,喜欢到旁边美心点心店吃汤团,喜欢在第六粮店买当天轧出的面条做三丝冷面,喜欢在弄堂口师傅那里熨衣服。

整个九十年代,无数上海家庭都经历过这样的左右为难。更多的上海家庭厌倦了设施落后、邻居骚扰、公用区域你争我夺,毅然决然地放弃老房子,搬到远离市中心的新建小区去住。那是上海房地产蓬勃起步的年代,三四十万就能在外环线附近买一套一百多平方米的房子了。几年之后,房价开始一路飙升,让人一再跌破眼镜。

这是后话。

龚兴国借口有业务出差,经常逃到外地眼不见为净。可是这不解决问题呀,家里的大吵小闹全部冲向了姑妈,又心疼着孙子被无辜责骂,她真要精神崩溃了。

拉锯了一年多,姑妈松口,卖房子就卖房子吧,她要求跟儿子儿媳分开,自己另外住。

"图个太平,图个太平吧。"她这样安慰自己。

要满足儿子儿媳换一套两室一厅,还要安排姑妈的住房,一套华业大楼公寓卖掉的钱是不够的,那时没什么人看好老房子,售价不高。

生起气来,龚兴国就痛骂老婆在股市里输掉的钱,如果那六十万没亏掉,现在何至于让母亲如此委屈。可是,骂有啥用,股市里输掉一家一当的又不是只他们一家。

龚兴国和老婆花了几个月的时间看来看去看房子。住惯浦西市中心的人是不愿意去浦东住的,两条隧道一座大桥,过黄浦江交通不方便;浦东哪有浦西的热闹,路是漂亮,又宽又直气派大,但那是让开车的人爽气,坐公交车的人,过个马路要慌急慌忙小跑才赶上绿灯,赶不上再等下一趟绿灯要好几分钟,上班、上学的人家怎能差这几分钟?他们几乎没去浦东看房子。

上海第一条地铁线已经通车到锦江乐园,新建的小区就数闵行区最多,《新民晚报》上的楼盘广告动辄就写"紧邻徐家汇",其实那房子都在莘庄下去了。

最后他们用二十年按揭买到了七宝,给姑妈买在徐泾。

距离华业大楼二十多公里,坐公交车的话要两个小时。

苏月带给龚泽一本书:《施济美小说:凤仪园》,上海古籍出版社重新出版了这部旧作,苏月对龚泽解释说,看来对施济美的创作会重新认识。1980年施济美生前任教的七一中学召开了平反大会,当年与她同住一处并一同赴死的育才中学林丽珍老师也得到平反。近几年,苏月发现有几位研究现代文学史女性作家群的学者写了评价施济美的文章。

龚泽从他的国外公司退休了,他准备在上海购置房产定居下来,真正叶落归根。

热心的朋友向他推荐浦东一线江景楼盘,他去看,觉得品质跟新加坡的公租房差不多。售楼员对他说:"爷叔,侬在国外侬应该晓得,买楼买地段哎,浦东开发嘎热,这里是一线江景,稀缺资源,以后肯定涨得一塌糊涂。"

也有朋友推荐了卢湾区太平桥那里港资正在开发的外销楼,它们直接在香港售楼,不对内地卖。价格按美元算,比上海的平均楼价翻四倍不止。龚泽专门去了趟香港了解情况,顺便看了香港的老朋友。

香港还笼罩在亚洲金融风暴的阴影下。这次金融危机给香港沉重

施济美肖像. 作者／陈松

上海商城、 作者／陈松

打击，股市楼市遍地哀鸿，无数买下楼花的市民，因房产大幅贬值跌破首付价，只好中断按揭付款，把房子抵给银行。报纸上每天都是因炒股炒楼失败而烧炭自杀的新闻。

他那些老朋友，原本大多生意覆盖日本、韩国、马来西亚，这次危机让他们资产大幅缩水，没几个人心情愉快，见面饮茶，自是一片唉声叹气。

龚泽没买太平桥的外销房，他心里隐隐约约有一种期待，他想住回关小姐家的红砖老楼里。

太平桥那个港资开发项目后来有了个轰动全国的名字：新天地。新天地的商业区把不少老房子保留下来，改造后变成了外壳是石库门，里面是最摩登的酒吧、西餐厅、服装店。

上海人突然惊觉，原来老房子收拾好了这么有味道，太好看了。

很快，二十年代、三十年代、四十年代的老上海变成人们津津乐道的话题，老上海的黑白照片不断被人从各个角落翻出来，写进报纸里、印在杂志上。老上海名门望族的故事、富家千金的遭遇被作家们写成小说，很多人追着看。老上海的旧日繁华和辉煌，被人们一而再再而三地提起，仿佛今时今日的上海，若成不了亚洲数一数二的大都市，那是对不起这个城市的。

第六章　神秘照片

龚泽跟苏月一直没有去办结婚手续。苏月是个很独立的女性，她认为两个有感情、有共同价值观的人是不需要法律文书作依靠的。他们在巨鹿路上租了套老式公寓住下，公寓大楼一看就有年头了，十分神气地占着一大片街面，赭红色外墙，红了半条街的感觉，名字却叫"蓝宝石公寓"。一天苏月在楼下迎面碰到了剧作家宗福先，他因为写话剧《于无声处》，率先反映1976年天安门广场悼念周总理的民众事件而一举成名，刚粉碎"四人帮"那会儿，全中国都上演这部话剧。

苏月笑想，原来他们是一栋楼里的邻居。

苏月喜欢散步到不远处的作家协会，那里面有她爱读的《收获》杂志编辑部，在《收获》杂志上她读到了中国最优秀作家王安忆、莫言、苏童、余华的小说，经常，这里面的小说就成为全中国文化界讨论的话题。

龚泽跟她同行时，每次都要跟花园水池中央的爱神雕像打个招呼，龚泽更喜欢这个花园建筑的传奇故事。这几年，被遗忘很久的邬达克成了这个城市不断追溯的传奇，这个有喷水池和雕塑的花园洋房就是邬达克留下的作品，它有个让人心醉神迷的名字——爱神花园。

春天花园里的树绿了，冬天水池里的水结冰了，再到春天藤蔓爬上了小楼，裹成了绿色又变成金黄，爱神高扬双臂踮起脚，以美不胜收的身姿永恒着，有多少怀揣文艺梦的青年过来跟她合影，又有多少大名鼎鼎的文坛大师走过她面前，行个注目礼。

龚泽和苏月为彼此拍过无数张站在爱神雕像前的照片，一年四季，晴天雨天，他们心里都默认，她是他们爱情的见证。

走过作家协会就拐到陕西北路上了，往北走几十米就到了梦幻城堡马勒别墅。团市委机关已经搬走，马勒别墅经过维修，变身成了精品酒店，龚泽的海外老朋友来上海，他们就请客到里面去吃上海菜，从门口的铜马到二楼船舱般的舷窗,苏月可以一路讲出很多故事。

他们也很喜欢附近充满烟火气的小店,点心店、熟食店、卖大闸蟹的水产店。有几次他们坐在点心店吃小馄饨,苏月拉拉他衣角,指着那边说:"你看你看,这个是连环画大师贺老先生。"苏月走过去,跟老人打招呼问好,老人笑嘻嘻的,一口宁波腔,几根长眉毛垂下来,像个老神仙。

"哎哟小苏侬阿来吃馄饨啦,最近忙弗啦?"

"还好,弗大忙。贺老侬阿经常到这里吃小馄饨是哦?"

"几十年了,吃惯了,叫我去高档饭店倒吃不惯。"

"贺老听说侬到法国大学去讲课了,伟大伟大。"

"啊呀,我也不会讲啥课,我就上手画给他们看,一画,外国学生就服帖了。"

贺老的小馄饨端上来了,苏月告辞,老人说:"小苏侬下趟有空到我屋里来白相,就此地不远老房子里,我会客厅、餐厅、画室、起居室都在一大间里,是有名的一室四厅。"老人又幽默又通达。

转眼千禧年到了,所有的人都跨进了新千年。

有一天苏月对龚泽说:"我打听过了,太平花园老公寓有人卖出来,你会考虑买吗?"

"嗯,买。"

一秒钟就决定了。

苏月当然知道关小姐是龚泽心头挥之不去的爱情旧梦。一个男人走遍世界、看尽繁花,却在心里留存着二十岁时的初恋,就像留存着一张发黄模糊的老照片。岁月荏苒,人近黄昏,美好被岁月稀释,久远了、依稀了,却不舍得忘掉。

他们一起去过南通的狼山镇,可是没有打听到关小姐回家乡后的任何信息。五十年代末,多少青年跟关小姐一样,莫名背了顶右派帽子,从此生活轨迹完全改变。关小姐家还成分不好,在那个年代,这一切都如同风刀雨剑,很轻易就把一个如漂浮落叶的人,冲刷到不知哪里的沟壑泥潭去了。

苏月经常读一读施济美,读一读张爱玲,在心里勾画那个十五岁的、龚泽初恋的关小姐,也会从八十年代复出的老作家们小说中,勾画一下二十出头的、被世界抛弃的关小姐。

看房买房的过程十分顺利,卖出的这户人家是上一辈解放前用金条顶下来的房子,老一辈人故去了,下一代要把老房子卖掉去买港资开发的高档学区房。

这房子跟原先的关小姐家隔了两个门洞,房间完全保存下原来的格局,客厅的壁炉和罗马柱都没拆掉,卫生间的马赛克地砖和瓷砖也完整保留着。房间里的家具一多半是木质很好的Artdeco风格的老家具,电视机柜、沙发是新的。

苏月猜想,原来的住户不但解放前家境殷实,解放后也没有受到太多冲击,否则一次次运动抄家、没收财产,这些老物件很难保存到现在。跟房主聊聊,果然,父母是科学家,伯父解放前是地下党、解放后是军队高级干部,运动最乱的时候,他家门上贴着"光荣军属"的红纸,躲过一次次革命小将上门骚扰。

龚泽看到老家具就目不转睛了。年代久了,老家具是旧了,木面上的纹饰黯淡且模糊了,还留下了贴过各种纸条的斑斑痕迹。橱门有缝隙、抽屉会卡,但精气神儿还在,那精气神儿也不是人人都能看得出的,你视它破旧它就是破旧的,你视它独一无二,它就是独一无二的。

龚泽对房主说,能不能把这些家具都一起卖给他,多少钱都行。房主一口答应,这些老家具既不好看又不实用,放在新房子里面古里古怪,当然不如重新订做成套家具来得光鲜亮丽。

他跟龚泽说:"这里还有父母留下的很多书和乱七八糟的杂物,理都不知怎么理。我不要这些了,带去新房子也没地方放,等过几天我找个收废品的把它们都收了去。等这些废品处理掉了,你们再来装修吧。"

龚泽和苏月跟着他去看了堆在厕所里的那些旧箱子和扎成一捆一捆的旧书,那些他不屑一顾的乱七八糟的杂物,却让龚泽和苏月感到似乎岁月就躲藏在里面——那是宝藏。

龚泽和苏月不约而同地对视了一下,对他说:"你不用管了,我们自己来清理吧,你要的你都拿走,不要的,就扔在这里。"

过户手续办好之后,他们花了半年时间,每天到这里整理旧物。龚泽满世界打听会修旧家具的老师傅,这样的老师傅已经很稀少了,有手艺的木匠、漆匠都跑到家具厂去做新家具,工资高。修旧家具实在太费时费力,首先要恢复家具的使用功能,不能修好了只能看不能用吧,其次不能就把坏掉的部位随便锯掉替换新的,那会使整体风格受影响,所以只能像做手术一样,一点一点细细地抠、细细地补、细细地上漆,最后,要确保修完仍然是旧不啦叽的东西,不能像时尚家具那样赤光亮。

这种功夫活,没师傅愿意干。龚兴国出国前在房管所工作过,认得几个老木匠,七打听八打听,帮堂哥找了接活儿的李师傅。李师傅从前在淮海路旧货商店工作,"文革"时,每天都有一车一车的抄家物资运过来,放在店里卖,都是高级货。当时,家庭成分好的人家买不起也没地方放,成分不好的人家根本不敢买。李师傅识货,咬牙悄悄买下几件黄花梨,不动声色地放在他家阁楼上,楼梯陡,要手抓着梯子往上爬,因此没人爬上来看。现在,这几件家什已经是老价钿了。Artdeco家具不用红木,但是李师傅懂,拿在手里也像弄古董一样细心慢慢地弄。

苏月则充满热情地整理旧书。那些旧书有不少是扉页上签了作者名字送给科学家夫妇的,既有学术著作,也有文学书、翻译小说。苏月惊奇地发现,很多大名鼎鼎的作家、翻译家都有签名书送给这对科学家夫妇,他们并不是一个领域的,却有着深厚的交情。

有一天,苏月在旧书堆里发现了一批科学家夫妇跟友人的通信,竖写的、外文写的。她激动莫名,觉得自己像那个喊了一声"阿里巴巴"就打开了藏宝洞的寻宝人。一封封读过去,就像纪实电影的画面,年轻时海外留学的同学朋友,后来成了翻译家、成了剧作家、成了大学教授,回国之后在各自领域有所建树,一直通信来往,在动乱的年代也含蓄地写信问候,家长里短,无奈又温暖。

还有照片,一包报纸包着的照片。报纸黄黑,小铅字模模糊糊,大红的革命标题却还醒目,大概原本包起来想烧掉扔掉的。打开,这对夫妻的不同年代:年轻时在海外留学,照片上夫人烫发,素雅简单的旗袍,美丽聪慧的脸,化淡淡的妆;先生或西装笔挺,或派克大衣,一丝不苟的头发和金丝边眼镜。黑白老照片总像是自带美颜,一丝不苟的构图、一丝不苟的用光。

后来他们改穿列宁装了,夫人也不烫发,剪成朴素的短发,直直的，先生戴了顶解放帽。再后来，照片上的夫人就穿极其简单的翻领布褂，黑边眼镜，朴素如弄堂里的居委会干部，先生也变了，皱皱巴巴的中山装。

再再后来，他们又穿上了西装、穿上了风衣，可是，都老了。

照片上留下的人样，是每个时代最准确的注释，意气风发的人，小心翼翼的人，惴惴不安的人，心有余悸的人，看到终点的人。

忽然，苏月手一抖，看见一张照片上有她的老师施济美。她和另外几位女士站在一处风景前，头发向右边别着，白框眼镜，短袖上衣和宽宽大大的裤子。苏月记忆中的施济美一直就是这样衣着朴素、神情严肃的，除了像老师，不会跟美丽联系起来。直到这几年苏月看见重印的施济美作品里她年轻时的照片，实在跟六十年代的她判若两人。

她是真的非常非常漂亮的，鹅蛋脸形，描画细弯的眉毛和细弯的眼睛，卷在耳朵后面的烫发，不管是白底波点衬衫还是碎花旗袍，她都是一派大家闺秀。如果仅仅看脸，她比同时代的苏青、张爱玲、潘柳黛的脸好看得太多。

施济美的照片怎么会出现在这里？苏月心头袭上一股奇怪的神秘感。

九十年代开始，陆续有出版社出版施济美的旧作，因为张爱玲在海内外爆红，学者们对她们这批四十年代活跃在上海的女作家兴趣大增。有人称她们是"小姐作家"：都出身大户家庭，不愁吃穿，接受了完整的大学教育。与张爱玲那残破冷漠、抽大烟娶姨太太的家族不同，施济美的大家庭是个几代人、几十家同住一处却相互尊重、敬爱的大家庭，父母长辈正派，兄弟姐妹也个个相貌堂堂。

她父亲施肇夔早年考取公费留美，二十二岁获哥伦比亚大学硕士学位，回到中国就做了北洋政府的外交官，是顾维钧的得力助手，去过很多国家做过使节，民国时期报纸上也登着施肇夔外交活动的照片，她母亲是大家闺秀，能书擅画，娘家的大宅如同苏州园林。

在青春成长期，施济美有初恋之美好、失爱之锥痛，但她依然是高洁坦然的。她和张爱玲在同样的年代发表小说，刊发的杂志也差不多。张爱玲才华横溢，更有"出名要趁早"的急迫。施济美是边做教师边写小说，把自己看作职业女性。她读的是东吴大学经济系，毕业后本要去一家待遇优厚的保险公司工作，但听说是日本人控制的公司，就回绝了，宁愿当个清苦的女教师。她此后的人生也一直是个普通教师，她还劝慰过比苏月高几届的学姐，她们因为出身不好而无法上大学，施济美就鼓励她们去读师范学校，做个教书育人的好老师。

她内心是清高的、孤傲的、自爱的，如同她小说里的人物，没有市侩气。

苏月在内心里，更愿意像施济美那样的气质和做人，苏月也经常想着打听一下施济美的墓地，她要约了同学去祭奠长眠多年的施老师。

第七章　光彩重现

龚泽和苏月两人在老房子里整修家具、整理旧书和信件，乐此不疲。一件件老家具在小心翼翼地修整之后，每个细节都让他们心醉和快乐，再送上门时，他们就像迎接自己的孩子回家一样，开瓶红酒庆祝庆祝。

龚泽也因此狂热地爱上了收集Artdeco老家具。他们那些发烧友也是有圈子的，听说市区哪里的弄堂要动迁拆除了，他们就到人去楼空的老房子里"觅宝"，比如壁炉、门框、护墙板、铜窗、楼梯扶手，甚至地板。他们跟拆房子的工程队谈好价钱，工人拆房子的时候，把老物件给他们留下，要不然，这些在工人眼里一钱不值的破东西，早就被推土机推到渣土堆里去了。

慢慢地，龚先生收旧家具的名气很多动迁工程队都知道了，有时他们把一整车老房子里拆下来的东西拉来："龚先生，侬挑。"

龚泽也不挑，他一样都不舍得不要。

"那就一整车都给你好哦，两万块。"

龚泽让龚兴国帮他在郊区找了个旧仓库，拆迁队运来的老家具就都放在里面，雇了个当地村民看大门。

那几年，上海市中心大片的老弄堂、老街区拆迁新建，市中心的高楼大厦日新月异，龚泽收集的老物件也日积月累，走进仓库像走进家具厂车间一样，两千多平方米场地堆了一大半。发烧友圈子经常相互观摩学习，更有精通Artdeco艺术的设计师、摄影家拿老物件做研究，拍画册。

Artdeco艺术在上海的流行几乎与欧美大都市是同步的，外滩有沙逊大厦（和平饭店）、百老汇大厦（上海大厦），静安寺一带有百乐门舞厅、美琪大戏院。邬达克、范文照、陈植等中外建筑师都留下了Artdeco建筑，可以说它最具有老上海的城市特征。

弄哦弄哦，这个圈子名气大了，不仅是发烧友们自嗨，城中老克勒们也来劲了，三五成群前来参观。

他们曾经是有家底的，上一代人，房子、汽车、金条、姨太太一样不缺，不过五十年代开始就改造了，富贵生活轮到他们时，其实没过上几年。看着老物件，他们总是感慨万分，一边回忆从前自家的房子、花园，跟谁谁谁是连襟、表亲，一边遗憾着经过公私合营，那些作股的房产是要不回来了。

苏月的画家朋友闵先生跟龚泽说，不如把这个仓库改成 Artdeco 展览馆吧。闵先生从八十年代开始就着迷于城市中的 Artdeco 痕迹，他经常背着画夹，一幢楼一幢楼去查看，爬到高处画建筑全貌，又混进楼里去画铁艺楼梯扶手、窗框等细节，积累的素描和油画也是可以办几个展览了。

龚泽、苏月与闵先生一拍即合，一群搞艺术的年轻人十分踊跃地加入其中。旧仓库外观看着不鲜亮，空间却是高敞、宽大，他们把外墙弄成涂鸦墙、铺上旧石板小路，里面加了展板、展台和灯光，一个特别的展览空间跃然而出。几乎同时期，莫干山路出现了 M50、北京出现了 798，这样的艺术空间很快风靡全国。

他们买下的老宅子也慢工出细活地装修好了。

平常，龚泽喜欢坐在阳台旁边的圈椅里看前主人留下的英文书、中文书，苏月也把放电脑的书桌摆在客厅，为了一抬眼看见彼此。

苏月坚持着做口述历史记录，这段时间她的选题是跟几位建筑师朋友合作，追溯二十世纪中国最早的建筑师，他们的名字隐藏在这座城市令人难忘的老建筑后面，她不愿意他们名字被人遗忘。

龚泽的老克勒朋友、苏月的文化圈朋友轮番来参观了一圈，羡慕的人不少，买老房子居住成了先见之明。

这天，他们邀请姑妈一家来做客。

姑妈快九十岁了，龚宇已经考上大学，住进学校宿舍。离开华业大楼之后，他一直跟奶奶住在徐泾，上大学后，休息日和寒暑假也是跟奶奶在一起，反而跟父母的感情很淡薄。

龚兴国五十岁办了退休，现在是个闲人，有时跟着龚泽的老克勒朋友出去玩。上海很多老早的娱乐场所恢复开放了，像百乐门舞厅跟台湾人合资，重新装修后又开业了，跳舞票虽贵但老克勒是一定要去的，老克勒带着年轻一点的中年舞伴，在舞池里转呀转呀，恨不得转回他们记忆中从前的好岁月。

咖啡馆也多起来，老克勒朋友常去的是凯司令，点杯咖啡点份栗子蛋糕，有时候聊聊股票，有时候聊聊哪家餐馆的菜好吃，如果正碰上谁家儿子出国了、女儿嫁到国外了，大家就兴致勃勃移到旁边梅龙镇或者新镇江酒家继续吃晚饭。龚兴国比他们年龄小一些，跑腿、照顾的事情他都主动担当，周到细致，在老克勒里很吃得开。

龚兴国的老婆在家没事做，除了看电视剧、跟邻居搓麻将，剩下就是遛狗。两只狗被她打扮得跟她一样花哨，她牵出去来得个得意，在小区里走着走着就跟其他狗主人交谈起来，咋吧咋吧，眉飞色舞。龚宇跟她不亲，为此她有点怨恨婆婆，觉得知识分子婆婆尽管脾气好、能忍让，但骨子里是看不起她的，儿子也隐隐约约是看不起她的。

姑妈精神挺好的，雇个钟点工阿姨打扫卫生，其他都自己照顾着自己。她是安安静静的老人，搬到郊区后，出门少了，她开始学习画国画。龚宇去买了好些画册让她临摹，她也兴致勃勃用画画打发时间，没事画画花鸟、画画山水。有一次龚宇跟同学去苏州玩，在观前街看到有卖空白团扇，龚宇买了一堆回来，让她试试画扇子。姑妈试了试，画出来的团扇很漂亮,像古装剧里小姐们用的那种,她画红牡丹、画紫藤、画翠鸟,龚宇带去学校里,女同学们疯抢,龚宇为此很得意。

姑妈有时还是会有孤独一人的伤感,她想念走出弄堂就看见热闹的南京路,想念弄堂里密集集的人来人往。不过,想想以前挤在一个屋檐下的吵闹和尴尬,她又无可奈何地叹口气。

龚泽和苏月请他们一家到装修好的太平花园去玩。那条陕西北路有她工作多年的学校、有她住了半辈子的家,有她跟许多人远远近近的生命岁月,她高兴得一夜没睡好。

第二天一早,龚宇打电话叫了辆大众出租,车子开到南京西路陕西北路路口,姑妈说:"就停这里吧,我们下车看看,走过去不远的。"

陕西北路南京西路口两边都建起高耸的办公楼:恒隆广场、中信泰富广场,马路口宽了很多,以前的西摩路菜场拆掉了。往北一过南阳路,又是幽静的小马路,是姑妈熟悉的西摩别墅、许崇智旧居、宋家老宅、怀恩堂,过了北京路就能看见出版社大花园的铁栏杆,出版社对面的两幢红砖房子,一幢是老早一家犹太人住的,一幢是香港特首董建华家族的老宅,现在都已是不知住了多少家。有人别出心裁地在外墙上画了一幅画,画面是一扇打开的蓝色百叶窗,飘动着白纱窗帘,一个白裙女孩站立在窗前,眺望着行人。

他们按了门铃,走进龚泽和苏月的家,没多久,龚兴国夫妇也到了。

老婆进来里里外外看了一圈,跟龚兴国低声嘟囔着:"侬堂哥真咯有钞票哦?怎么没有一件东西是新的,像都是旧货商店淘来的。"

龚兴国白了她一眼:"侬弗懂弗要瞎讲好哦。"

老婆还是不识相，走到壁炉前，又嘀咕说："这个壁炉有啥用呀，现在都用空调了，占这么大地方，还不如做个柜子实惠。"她又看了一眼整修过的皮沙发，说："沙发做啥不买北欧风情哪，比这个旧沙发好看多了。"

龚兴国光火，不高兴再跟她解释。

苏月拿出整理好的原来主人的信件和照片给姑妈看，一张一张裱在相册里。姑妈看着三四十年代的老照片，手微微颤抖，她的老照片早就烧了。

龚宇看着书架上一排排老版英文书，十分惊讶："大伯，这么多的旧书你是从哪里找来的呀？国外带回来的吗？"

"当然不是，是原来房子主人的上一代留下的。他们卖房子的时候都不要了，我们整理了好长时间才整理好。"

龚宇抽了两本翻翻，看到两个如雷贯耳的翻译家的签名：查良铮、朱曾汶。

龚宇拿着朱曾汶签名的《林肯选集》去厨房找苏月："伯母，这位朱先生我知道的，是我一个朋友的长辈，我去过他家里呢。"

"是嘛，这么巧。"

"是的，老先生很儒雅，跟我们开玩笑，一点没架子的。他夫人是著名播音员，现在大概退休了，叫张芝。"

"噢，是张芝老师呀，那她真的很有名，我以前经常听她播讲的小说的。"

"我一定要告诉我朋友，下次我带他们两位老人的照片给你们看，他们到现在都很有风度，照片上可好看呢。"

龚泽招呼大家坐到西餐桌前。因为姑妈来吃饭，他和苏月一早就开始准备：自己拌蛋黄酱做土豆沙拉。苏月说了几遍："要记得放红肠，还要放半块光明牌的冰砖噢，这是上海沙拉，姑妈喜欢的。"

烟熏三文鱼是商城楼下进口超市买的，龚泽做了他拿手的焗蜗牛、油封鸭腿和菲力牛排，苏月现烤了巧克力布朗尼。龚宇对煎牛排喜欢极了，直嚷着要跟大伯学。

又是刀又是叉，龚兴国的老婆有点不耐烦："还是给我筷子吧，这个用起来实在太烦了。"

姑妈十分高兴。这几年好的西餐馆多起来了，不像前几年，吃顿肯德基、必胜客也算是吃西餐。不过在家里吃与在餐厅吃，还是感觉不太一样，特别是，小辈亲自烧给她吃。

三代人，坐在充满记忆的老房子里。

每一代人有每一代人的记忆，苦涩的、甜蜜的、从前的、眼前的。

几年后苏月从出版社退休，她联络了香格里拉藏区一所乡村小学去当乡村教师。当乡村教师是苏月一直的愿望，她对龚泽说："给我十年时间，我去完成夙愿。"

之后，龚泽和苏月又天各一方。但是，手机普及了，打长途电话方便了，后来有 MSN 了、有微博了、有微信了，除了飞机航班，高铁、高速公路也更加通达，龚泽跟着苏月去了天南地北的大山大河，觉得没在中国白待。

这一年，苏月给龚泽寄了本新出版的书，绛黄色的封面上印着：《莫愁巷》施济美著，更小的一排字：文汇出版社。

心静即安　　　　　　　　　作者：梦风

第一章　**静因之道**

上海西区。南京西路陕西北路十字路口，两侧商场的巨大橱窗闪闪发光，那些闪耀的字母是 LV、CHANEL、HERMES、PRADA，等等。二十年前这里就成了上海最繁华的 CBD 商圈，也一直是全球顶级奢侈品专卖店集中的商区：西侧是恒隆广场，东侧是中信泰富广场。

一街之隔的马路南边是两幢弧形的红砖老建筑，像个"八"字从南京西路延伸到陕西北路，楼虽不高，外墙的红砖和欧式窗棂却流露着百年老楼的神气和底蕴，快一百年了，它们每天看着路口的滚滚人流、岁月变迁。

这个路口很特别。南京西路北边都是摩天大楼，1990 年建成的上海商城是上海第一个现代城市综合体，里面有五星级酒店和高级办公楼，综合体的大门像拱形城门，进入之后能看见贯通中庭三层的红漆柱，像进入中国寺庙一般高阔，二层三层开着高级餐厅和品牌专卖店，这是大名鼎鼎的约翰·波特曼设计的，显然红漆柱和拱门都是中国元素。早年间，只有为数不多的老外、华侨、高干子弟、有海外关系的大家族亲戚才会出入这里的酒店和办公楼，早期的文艺青年更多是坐中庭电梯到四楼商城剧院看演出、时髦青年到裙楼二层 HardRock Café 听摇滚。

到 2001 年，波特曼东侧隔着窄小的西康路，恒隆广场开业了，当时它是浦西最高的办公楼，它的商场一间间都是当时还很少有人买得起的名牌店，它们的名字成为城市白领的向往。那年上海很有名的摄影记者雍和拍了得奖摄影作品：一块数米高的广告牌上，裸体女模特用一个LV包挡住身体，裸露的双腿高高翘起，横亘在广告牌前路过的行人头上。那一年中国加入WTO，奢侈品进入了人们的生活，从那时一直到现在，要逛上海奢侈品最多的商场，还是恒隆广场。

恒隆广场再往东就是中信泰富广场，与商场弹眼落睛的奢华橱窗同样引起人们好奇和议论的是，那几年中信泰富老板荣智健是胡润百富榜的中国首富。翻看二十年来的中国首富名单，草根起家比比皆是，做制造业、做房地产、做IT，像荣智健这样含着金汤匙生在赫赫有名家族的首富绝无仅有。荣氏家族在上海太有名了，解放前他们家是棉纺大王、面粉大王，"文革"结束后，荣毅仁的名字也经常在重大新闻的国家领导人名单中出现，无人不知无人不晓。荣智健是荣毅仁的独子，很多年里都是中信泰富董事局主席。

中信泰富广场东侧过了江宁路就是梅龙镇广场，这又是一个二十多年的上海时尚地标。

这一带被称为梅泰恒黄金商业区。

与马路北边高楼林立的现代都市画风不同，路南边完全是另一种风貌：一间接一间不大的店面沿街排开。解放前这一排店都是高档名店：维多利亚酒家、飞达咖啡馆、第一西比利亚皮草、蓝棠皮鞋、品珍珠宝、沙利文咖啡，等等，很多回忆上海旧日时光的文章会写到这些店，是有钱人的出入处。如今几家老字号还坚守着，凯司令西点、梅龙镇酒家。店面当中不时出现个弄堂口，走进弄堂是三四十年代留下的高级住宅：静安别墅、花园公寓、安乐坊，如今这些老房子比很多自称豪宅的楼盘贵得多。

这个十字路口就像一个时代坐标,一百年的城市一眼可见。

如果拿地图一看,又会奇怪地发现,围绕这段南京西路两边的小路都是:西康路、江宁路、南汇路、茂名北路、泰兴路,像大动脉旁边的小血管,隐隐约约地不知伸向了哪里。

陕西北路是个例外,路幅很窄却从北到南贯通市中心:静安、卢湾、徐汇。

方若菡站在十字路口等红灯,过了街就是PRADA荣宅。她习惯性地低头看一看脚上的皮鞋是否沾了灰,这是白领女性守则吧,出场前一定要抹一次口红、看一眼鞋子、照一下头发。

她一眼瞟见人行道地面嵌着一块直径一米多刻着画面的人铜牌,上面有"陕西北路休闲街"字样,画面中陕西北路两侧标示着一幢幢建筑的名称,匆忙间她看见有宋家老宅、董家老宅、太平花园、何东公馆等名字。这条陕西北路有意思呀。转眼绿灯了,她满怀留恋地又看了一眼,急匆匆过了马路。

一过南京西路,马路立即收窄,人行道变得只能一个人通过,紧贴人行道的围墙里面,能看见一幢很端庄的大洋房,院门外墙上挂着铜牌:"荣宗敬故居",在上海网红打卡地排名中它还有个名字叫"PRADA荣宅"。

最近这里正在举办名为"我曾为何物?(What was I)"的展览。验过手机上的入场券,方若菡从侧门走进洋房一楼,展品布置是就着老建筑的格局陈列的,人很多,她一眼看见自己的男朋友钟慕辰正恭谦地陪着一位穿唐装颇有风度的中年人,唐装中年似乎对展览并无兴趣，却猫着腰沿着墙根一边移动一边点头，这奇怪模样与讲究的穿着形成了反差。

"小钟，你今天带我到这里来，其实不是看展览，而是让我看这里面的装修吧？"唐装中年轻轻摸了摸精致的雕花护墙板，转头对钟慕辰说道。

钟慕辰马上应道："是啊，廖总一眼就看出了我的目的。一直听说您对老建筑很感兴趣，所以特地陪您到荣宅来看看。"

廖总笑道："你可真是有心了啊。"他们边看边聊，转过雕花栏杆楼梯，来到了荣宅最大的一个厅。一进门，一大片彩绘玻璃吊顶映入眼帘。这片彩绘玻璃顶不仅面积很大，图案也很讲究，是一整幅画，中间是玫瑰花图案，周围一圈是柱形的放射状图案，好像光芒四射，外面是一圈圆形绶带花环图案，最外面一圈是方形花纹边框，四个直角处有四个穗形小花环。彩绘玻璃铺满了屋顶，与地板间有四根大理石立柱，何其豪华，实在让人惊讶。

钟慕辰拉了拉跟在他们身边的方若菡，对廖总说："这是我女朋友方小姐，她也很喜欢老建筑，经常参加'阅读建筑俱乐部'的City Walk，我这个做室内装修的对老房子还不如她懂，所以特地让她赶过来给您讲讲。"

方若菡笑着跟廖总握了握手："这个建筑是上海滩棉纺大王荣宗敬家的，荣宗敬是做过国家副主席的荣毅仁先生的伯父。二十世纪初荣宗敬、荣德生两兄弟从无锡来到上海办工厂，当时上海的大企业都是洋商和犹太商人，有钱有地位的除了洋人就是头办。荣氏兄弟靠开面粉厂、棉纺厂慢慢起家，后来也成了上海滩的大老板、大家族。荣宗敬1920年从一个德国人手里买下这房子，精心装修。当时这个房子就是上海滩有名的豪宅,每个房间都有看头的。这间大厅是他们家的舞厅兼餐厅,经常宴请社会名流。"

廖总一行不停地感叹,眼睛粘在房子的每个细节上了。

来到二楼一间刷着淡雅绿色的朝南房间,这是荣宗敬的卧室,外面连着的大阳台正对着花园。方若菡对他们说:"外面的花园曾经搭台唱戏,梅兰芳也在这里唱过。"

"荣宗敬去世比较早。日本人占领上海之后,汪伪政权想拉荣宗敬帮他们做事,荣先生不肯,跑到香港躲避,却在香港辞世了。解放以后,这里就做了机关办公室,改革开放以后又借给海外公司,七搞八搞,里面原来的装修都破坏了。后来 PRADA 把这个老宅租借下来进行修缮,不得了,一弄就是六年。他们把原来的装修图、老照片都找出来,按照原来的样子修复。您看这些雕花护墙板上面,有的是欧式图案,有的又是很中式的元素,都是按照老照片的样子修复的。您看这间荣家大小姐的莲花卧室,周围这一圈瓷砖是景泰蓝的,还有这间雪茄室,天花板墙线是镀金的,还有这些云石吊灯,云石是欧洲的,铜质框架是用古希腊做青铜器的方法铸造的。这么不惜工本修复老建筑,实在令人敬佩。不过 PRADA 把修复老建筑当作它们的品牌标签也是有传统的。"方若菡拿出手机,翻出 PRADA 在米兰和威尼斯的旗舰店照片。

"廖总您看,都是老建筑修复出来的。现在进来参观的人十有八九都跟您一样,是来看老房子的。"

说到这里,方若菡扑哧一笑。

眼看廖总听得兴致盎然,目光随着方若菡的指点东张西望,突然方若菡的手机响了。

"不好意思，廖总，我接个电话。"

方若菡快步走到房间外的走廊听电话，一会儿匆匆走过来对钟慕辰轻声说了几句话。

钟慕辰一下子拉下了脸，低声说："不行！先跟我一起把廖总陪完。"

方若菡有些不悦："到底是陪客户重要，还是人命重要？"

"你什么意思啊？我约了几次才约到廖总，你本来答应的，下午参观晚上吃饭，我也是因为你答应才给他们安排了行程。你现在突然走掉，很不礼貌你知道吗？况且，我一百多万的合同今天是个关键时刻。"钟慕辰面露愠色。

"可是事发突然么，梦梦她妈现在站在阳台上要往下跳，万一真出了人命怎么办？"

"有人要自杀那也应该打110报警呀，你去有什么用？"

"可我是心理咨询师，还是梦梦最好的朋友，她打电话向我求救，我能坐视不管吗？"

"不是我泼你冷水，第一你去了不一定解决问题，第二万一还是出事了，你也要承担责任，你担得了吗？别以为当个心理咨询师就能解救所有人，不可能的。"

"你啥意思？你看不起心理咨询师呀？"一直堵在方若菡心头的石头又被钟慕辰踢了一脚。钟慕辰一直认为方若菡要去做心理咨询师是个既不明智又没前途的选择，所以一碰到这个话题，两人就会起冲突。

方若菡不肯让步，甩开钟慕辰的手，走上前去向廖总道了个歉就走了。

钟慕辰冲着她的背影恨恨地瞪了一眼，心说："拿个心理咨询师证书,就以为自己是救世主呀。"

走出荣宅的方若菡步伐有些狼狈,这种狼狈在不习惯穿高跟鞋走路的女孩身上常见。但她顾不得自己的淑女形象,忍着脚痛一溜小跑到路边,扬手招出租车。

她要去的都市桃源小区其实离荣宅不远,乘出租车两分钟就到了。

她将八号楼1801室的门铃按了许久,才有匆匆的脚步声传来。

门被打开之后,脚步声又匆匆而去,只留下一句:"若若,你把门关上,到卧室来。"

阳台的玻璃门外,两名穿保安制服的人正在百无聊赖地玩手机,看来梦梦在等她的过程中,已经请了小区的物业派人来帮忙。

这让方若菡安心了许多,至少不会因为心理疏导失败而场面失控。

当方若菡走进卧室的时候,看到梦梦妈妈坐在地上,眼神发呆。梦梦轻轻说了声:"妈,若若来了。"

"若若?"

"方若菡呀。"说完,梦梦陪着母亲坐在地上,不知所措。

方若菡向梦梦摆摆手,示意她不要做声,自己则静静地站在门口,轻轻咳了一声。

当梦梦妈妈抬起头来看向方若菡的时候,方若菡笑着对她说:"梦梦妈妈,您晚饭想吃些啥?"

"啊?"梦梦妈妈愣住了,梦梦也愣住了。梦梦随即反应过来,对她母亲说:"妈,您昨天不是说想吃烧烤嘛。若若知道有个地方,特别好吃。"

梦梦妈妈摇摇头。

梦梦马上说:"要不,我们去吃川菜吧?有一家新开的,够麻够辣,很刺激的!"

方若菡赶紧冲梦梦使了个眼色,梦梦不再说话了。

方若菡走近梦梦和她母亲,也坐到地上,什么话也不说,只是看着她们。

就这样,过了好久,梦梦妈妈才开口说话:"若若,谢谢你!"

方若菡说:"地上太凉了,我们先到沙发上坐着吧。"

梦梦妈妈轻轻点了点头。方若菡和梦梦把她扶起来,刚想出门去客厅,方若菡忽然想起客厅的阳台上还站着两个保安,马上改变了主意,她使了个眼色,和梦梦一起把她母亲搀到床上靠着。

"梦梦妈妈,我知道您心里有些压抑。不过,这些都是正常的。我和我妈妈以前也出现过这样的情况。每个人都会有这种情况出现的……"

方若菡对目前的情况做了一个基本判断。安全风险已解除;情绪不稳定带来的风险,暂时不确定。按照她对梦梦妈妈病情的了解,今天的情况一定是因为内部或外部的某种触动而引发的。一般而言,梦梦妈妈的反应虽然剧烈,但是持续时间不会太长。在下一次发生重大情绪波动前会有一个较长的稳定期。所以现在要做的,是尽量安抚她的情绪,将暂时的危险解除掉,然后再来为下一步行动制定方案。

方若菡强压住内心的不安,一面按缓解抑郁症的规程尝试进行心理介入,一面感受到后背的汗意。

这个时候一定要镇静,千万不能乱了方寸。她不停地暗示自己。

对于抑郁症患者介入的方式有很多。采用的方法不当，很有可能会适得其反。一个明显的例子就是关于共情。所有人都知道要和抑郁症患者进行沟通，需要产生共情，否则的话是无法打开他们的心门的。然而最近刚刚发生的一件事，让方若菡不敢轻易尝试去和梦梦的母亲建立共情。

梦梦妈妈有一位身居海外的朋友，也是多年的闺蜜。当她得知梦梦妈妈得了抑郁症之后，第一时间就从加拿大飞回上海，陪了梦梦妈妈几天。这件事让梦梦妈妈十分感动。自那以后，那个闺蜜每天嘘寒问暖，对梦梦妈妈表达了无限的关爱。正当大家认为梦梦妈妈和闺蜜之间的互动既健康又友善的时候，梦梦妈妈却突然把闺蜜拉黑了，连闺蜜打的越洋电话也置之不理。

梦梦希望了解到底是哪里出了问题，但每次都被她母亲不耐烦地一句"大人的事，小孩子不要管"怼回去了。

这是共情出了问题。方若菡事后才终于意识到这一点。过度的共情，对抑郁症患者而言，不仅没有好处，反而是一种心理压力。当抑郁症患者承受不了这种压力的时候，就会发生过激的反抗行为。

当一个普通人说"烦着呢，别理我"的时候，他有可能只是矫情。而当一个抑郁症患者说同样的话时，他很有可能真是这样想的。这个阶段，也许正是他们重新建立心智的时候，就像电脑重新启动一样。

所以，此刻的方若菡只能有限地动用共情这个工具，然后一面观察一面介入。

时间过得飞快。然而，在这个高档住宅里，时间却过得非常慢……

几年前方若菡自己得了抑郁症，在痛苦煎熬中，她去过精神卫生中心治疗、服药、找心理咨询师疏解、自己看书研究，折腾了两年她的抑郁症总算痊愈了。她自己对心理咨询产生了浓厚的兴趣，就去报名专业课程学习，三年前考出了心理咨询师证书。今天碰到梦梦母亲因为抑郁症想跳楼，她既为梦梦母亲担心，又跃跃欲试想看看自己在实操中效果如何。

尽管眼下的状况十分紧急，但方若菡却始终控制着节奏。正因为她自己患过病，因此一旦她与抑郁症患者产生深度共情，心理介入的结果不仅无法将患者救出深渊，反而会让自己坠下去。无论是过程还是结果，收获的背后始终有风险徘徊的身影。这是方若菡不得不慎而又慎的原因。

因为自己有过不堪回首的经历，方若菡很看重这个职业。尽管男友钟慕辰总是不屑地认为心理咨询师救不了病人，可是方若菡深知，在坠入深渊的时刻，只有心理咨询师可以帮助你，其他人，哪怕自己的亲人，也会因为说话不当反而刺激你。比如，在抑郁痛苦的时候，如果亲人朋友鼓励你说"加油"，那就是火上浇油。

方若菡走出梦梦的家门时，夜已经深了。

她掏出手机点开叫车App之前，翻了翻微信，微信上有几十条新消息，然而那个叫"阿辰"的联系人，却没有新消息。

"都八个小时过去了，竟然连问都不问一下，这是什么男人！"电梯里方若菡用手指头计算她下午离开荣宅时到现在的时间。

看到电梯门打开，方若菡才想起来光顾着看微信，车还没有叫呢。赶紧打开叫车App，开始呼叫出租车。

方若菡心中黯然，大学刚毕业就认识了钟慕辰，谈了六年恋爱，两个人彼此都有点疲惫了。钟慕辰是学平面设计的，从小画素描、学油画，在他那个省会城市还得过奖，大学毕业时，意气风发，很有艺术理想，可是，在上海这样的城市，没有七八千元收入，租房都是难事，搞艺术何等奢侈。后来他辗转去过广告公司、印刷公司、房地产策划公司，现在在一家规模并不大的室内装修公司。虽说职务是总监，其实跟包工头差不多，从跟客户谈方案、做设计、采购材料，到跟客户谈费用、付款方式，都得自己上阵，施工期间也一直要在现场盯着，说好听一点叫"现场管控"。

最麻烦的是催款。没有背景，哪家乙方公司不是胆战心惊地怕收不到尾款？而且越是大企业越难搞，项目部门、招标采购部门、财务部门各自为政，你就是都打点了，也搞不清款卡在哪里，哪个领导没摆平。

钟慕辰在这样的生活中挣扎久了，理想熄灭了，人开始越来越平庸，斤斤计较，自私自利，也许这就是生活的烙印吧。在方若菡得抑郁症的那段时间，钟慕辰也很少陪伴，理由是忙、没时间、不知道该怎么跟她说话。方若菡没法责怪他，心里却常常感到悲哀，觉得很难想象两人能一辈子过下去。

出租车沿南京西路往西开，方若菡无力地将头靠在车窗上，刚才跟梦梦母亲在一起消耗了太多的精气神，钟慕辰的冷漠又使她心情沮丧，她感觉虚弱无力。

忽然，窗外闪过一片金碧辉煌的屋顶，虽是深夜，仍然有星星点点灯光勾勒出那层层叠叠的屋檐轮廓。是静安寺，方若菡心里清楚。

在上海，静安不仅仅是个佛寺的名称，也是一大片区域的名称，也是上海静安区的名称，它意味着市中心的中心、商业高地中的高地、上只角中的上只角。

方若菡摇下车窗，伸出头看向暗夜中寂静的庙门。这里寸土寸金，静安寺被周围玻璃幕墙高楼包围着，像个陷在高耸山峰中的小盆景，但它那么庄严、那么宁静。

方若菡突然有种吸到甜润空气的感觉，心情释然了。她想起在她抑郁症的时候，有一次朋友带她到这里的芮欧百货五楼，里面有很多手工作坊，做木艺、做布艺、做陶艺、做首饰、画油画。商场里的品牌店鲜有人逛，这里的手工作坊却异常热闹，吸引很多白领。魔都生活压力太大，下班后、休息天来这里做做手工，不急不慌，放松心情，这是多么好的生活补充。她当即报名了木艺班课程。

那天她和朋友买了奶茶走到这层商场外面的大平台，正是夕阳西下的时候，马路对面静安寺金光闪闪的屋顶映在商场的玻璃幕墙上，楼下静安公园高高的树冠也映在这个画面中，方若菡沮丧多时的心瞬间融化了。多么美好的城市！

方若菡住在苏州河北的一个老小区，这套房子在她父母搬到浦江镇去住之后留给方若菡独住的。

若在寻常时，方若菡并不觉得住这套老房子有什么不舒适，毕竟在上海能有一套独住的房子就很让人羡慕了。然而，每当从梦梦家的豪宅回来，方若菡就隐隐有一种失落感。在梦梦的家，悠然地坐在客厅里关上灯，便能将最具上海风情的夜景尽收眼底，而自己的家，从客厅里一览无余的，只有对面楼晾衣架上花花绿绿的衣服。

在这个小区里，谁家的女人穿什么颜色的内衣都清清楚楚。方若菡记得自己十几岁的时候突然有一天意识到，内衣是不能堂而皇之地挂在阳台外面给别人看的。不过，在自己挂在卧室里的内衣被母亲挂出去的事情发生过几次之后，她便妥协了。大家都习以为常的事情，何必自寻烦恼。

洗漱完毕后躺在床上，方若菡打开手机看了一眼，说了一句："还成天跟我说什么吵架不隔夜！这都十二点了，一条信息都没有。骗子！"然后狠狠地把手机扔到一边，关了台灯。

身心疲惫的方若菡并没有马上入睡，这时手机传来信息提示声，她赶紧把手伸出来四处摸手机。

信息不是男朋友发来的，而是一个叫"左问云"的联系人发来的。内容是："你说得没错，我想我是爱上他了。"

"你爱上那个教授了？他不是去德国了吗？"方若菡懒得打字，发了一段语音过去。

"你要死啊？还发语音。打字啊，亲！"对方的信息回过来，"教授都是老皇历了。我说的是高尔夫球场碰到的那个。"

"啊？你又换了？"方若菡的话刚说了一半，赶紧把语音消掉，把她刚说的话换成文字。

"什么叫又啊？这是常态好不好？"

"你成天这样，你老公就一点儿没察觉出来？"

方若菡认为结了婚的女人还在外面搞花头很不可思议。可是想起自己的男朋友，他今天看完了荣宅是不是要去吃个饭？那么吃完饭之后呢？连个信息都没有发，男人晚上会去做什么？

各种不堪的杂念在方若菡头脑里闪过的时候，消息提示音又传来了："这种事当然要神不知鬼不觉。不说了，你睡吧。明天再聊。"

方若菡放下了手机，继续睡觉。

然而睡觉这种事，有时候就像一段佳缘一样可遇而不可求。左问云是她几年前学心理咨询的时候认识的。方若菡除了把左问云当作无话不说的闺蜜，更是把她当作崇拜的对象。方若菡自认为和左问云是同一类人，不被人理解，又懒得去理解别人。而讽刺的是，她们在一起学的是必须去主动理解别人的心理学。这也是时下都市白领热衷于参加各种培训的心态，掌握一门技能是一回事，用不用这门技能是另一回事。

当然，在某些方面方若菡认为自己和左问云又不是一类人，尤其是如何对待男人。左问云都已经结婚多年了，对男人还是怀着来者不拒的态度。这已经不是简简单单地想通过形形色色的男人让自己上位的事了，而是真的乐在其中。

不知什么时候，周公终于光顾了……

第二章　计将安出

方若菡与其说是睡了一晚上的觉，倒不如说是做了一晚上的梦。这些梦在清醒的那一刻都忘记了，只有一个最荒诞的梦印象十分深刻：男朋友嫌她穿高跟鞋个子太矮，要求她踩高跷去陪客户吃饭。她只好刻苦练习踩高跷，摔倒了一次又来一次。她之所以对这个梦还保留着清晰的记忆，不是因为梦的荒诞，而是因为当她几乎要完全掌握踩高跷的要领时，却突然醒了。甚为遗憾。

人世间最宝贵的东西有两个：得不到，已失去。就连在梦里踩高跷这种事情竟然也能让人生出耿耿于怀之感，方若菡越来越认同所谓的人的心理是不可理喻的说法。

方若菡简单梳洗一番，出门赶往马勒别墅。

一年前，通过钟慕辰认识的李思源拉她投资一家餐厅。他描绘着这个餐厅的地中海风情，蓝白色系的墙壁、蓝白色系的餐桌和餐具，角角落落都要有鲜花，要让人感觉如同在圣托里尼岛，要找希腊厨师做希腊风味的菜式。每个女人都有个开咖啡馆或者西餐厅的梦想吧，方若菡一听就着迷了，立即参股投了五十万，除了自己的积蓄还让父母从股市里拿出了二十万。要命的是，餐厅迟迟没开，李思源东看西看了一年也没找到合适店面，买设备的费用却一笔笔照付不误，资金缺口还越来越大。她觉得有问题几次想翻脸，但李思源也理由充分。

现在，她只希望有人来补资金缺口，好让餐厅尽快见个影子。

方若菡被带到包间的时候，她心猛地一沉。为了撑面子要找个高端场所用餐，方若菡可以理解，但不理解的是李思源为什么要挑马勒别墅里最大的包间。这是十多个人用餐的房间，还配着休息沙发、茶几，最低消费标准相当高。

方若菡压抑着不满在自己的位子坐下，四个人在一个可以坐十人的大包间里用餐，一张大圆桌将所有人隔得远远的，除了摆谱，看不出有什么必要。

李思源正向那两位投资者夸夸其谈，说得天花乱坠，还时不时让方若菡这个合伙股东回应他说得千真万确。

方若菡想着这家伙当初也跟我说得花好桃好，胸脯拍得砰砰响，一年过去了，啥都没个影子。看着李思源油嘴滑舌一副不要脸的样子，方若菡突然一股怒火上来，抄起餐桌上的杯子，把水泼在了李思源的脸上。

正在滔滔不绝的李思源哪里料到方若菡会有这样的举动。在凄厉的叫喊中，应激反应强烈的李思源扬手把正在上菜的服务员手中的盘子打翻了。裹着黄金战甲一般的那条鱼似乎活过来，和餐厅的地板相濡以沫。

"方若菡，你搞什么？"李思源狼狈地站起来，对方若菡怒目而视。

"搞什么？李思源，我告诉你，骗了我一个也就算了，你又去骗别人？"

"什么骗人？你到底在讲什么啊？"李思源接过服务生递过来的毛巾一边擦拭一边说。

另外两位男士也起身走过来劝解。方若菡却不依不饶："我投资了五十万，现在店铺呢？设备呢？"

李思源顿时涨红了脸，恶狠狠地瞪着她："五十万离我们需要的项目资金还远着呢。资金没到位当然啥也做不成嘛。再说，投资就是有风险的，谁也不敢说包赚不赔，怎么能说我骗你呢？"

方若菡对那两位男士说："你们别信他，这个项目就是个坑。他从去年就说要买这个买那个，几十万投进去了，影子都没看到。你们不要再被他给骗了。"

两位客人看着突然暴怒的方若菡，目瞪口呆，一时不知该说什么。

方若菡狠狠瞪了李思源一眼，拿起自己的手提包扭头走了。

"你们不要听她瞎讲，这个人有毛病，心理有问题。"李思源面色尴尬地向那两位男士解释。

那两位男士对视了一眼。一位没有说话，另一位笑道："李总，我

巴黎教堂。 作者/许永韦

上海展览中心. 作者／赖静清

们懂的。今天来主要是考察项目,回去我们再跟老板沟通,看他意向。我等下还有个会,我们长话短说吧。"

当方若菡气呼呼地走出马勒别墅的时候,左问云正在位于上海中心大厦的公司办公楼里开会。

左问云穿着一件黑外套,里面是白衬衫,和会议室里其他几位员工的穿着非常像,但显然不是公司的职业装。

左问云扫视了会议室一圈,然后对一个员工说:"你别以为你那点儿小心思我不知道。我是学过心理学的,而且专攻行为心理学。你不必开口说话,我都能从你的言行举止看出你的想法来。"

下属们都回避左问云的目光不说话,其中一个偷偷地用手机给另一个发微信:"谈姐,你信吗?"

那位回复了两个字和三个标点符号:"才怪!!!"

正在这个时候,一个小伙子推门进来,对左问云小声说:"左总,李总让您赶紧去他办公室一趟。"

左问云奇怪地问:"李总叫我,怎么要你来通知?"

小伙子回答:"李总给您打了几个电话,您都没接听。"

左问云一听这话,赶紧把桌上的记事本拿起来看,手机果然不在记事本下面。左问云只好草草结束会议。李总催得紧,左问云来不及下楼去拿手机,只得先去同楼层的副总经理办公室。

左问云刚推门进去,坐在老板椅上的李总就劈头盖脸一句:"你到底是什么情况啊?"

"啊?李总,是什么事啊?"

"打你电话你也不接,你自己看看群里,都炸锅了!"

"我……我手机没带。"

李总摇摇头:"手机都忘在家里了?那你打算一天不干活了是吧?"

左问云一皱眉,李总还从来没用这种语气跟她说过话,看来不仅出事了,而且事情还不小。左问云只好解释说:"手机带了,是忘在楼下办公室里了,刚才一直在开部门会议。"

"那你自己回去拿手机看看吧。接下来该怎么做,刚才我已经发语音给你了。去吧去吧。"

左问云一头雾水,又不明白究竟发生了什么状况,只好不言不语地出去了。

左问云回到办公桌赶紧拿手机查看工作群和李总的信息,这才明白是前几天提交的营销方案出了问题。这个方案十分重要,因此她没有安排给下面的人做,从头到尾的流程都是她亲自操刀,没想到最后还是出了状况。左问云内心十分惆怅。

正在此时,有电话打过来。

左问云接起来听了一会儿,说道:"若若,先别急,投资损失了别把自己气坏。我手头有紧要的事情要处理,要么晚上我们见个面吧,地点我等会儿发你。"

左问云首先打电话给广告公司和新媒体营销机构,让他们继续保持投放量,但是投放的时间要大幅压缩。压缩下来的时间,她准备用在第二波宣传上。

说出去的话想要圆回来是不容易的。当然,那是指别人。左问云把营销方案进行调整之后,使第二波宣传变成了专门针对第一波宣传上的漏洞进行的调侃,打了一张感情牌之后再来一个剧情反转,重新回到宣传的基调上。

　　左问云浸淫市场部多年，营销方案出问题的事情不是第一次出现。她也正因为应变能力与危机事件处理能力远超她的同事们，从而为她坐到营销总监的位置加了不少分。因此，虽然顶着李总的责问和群里各种负面情绪，左问云此时并没有乱了方寸。她自信完全有把握把看似失控的场面重新控制住。

　　整个下午，左问云除了修改方案，就是在进行危机公关。一方面安抚群里众人的情绪，一方面找机会去向李总解释自己的处理方法，争取他的支持并尽快通过方案调整的公司流程。

　　这类事情左问云处理起来游刃有余，然而她却隐隐感觉到这件事情有些非同寻常。除了李总的反应大出她的意料之外，群里那些同事的反应也似乎过激了。难道他们不知道这个营销方案是我做的吗？既然都知道方案是我做的，就事论事地说明问题就可以了，为什么还要带着明显的情绪？那些人这样做，到底是给我看的，给李总看的，还是给谁看的？

　　晚上，左问云和方若菡就近约在上海中心52层的朵云轩书店见面。这家店的名字虽然叫书店，但人们来这里大多是为了看风景。从书店窗边看出去，能看到最有历史感的外滩和最多摩天大楼的陆家嘴，黄浦江从这两岸灯海穿过，无敌美景。

　　方若菡和左问云买了书店咖啡吧的茶，挤坐在一张椅子上，书店里除了排满的书架，更壮观更吸引人的是高阔的中庭，建筑的钢结构与玻璃幕墙似在对话。

　　方若菡在哭，左问云在劝。方若菡抽了张纸巾用力擤了一下鼻涕

231.

说:"我怎么总是碰到倒霉事,想做点儿事情也太难了。"

左问云因为工作上的事情心中也有苦闷,然而看到方若菡哭成那个样子,自己的那点儿事也不值一提了,于是左问云整晚都在替方若菡排解情绪。

左问云把方若菡揽在怀里说:"李思源那个项目,一开始我就知道是个坑,所以我一直没有同意入伙。那时候我劝你别干,你怎么都不听。现在信了吧?"

方若菡那时候创业激情高昂,左问云的劝解怎么可能听得进去?现在事已至此,方若菡只能点头不语。

左问云说:"我去找李思源谈。"

"啊?连阿辰说话都不管用,你找他谈有什么用?"

"对付那种人不需要客气。敬酒不吃就让他吃罚酒。我要让他衡量一下,是你投资的钱重要,还是他那个带头大哥重要。"

"哪个带头大哥?"

"哎呀,你怎么稀里糊涂的。上次去阳澄湖吃蟹的那个呀。那个什么大哥这几个月一直在和我套近乎。"

"啊?"方若菡从左问云的怀里挣出来,"你该不会……"

"你想什么呢?他想做我们公司的生意,还想让我帮他介绍几个大客户。李思源不是一直在巴结他嘛。现在我们给李思源一个选择题,让他自己去选。你投资的钱,我保证让他一分不差全退给你。"

"真的啊?"

"李思源拍胸脯靠不住,姐拍的胸脯那可是杠杠的。"左问云摆出一副拍胸脯的御姐范儿,让方若菡笑得前仰后合。

"嘘!这里是书店。注意素质!对了,我还有一个想法。要不,我们俩一起开一家公司吧。"左问云说。

"啊?"方若菡瞪大了眼睛看左问云。

左问云说:"你看你现在,想创业吧,被人骗,谈恋爱吧,你们家阿辰不知道什么情况,谈了好几年到现在也不求婚,你碰到了问题,他连问都不问一声,什么忙都帮不上。唉,合伙人也靠不住,男人也靠不住,女人只能靠自己呀。"

方若菡不确信地看着左问云的眼睛问:"你说的是真的还是假的?你想跟我一起开公司?"

左问云认真地点点头说:"我说的是真的啊!你看现在每天都在宣传大众创业、万众创新,我很多朋友都下场试水,我做了那么多年职业经理人,也很心痒呢。"

方若菡叹了一声:"我是有勇气,没运气,投资炒股被割了韭菜,这次想投资创业又碰到骗子。"

"还是你没有找对方向。你不是一直都想找人一起开心理诊所吗?不用去找别人,我们一起做就行啊。"

"你最好还是过两天想清楚了再跟我说。"

左问云把方若菡一推:"我不是跟你开玩笑。我们把秋儿和芊芊也拉进来,秋儿马上毕业,急着找工作,芊芊在别人那里做兼职,也想自己做呢。"

左问云说的芊芊是她们心理课上的同学。秋儿比她们低几届,是一次帮老师做咨询的时候认识的。

方若菡点点头:"也是。"

"我的想法,我们第一步是成立公司,第二步是吸引专业咨询师加盟,第三步也是最重要的,就是引入资本,让投资方帮助我们把公司做大。"左问云蛮有把握地说。

"嗯,这听起来倒是不错。"

左问云说:"什么叫听起来不错,好歹我也是大企业混了多年的职业经理人,虽然没有创过业,资本运作模式还是很熟悉的。"

左问云虽然没有创过业,但是创业的火苗早就在她的胸中燃烧多年了。给她刺激最大的几个创业成功的案例都来自她的身边。

其中一个非常优秀的下属把产假休完不到一个月就递交了辞职信。当时左问云还好言相劝,拿自己艰苦卓绝的带娃史规劝她尽快把婆婆扶上"太后"宝座,让"太后"在"皇孙"的事情上多操操心,这样她才能事业家庭两不误。只要把孩子熬到上幼儿园,大部分困难都能迎刃而解。

没想到那个下属不仅工作优秀,创业依然优秀。辞职之后,她做做电商、微商,还开了一个工作室接些营销、咨询的单子,每个月赚的钱比以前的工资还要高几倍。

另一个案例更可气……确切地说是更励志。那是一个被左问云无情开掉的员工。那个员工临走前带走了一份客户名录。就凭着名录上那几百个客户,他把自己的公司经营得风生水起。几百个客户都可以做门小生意,左问云手上的上万个客户能做成什么样的生意呢?

当然,左问云也明白自己辞职去创业的机会成本比那两个下属要高得多。他们可以轻而易举地选择创业这条路,自己放弃高薪去冒创业的险,理性吗?

现在,当创业失败的方若菡出现在她面前时,左问云个由心中一动。方若菡的优点是她创业激情非常高,执行能力非常强,两个人一起创业的话,由方若菡来替她打理公司,左问云就可以规避从公司裸辞出来创业的风险。

左问云进一步确认:"怎么样?干不干?"

方若菡回答:"你这么有把握,我当然干!"

"好,说干就干。我给她们发信息。"

接下来的那个周末,方若菡把左问云、顾芊芊、黎秋儿约到陕西北路靠近新闸路的一个创意园区。顾芊芊是这四个人里年纪最大的,平常一身休闲装简单干练,体现着实用主义精神,她的模样会莫名给人一种安全感,有阅历却不俗气也不浮夸。

最年轻的黎秋儿还在热衷卡哇伊和卟啉卟啉,缀满各种饰物的上衣与长裤看上去有一种圆规修炼成妖精的即视感。她是一眼可见的傻白甜、无公害,谁都愿意跟这样的女孩做朋友吧。

"公司办公场地我觉得放在这个园区挺好的,租这间办公室的那个朋友是做建筑设计的,办公室是开放式的。我们可以租在他隔壁,面积跟这一间是一样的。"方若菡指着办公室的一隅说,"只需要在那边做几个隔断,就可以变成两个心理咨询室了。"

顾芊芊、黎秋儿没有表态。左问云却摇摇头说:"我们要租就租个更好的地方。"

"什么地方?"方若菡、顾芊芊、黎秋儿齐声问。

左问云微微一笑,站起来向三个女人招招手:"跟我走,跟我走。"

四个女人出了园区大门向南走去,路过一间酒吧时看见门口站了一大堆老外,把并不宽敞的人行道挤得满满的,热闹得不行。酒吧旁边是个大院的大门,显然里面是个机关,顾芊芊瞟了一眼大门旁边挂的牌子:一边写着"上海辞书出版社",另一边写着"辞海编辑委员会"。

"哦,这就是编《辞海》的地方呀,膜拜膜拜。"

方若菡对顾芊芊说:"这里面的老洋房以前是何东公馆,何东是三十年代的香港首富哎。说起来澳门赌王何鸿燊还是他家族晚辈,何鸿燊的祖父是何东的亲弟弟,他们俩都是混血儿。"

"听说解放前上海混血儿蛮多的,那时候有各种各样的外国人,有钞票的犹太人、做生意的英国人、逃难的俄罗斯人、做巡捕的印度人,英租界、法租界,咦,这里属于什么租界呀?"顾芊芊问。

"公共租界,就是英美租界。这条路原来叫西摩路。"

他们从喝酒聊天的老外人群中穿过,再往前就是北京西路了。顾芊芊看到从大门到路口一百来米的铁艺围墙里都是出版社的大花园,她心想,弗得了,市中心有这么大一片花园,这才叫深宅大院呀。

过了北京西路又看见一座红墙建筑,前方有个塔楼,塔楼顶上竖着十字架,墙上写着"怀恩堂"。上海这个城市,时不时就会看见带着二十世纪初印记的老建筑,城市的洋气和傲娇从斑驳却高级的外墙流露出来。

这段路的人行道非常逼仄,碰到树时一个人走都得侧身通过。路两边的梧桐树冠围成拱形,道路一片绿荫。

紧挨着怀恩堂的是一段高高的竹篱笆围墙。天哪,在上海市中心最热闹的地方还保留着竹篱笆围墙,这是什么高级人家的院子呀?顾芊芊心里嘀咕着,还没来得及问方若菡,只听走在前面的左问云说:"看见吗,就是那个楼。"

一过南阳路,眼前一片开阔,恒隆广场、金鹰大厦、中信泰富的高楼矗立在马路两侧,路也顿时由两车道变成很多条车道,像个喇叭口。方若菡一看,南京西路到了。左问云指着路口东侧的中信泰富广场大楼,让她们跟着过马路。

灯火通明的中信泰富广场,裙楼也是高级品牌店,后面的写字楼里都是有实力的公司,在这种楼里上班,是多少职场人的梦想。

"你说的是中信泰富?!"方若菡伸出手,轻轻拍了拍左问云的脸,"你醒醒!吃药的时间到了!"

"什么醒醒?"左问云甩开方若菡的手。

不料正好拍在一个行人的背上,方若菡赶紧向那个行人道歉,人家匆匆赶路没时间搭理,扔下一句"有病"。

方若菡对着行人的背影伸了伸舌头,然后转头对左问云说:"你看,群众的眼睛是雪亮的吧,连他都知道你有病,快回去吃药吧。"

"你以为我在开玩笑呢?"左问云说。

"要不然呢?"

左问云熟门熟路地带着她们穿过中信泰富的一楼商场来到江宁路口的办公楼大堂。她看了看,镇定地说:"我真不是开玩笑,我们的公司就要租在这里。"

方若菡说:"谁不想在高端大气的地方办公,站在巨大的落地窗前,看着充满热情与活力的南京西路,就连一个想自杀的抑郁症患者也会变得热爱生活、热爱生命……"

方若菡的话被左问云打断。"你以后可以让梦梦妈妈来这里进行心理治疗啊。"左问云笑眯眯地说。

"人家才不需要呢,她家那才叫无敌夜景。我的意思是,好风景是要花钱买的呀。"

"我知道这里租金很贵,会增加前期投资,但是我们的目标是要尽快吸引同行加盟、扩张业务、完成融资不是吗,如果连个高大上的办公室都没有,怎么让投资人有信心?"

这话一说,其他人也就不作声了。

第三章　静极思动

一个月后的一天,中信泰富广场33楼传来鞭炮声。

楼道里两个结伴上洗手间的女员工惊讶地回头,然后对视了一眼,其中一个问:"什么情况?这里还能放鞭炮?"

挂着"上海问菡心理咨询有限公司"铭牌的3306室里挤满了人。

左问云手里握着一只红酒瓶,挤过人群,对黎秋儿说:"黎大小姐,你在这里用音箱弄个鞭炮声,也太low了吧。"

黎秋儿笑着说:"开业大吉,红红火火嘛。"

左问云说:"我们这里可是中信泰富广场啊,又是一个高端派对,放鞭炮这种事,也就你想得出来。"

"这可不是我一个人的主意哦,若若、芊芊姐也支持的。"黎秋儿说。

这个时候,音箱里传出方若菡的声音:"各位嘉宾!今天非常荣幸各位能在百忙之中拨冗参加'上海问菡心理咨询有限公司'的开业庆典。接下来,有请我们的合伙人左问云、顾芊芊、黎秋儿。"

三个人赶紧过去和方若菡站在一起。

方若菡正要说话,她的手机响了,她把话筒交给左问云,挤过人群到心理咨询室去接听电话:"喂,马小姐好!现在来做心理咨询吗?呃……没问题。这里就在南京西路江宁路口。"

中午,顾芊芊和黎秋儿收拾好堆满物品的心理咨询室,左问云安排参加开业庆典的客人们到楼下餐厅用餐,方若菡把笔记本电脑搬到办公室门口的座位上,一边等客户一边准备资料。

过了不久,一个神情惴惴的女孩推门进来。

方若菡迎上去问:"请问是马小姐吗?"

女孩点点头。

方若菡说:"我就是你刚才电话联系的。"

"哦,方老师。"

"老师可不敢当,来,请进吧。"方若菡领着女孩进心理咨询室。

女孩一边走,一边四处打量这间为开业庆典而装饰过的场地。

方若菡看到女孩的样子,笑着说:"今天是我们开业的第一天,您也是我们的第一位客人。"

说到这里,方若菡心里一动,又补了一句:"稍后,我们会送给您一份礼品。"

"谢谢!"女孩淡淡地回答了一句,表情有些不自然。

方若菡给客人倒了热水,关上心理咨询室的门,好好地调整了一下心情之后才开始和女孩聊天。

心理咨询师开始为客人进行心理咨询之前,需要首先调整好自己的心情。心理师做心理咨询和医生看病是不一样的。在医院看病,大家的关注点高度统一,病人急于描述病情,医生急于提出解决方案,双方都不需要任何废话,都希望能尽快解决问题。做心理咨询完全不同，虽然大家都想尽快解决问题，但是欲速则不达，在双方交流的过程中需要有一个循序渐进的过程。这个过程就像做体育运动之前的热身，也像电影进入高潮之前的铺垫。

"我最近变得特别敏感。"女孩终于开始讲到了正题，"别人说一丁点儿让我不开心的话，我的火就噌地上来了。最近也常常跟我身边人吵架，以前不是这样的，所以我很想看看到底是哪方面出了问题。"

"那前段时间是否发生了什么影响你情绪的事情呢？"方若菡问。

她知道女孩说的只是一个心理问题的外在反应，要解决心理问题，需要首先找到问题发生的根源。

当然，在心理师真正开始做咨询之前需要有一个评估过程。评估过程是从预备性会谈开始的，这为心理师掌握咨询节奏提供了参考依据。首先，心理师需要通过与来访者的初步沟通来了解对方的基本信息，然后由问题的描述来确定是否属于自己擅长的领域，或者对于来访者的情况自己是否有把握解决。

其次，也需要了解来访者对心理咨询结果的期待。心理师对心理介入的结果和来访者的期望经常会出现落差，因此从咨询一开始就需要解决心理落差的问题。否则，无论是心理师还是来访者都无法对咨询的效果进行客观的评估。

最后一点，也是最重要的。要让来访者了解心理咨询并不是把自己交给心理师，剩下的就看心理师的本事，而是需要与心理师一同解决问题。尤其是，双方都要承担起自己需要担负的责任。

所以，方若菡在女孩描述的过程中，并没有过多询问细节。她一方面是了解女孩的情况，另一方面也让女孩在倾诉过后能够保持一个适于沟通的情绪。

当方若菡在办公室给客户做心理咨询的时候，商场四楼的餐厅里，参加问菡公司开业庆典的客人们对左问云说："左总，想不到你们可以租这么高级的地方办公，看来做心理咨询很赚钱嘛。"

左问云说："做心理咨询能不能赚钱也要看怎么做，公司业务才刚刚起步。不过，我们和别的心理咨询公司的思路是不一样的，When they go low，we go high，米歇尔这句话就是我们的企业战略。"

左问云就把公司的战略规划、发展大计向客人们作了一番慷慨陈词。

黎秋儿悄悄用手指戳左问云的腿，左问云脸上带着职业的微笑，不动声色地把手伸到桌子下把黎秋儿的手弹开。

楼上的办公室里，方若菡似乎并没有感受到时间的流逝，心理咨询的过程就结束了。

女孩做完心理咨询后走了。出门时回头看了一眼办公室，若有所思。

方若菡长长地舒了一口气，发了个信息到合伙人群里，汇报战果。

几分钟之后，方若菡的三位合伙人回来了，顺便给她打包了一份吃的。左问云重新拿出四个高脚杯，倒了四杯酒。大家一起举杯正要碰，黎秋儿突然说："等一下！等一下！"然后她把手机放在一堆书上面立起来，开启了摄像机。

"好了，开始吧。"

四位合伙人将手中的酒杯碰在一起，开心地大喊："祝我们生意兴隆！"然后她们伸出食指和中指，冲着手机做了个象征成功的手势——

"Yeah！"

夜深了，楼里办公室都打烊了，只有这个新开的心理咨询公司还亮着灯。

四个女人一面品着红酒，一面品着她们的未来。

然而，新公司的未来并没有四位合伙人畅想的那么美好。开业之初她们的朋友、亲戚介绍了一些来做咨询的，之后，就没有新客户出现了。

方若菡认为这种现象很不同寻常。她找同行摸了摸底，发现不少心理咨询师并不是通过心理咨询赚钱，而是通过给新咨询师上培训课来赚钱。这个结果令方若菡大吃一惊。

这天是问菡公司例会。

"那……我们要不要也做培训啊？"黎秋儿犹豫了一番，提出了自己的建议。

"当然不！""当然不！"方若菡和左问云两个人斩钉截铁的回答吓了黎秋儿一跳。

左问云摆摆手："我们还是要思考一下公司定位问题。我们如果和别的心理工作室一样，那只能是小打小闹，安于现状。之前我就说过了，我们要做一家真正的公司，我们的发展模式是扩张业务、寻求融资，不是做个小作坊。

"所以，我想我们要做一个线上平台，让心理咨询师集中到平台上来，同时让有需求的人到平台找咨询师。"

方若菡没说话，顾芊芊拿出手机说："可是别人也做这样的平台啊!你们看,这两个心理平台我也注册了,都几个月了,连一个客户都没推给我。"

左问云说:"这些平台做得不好,是因为他们的定位不够精准,什么都想做,肯定是什么都做不好。我们已经吃过业务同质化的亏,所以一定要从差异化上下功夫。我们做心理咨询的难处在于,没有人会承认自己有心理问题,也没有人会让别人知道自己心理有问题。虽然说按照我们心理咨询师的观念,只要你是人,就一定有心理问题,对吧?"

"这是我做的一个PPT。"左问云把桌上的电脑转了180度,对着她的三位合伙人,"这里面有一些数据,可以支持我的观点。"

左问云的PPT内容十分丰富,看得出来她在这个PPT上花了许多心血。PPT里所有的论证和论据都指向一个论点——应该面向女性高端客户。

"当然,这些年也慢慢开始有人正视心理问题了,也知道有些事情不是自己能左右的,而是过不了心理这一关。不管是男人还是女人,在这方面都是一样的。但为什么要把女性当作我们的目标客户呢,我的看法有两点。"左问云习惯性地顿了顿,用目光把坐着的三位合伙人扫了一遍。

"第一点是女性对解决自己的心理问题比男性迫切。男性倾向于用别的方法来转移注意力,比如看球赛、泡吧、打游戏等等,但是女性容易钻牛角尖。第二点是女性愿意付出金钱来解决问题。就像做美容一样,一个女的愿意花几万块钱定期去做美容,但是男的除了爱好健身的那群人以外,很少有愿意为这种定期的活动付钱的。"

顾芊芊不赞同:"也不一定。"

左问云说:"是不一定,我说的是一个大概率。我们也不需要所有人都成为我们的客户,弱水三千,我们只取一瓢饮,对吧?"

方若菡和黎秋儿点头。

"所以,我们的目标客户就是高端女性。"

"嗯。有钱人。"黎秋儿点点头。

"不是不是。高端不是指有钱人。"左问云纠正道,"高端女性并不是一定有钱,但是她肯在自己的美好外表和美好内心上花钱,就是把内外兼修当作目标的人,而不仅仅只是花钱做美容、做瘦身、做整容的人。"

方若菡补充说:"而且,生活在上海这样的城市,人们普遍感受到各种压力。最近不是接连发生几起猝死事件嘛,以前都是四十岁以上的人猝死,最近的几起都是二十多岁的人,而且都是女人。"

"是呀,确实全是女的。"顾芊芊向黎秋儿确认。

顾芊芊目前的生活状态让她十分关注这类信息。顾芊芊是个努力打拼的单亲妈妈,她身边有不少人陷入繁重的劳动和精神压力之中难以自拔,顾芊芊经常发些小文章提醒她们注意减压。

左问云说:"我们之所以要定位高端女性做差异化平台,一方面是我们需要把客户精准化,另一方面也是为了以后找天使投资人做准备的。"

顾芊芊说:"可是做平台,我们就没有任何专业优势了,我们都是心理咨询师,不是工程师。"

左问云笑道:"做心理平台也不是非得工程师做不可以,我们的优势就是我们了解这个行业,工程师只是帮我们把平台搭起来而已,平台怎么用,是我们说了算。你说呢,若若?"

方若菡其实是支持左问云的意见的，不过在顾芊芊有顾虑的情况下，她不能贸然表达对左问云的支持，因为这家公司是由她和左问云两个人商量创办的，就连公司名字"问菡"也是依据她们两人的名字取的，不能让顾芊芊和黎秋儿感觉到她们在公司只是处于从属的地位。

方若菡斟酌了一番说："我觉得定位高端女性没问题，就是做平台这个想法还是得花点儿时间做调研。"

左问云用大姐大的强势口气说道："那些平台你想要的信息我这里都有。成本、利润也可以用数据模型推算出来。我们家老秦对这些平台的运营情况熟得很。你越调研，顾虑就越多。我跟你说，我们的平台和那些平台的定位不一样，调研他们其实对我们也没有多少参考价值。

"一个平台快速成长无非几种手段，第一是用知名度高的大咖、明星站台，也就是热点支持；第二是他们有资深专业背景的团队，也就是专业支持；第三是团队中有媒体人、广告人，也就是推广渠道的支持。我们这样的新平台要做好两件事，一是模仿，这样就降低了试错成本，具体说，就是我们把同类平台的那些使用频率高的功能提炼出来运用；第二就是做差异化，也就是我刚才说的要深挖高端女性的需求，把这个业务做精做深。最终达到比小平台专业、比大平台垂直的效果。"

左问云的侃侃而谈并没有彻底说服其他人。

"芊芊，除了担心专业度的问题以外，还有什么问题吗？"左问云问。

"我得好好想一想，似乎与我理解的心理咨询不是一回事。"

问菡公司的四位合伙人对是否要开展新业务，暂时处于无法决策的状态中。一位赞同,一位反对,两位弃权。唯一达成共识的是,要将客户聚焦在高端女性身上。

  方若菡没有跟三位合伙人一起聚餐,而是去了美琪大戏院,剧场就在离中信泰富广场几步之遥的江宁路奉贤路口,1941年建成的老剧场。最近正在举办静安现代戏剧谷,就像国外很多城市的戏剧节那样,国外剧团、外地剧院都来上海演出,前一阵南京西路两侧人行道都是演出海报,每天晚上剧场门口挤满了城中文艺青年。

  钟慕辰请方若菡来看根据阿加莎·克里斯蒂小说改编的话剧《无人生还》。方若菡走到戏院的街对面,看到钟慕辰站在人群外冲她扬手机。

  "怎么才来啊?生煎包都冷掉了。"钟慕辰拉着方若菡的胳膊准备挤过戏院门口的观众去检票。

  "剧院里面不能吃东西,我们吃完了再进去。"方若菡又退了出来。

  "你知道在剧院里不能吃,还让我买?"

  "嘴馋。嘻嘻。"

  钟慕辰只好带方若菡到人少的角落,把纸巾摊在手上给方若菡当"人肉餐桌"。

  "你们连个客户都没有,聊什么聊到现在?"

  钟慕辰习惯说话直白,直白得让方若菡有些受不了。她搞不懂一个"客户虐我千百遍,我待客户如初恋"的人,怎么一到女朋友面前就变成了"我这个人说话喜欢直来直去,你不要见怪啊"。

  "云云有个新想法,她打算做个线上平台……哎呀,完了完了……还好汤汁没弄到身上。"

"以后你要吃生煎还是去店里吧。"钟慕辰腾出一只手来掏出一包餐巾纸递给方若菡说。

"唔唔唔。"方若菡嘴里含着生煎包,说不出话来,只能点头。

"做线上平台挺好,你们连办公场地都不用了,在家就能干。放眼全国心理咨询行业,只有你们最傻,把办公室放到什么中信泰富,你以为你是世界五百强啊?财大气粗。"

"唔唔唔。"方若菡摇摇头,不过她也没打算说话。租中信泰富广场办公场地的事情已经被钟慕辰冷嘲热讽过很多次了,方若菡不想再和他讨论这个话题。

"你们接下来打算怎么做?需要我给你们介绍IT公司吗?我有个兄弟……"

"还没到那一步。"方若菡终于解决了最后一个生煎包,一边拿纸巾抹嘴一边说,"现在我们几个人还没有达成一致意见呢,我倒是认同云云的想法,就是芊芊不同意。"

"嗯,反正不要再头脑发热,没赚钱先烧钱。烧别人钱无所谓,烧自己的钱,不是傻子是什么。"这话一下子让方若菡想起了烧别人钱的李思源,心里那叫一个窝火呀。

第四章　不安于位

三个月过去,问菡公司把目标客户瞄准高端女性的定位确实为公司带来了新客户。这些客户都有很丰富的社会经验和个人经历,见过世面、个性突出、自我意识很强，服务她们并不容易。尽管她们前来咨询就说明生活出现问题，需要帮助和解决，但是要说服她们配合咨询师却需要非常强的专业能力和方法。

虽然有了新客户，但公司的经营情况并没有发生根本好转，给四位合伙人带来最大经济压力与心理压力的，就是中信泰富广场的租金。

公司发展方向的问题再一次成为四个合伙人争论的话题。

顾芊芊建议还是把公司搬到实惠一点儿的办公场所，左问云却坚决反对："芊芊，我们把办公室放在这里，着眼的是公司的长远发展，不能因为目前碰到一点儿小困难，就降低我们的标准。这就像过日子一样，我们不能因为赚钱少就降低生活质量和品位。出问题的不是我们的生活品位，而是没有赚到钱，那我们就通过努力去赚钱嘛。"

"可是现在赚不到那么多钱呀。你想想呀，做一个心理咨询收五百块钱，多付一万块钱的租金就意味着我们要多做二十个心理咨询。"

左问云摇摇头："这就是我为什么说要做心理平台的原因。你老是在想自己做一个心理咨询赚多少钱的事，事实证明这样是不长久的。这不是我们的能力问题。芊芊你现在是在经营一家公司，和你以前做兼职不一样。做兼职除了时间以外没有任何成本，无非钱多钱少，但是经营公司就会面临各种成本、费用……"

顾芊芊打断道："所以我说换一个便宜的地方就是为了节省成本、费用啊。"

左问云说："你先别打断我。我要说的不是这个。我想说的是，这些成本、费用都是创业前期需要投入的。况且，我也是考虑到了中信泰富的租金不便宜，所以我们谈股权比例的时候我才要求占60%。我并不是为了当公司的控股大股东,而是想在创业的初期多分担一些成本和费用。现在公司的确是不赚钱,但是我们可以用现在投入的时间和金钱去搏一个超乎我们想象的未来。"

顾芊芊摇摇头说:"云云,你有一份上市公司的薪水,老公也是高薪IT。谢谢你从一开始就为我们着想,愿意分担公司里大部分经营开支,但是你的经济状况跟我不一样,我是要靠这个公司挣生活费的。谁都想挣大钱,可现在我们还是要脚踏实地先把公司的口碑做起来。我们是一家新公司,外界不了解我们,我们也没有多少可圈可点的成功案例,想一下子做大平台吸引投资,我们资历和实力都远远不够。除非你有特别的资源可以找到投资方让我们实现跨越式发展。"

在左、顾二人争论中,方若菡和黎秋儿虽然没插话表态,但是她们分别有自己倾向的观点。方若菡本来就支持左向云的想法,觉得做心理平台这件事完全可以试一试,至少也比现在不温不火要好。黎秋儿则支持顾芊芊,黎秋儿兼管公司的财务,每次交租金都是她去操办,一想到公司账上入不敷出的情况,她就很担心自己的前途。何况如果做心理平台的话,每个人或多或少要摊平台研发费用的。

其实,作为问菡公司四位合伙人中唯一心理学专业科班出身的人来说,黎秋儿心中的天平是向顾芊芊倾斜的。她大学毕业之后虽然去了几家公司实习,但实习的岗位与她的心理学专业背景完全不相关,她所做过的心理咨询案例都是用兼职身份完成的。她的专业知识比她的三位合伙人强,但在经验方面,远不如半路出家的顾芊芊。

要不要做线上平台的话题,大家又争论了几次,还是不能达成一致。

这天，梦梦打电话邀请方若菡去家里吃晚饭，说晚上她母亲亲自下厨。

方若菡跟梦梦是邻居，比她大几岁，小时候经常到梦梦家吃她妈妈做的菜，后来梦梦妈妈离婚、自己开公司，顾不到家里，方若菡就像姐姐一样经常照顾着梦梦，但梦梦妈妈的菜就再没吃到过。当然，方若菡去梦梦家赴约的目的不是冲着厨艺去的，而是想看看梦梦妈妈的近况。

那次事件之后，方若菡一直在对梦梦妈妈做心理介入治疗，她发现，其实梦梦妈妈这样激动的深层次原因是她不想让梦梦出国留学。

从专业的角度说，抑郁症治疗手段主要有精神动力治疗、认知行为治疗、人际心理治疗、支持性心理治疗等多种方式。方若菡采用的是认知行为治疗。这种治疗方式的好处是不必过多纠结抑郁症发生的根源，而通过引导的方式改变患者对自己、他人、事物的看法，从而最终影响自己的心理。

认知行为治疗的难点主要在两个层面。第一是实施的效果不明显。第二是需要长时间的介入。

一个人的认知是各种内因和外力综合作用的结果，并不会因为某某人的三言两语就发生改变。这种改变会因为量变积累到一定的程度而发生质变。质变的发生有时候是在一瞬间完成的，也就是人们常说的"突然想通了"。然而，在质变发生之前的相当长一段时间，心理咨询师、患者、患者的亲友可能都看不到任何明显的改变，还会因为患者偶然的异常举动而令所有人对心理咨询到底是不是在浪费时间心存怀疑。有些心理咨询师因此承受着巨大的压力，从而改变治疗方法甚至放弃治疗。这也是治疗抑郁症患者通常由身边熟悉的人来实施效果更好的另一个原因。

方若菡几乎每周都会去梦梦家和这对母女相处几个小时，梦梦也几乎是寸步不离地照顾她母亲，偶尔有事要外出，就会请方若菡来家里陪她母亲，方若菡也正好借此机会和梦梦妈妈单独相处，进行心理干预。

和梦梦妈妈在一起的时候，方若菡尽量扮演一个倾听者的角色，方若菡的本意是想让梦梦妈妈通过讲述来发泄自己的情绪与压力，却没想到从她的讲述中，她听到了令她感兴趣的另一个话题——创业。

梦梦妈妈在梦梦五岁那年和丈夫离婚了，然后独自带着梦梦生活。为了增加家庭收入，梦梦妈妈辞掉老师的工作去了一家外贸公司上班，几年后，那家外贸公司经营出了问题，老板想把公司关掉，梦梦妈妈找亲戚朋友借钱把那家公司盘了下来。中国加入WTO给外贸业带来发展良机，梦梦妈妈也因此赚了不少钱，从一名外贸公司的小老板摇身一变成为业界颇有名气的企业家。

"若若，我非常理解你们公司的处境，创业可不是一件容易的事。不过，换个角度来看，也正是因为创业不容易，所以才把绝大多数人挡在了门外，让成功者得到难以想象的回报。这也是一种公平，对吧？"

方若菡回答："的确是哦。您说得很有道理。"

"你比我当年的情况要好得多。我为什么要把公司盘下来呢？不是因为我的能力有多强，而是因为如果我不接着在那家公司做的话，我就失业了。我们家只有我一个人赚钱，明知道经营公司不是我一个人能够承担的，但是我没有别的出路，只能硬着头皮上。我那时候连个帮手都没有，全都是一个人硬扛下来的。你现在起码还有几个朋友一起做，比我那时候强多了。"

"您可真是太不容易了。在外忙事业，在家忙孩子。"

梦梦妈妈点头说："总是听人说，人是有潜能的，这一点我信。总是听人说，创业是一种可以学习的技能，这一点我也信。所以，你们公司碰到一些小挫折，这不要紧。你自己要给自己信心。"

"嗯嗯。谢谢您的鼓励。"

谈到这些话题的时候，方若菡似乎觉得不是自己在开导一位抑郁症患者，而是一位抑郁症患者在开导自己。而此时的梦梦妈妈根本就没有半点儿抑郁症的症状。这也正是抑郁症难以研究的原因之一：一个乐观开朗的人有可能会得抑郁症，而一个悲观沉默的人却未必。化解抑郁症是有方法的，但是了解抑郁的成因却有难度，因为抑郁症并不仅仅只是心理的问题，而是生理、心理、自然环境、社会环境综合作用的结果。仅仅是生理因素就包含了遗传、内分泌、神经以及各种病痛等的影响，甚至一些研究派系会从前世今生去解释抑郁症的根源，很玄乎。

以梦梦妈妈的病例来说，她从一无所有到做大公司，什么苦都能吃、什么困难都能扛，什么难对付的人都能搞定。现在钱有了、孩子上大学了、生活富足，光家里四处房产就价值过亿，可是她却突然在一夜之间发生了巨变，先是对什么事情都提不起兴趣，公司也不管了，然后就怀疑自己的身体这里那里出了问题，各大医院跑了一次又一次，检查指标却没有任何异样，后来她变得不能出门，甚至起床、吃饭都不行，每天都感觉自己病入膏肓、痛苦不堪。

大家眼里那个坚强、能干、成功的女强人，突然就被不知什么力量打倒在地，垂死挣扎。

方若菡觉得，这样的命运对一个独立自强的女性实在太不公平。很多人以为得抑郁症是因为个人的性格出问题，其实，就像人会得其他恶病一样，天命难测。

方若菡为梦梦妈妈进行心理介入治疗，似乎也在窥视自己未来的路。创业也罢、抑郁症也罢，都是如此。

从梦梦家出来后，方若菡又回了一趟距离不远的办公室。推开门，正准备开灯的方若菡缩回了自己的手，她快步走到窗边，窗外是一片璀璨。

站在窗前的方若菡似乎感觉到自己的身体正在变小，变小，直到变成了一片羽毛，可以浮在空中的羽毛。她的身体被光包裹住了，就像婴儿被襁褓包裹住一样，很紧，但却很舒适。空气中弥漫着的光的气息不仅可以用眼睛看到，可以用鼻子闻到，还可以用耳朵听到，甚至还可以用舌头尝到。

这，不是梦幻，这是真实，这是比梦幻还梦幻的真实。

而上一次方若菡有这种感觉的时候，是在西藏的拉姆拉错湖畔。那时的她就像受到了神灵的感召一般，仿佛她不是趴在山上远眺拉姆拉错湖，而是悬在空中俯视。甚至她还惊讶地发现空中的自己竟然还能看到趴在山上的身体。那悬在空中的是什么？是灵魂吗？难怪拉姆拉错湖被称为"圣湖"，在那里不仅能看到转世的活佛，还能看到现世的灵魂。

方若菡无法想象在上海这样的都市，在静安区的闹市中心，竟然也会出现灵魂超脱的体验。

第二天上午，方若菡去了一趟古北新区。在钟慕辰公司附近的一间茶室里见到了钟慕辰的姑姑,她定居日本,也是个室内设计师。今天方若菡是以心理咨询师的身份来见这位长辈的。

钟慕辰姑姑在东京的华人圈也算是小有名气,她那位做服装设计师的丈夫名气更大。不久前她发现丈夫爱上了一个比他大十岁的女摄影师,这使钟慕辰姑姑的自尊受到了严重的打击。

"我老公要是找个二十岁的小姑娘,我还好受一些,小姑娘喜欢成熟大叔也很多见,可是他找了个おばあさん(老太婆),太可笑了吧,这真是要人命了。"

钟慕辰姑姑不愿意把这种家丑透露给日本的朋友,更不可能在当地找心理咨询师,在这间茶室她找到了感情宣泄的快感,也不顾对面坐着的人是她的后辈,自顾自地倾诉。

"姑姑,您这个情况得从两方面来说。您是想解决您的问题,还是想解决他的问题?"方若菡说。

"嗯?什么意思?"

方若菡说:"我的意思是,您是想让您的先生离开那个女摄影师,还是想让您自己感觉好受一些?"

"当然是让我老公离开那个人啊。他离开了,我心里也就好受了嘛。这怎么会是两件事呢?"

方若菡问:"如果他执迷不悟,不离开那个人呢?"

"所以我来找你们商量,怎么让他离开那个人呀。"

方若菡对情感咨询还是颇有经验的,当人的情感出现问题的时候,一定是发生了某种客观上令人接受不了的情况,但凡能解决的问题,都是不会拿出来和心理咨询师讨论的,毕竟心理咨询师既不是律师,也不是恋爱专家。只有当问题解决不了的时候,他们才会想到听听心理咨询师的意见。

情感问题的解决方法林林总总，但是从流程上来说基本上是一致的：倾听，分析，提出解决方案，执行，跟进。这个流程和项目管理的 PDCA 很像。

大多数人认为对心理咨询师而言最重要的步骤是提出解决方案，其实不然。这一系列流程中最重要的其实是倾听。一方面，倾听是预备性会谈的重要部分。可以让心理师了解对方的基本情况，从而决定是否要接单或者以什么样的方式接单。当然，方若菡现在面对的对象是男朋友的姑姑。不管她是否愿意，这个客户的心理咨询她是必须要做的。

另一方面，倾听者要从"公说公有理，婆说婆有理"这种搅乱视听的状态中脱身出来，尽可能地让素材保持客观公正，然后才能对素材进行分析，并最终给出解决方案。

方若菡必须尽她最大的努力去倾听，并快速进行信息整理、分析，拿出切实可行的咨询方案。她需要以快刀斩乱麻的方式迅速完成这次心理咨询，因为钟慕辰的姑姑在上海只是短暂停留。这次咨询之后，也许很长时间内是不会再见面的了。

钟慕辰的姑姑给方若菡的第一印象是职业、专业、敬业，然后还有高傲，就像《穿普拉达的恶魔》中那位女 BOSS 一样。

然而在细聊之后，方若菡了解到钟慕辰的姑姑在家庭里的形象正好相反。她虽然是职业女性，家里请了管家处理家务，但她也希望像日本大多数女性一样，在家庭中建立起主妇的形象。她全力以赴地把自己塑造成了一个广受好评的人设。然而，问题恰恰出在这里，她这看似完美毫无瑕疵的人设在她丈夫看来却缺乏个性。丈夫为什么会喜欢一个女摄影师？因为女摄影师是独一无二的。年轻的姑娘多得是，美丽的姑娘多得是，敬业的家庭主妇也多得是，然而一个独具气质的女性摄影师在日本社会却如同罕物。

问题的另一个侧面是：钟慕辰的姑姑对家庭事务的大包大揽，将自己的丈夫培养成了一个不愿承担家庭角色的"巨婴"。巨婴的欲望远远强于家庭责任感，因此巨婴可以去大胆追逐梦想而并不介意妻子的想法。

当家庭里一个人努力奉献、另一个人却坐享其成时，问题迟早会爆发。奉献者自然需要更多的心理补偿，一旦心理补偿得不到满足，人就往往会用偏激的处事方式。比如说对方从眼前一消失，自己就用打电话、发信息的方式不停刷存在感。而这种方式又恰恰让对方产生反感。久之，情况就会愈演愈烈。

在将听到的情况进行判断、分析之后，方若菡已经拿出了一个解决方案，也是众多解决情感问题的标准方案之一。

"姑姑，首先您要从目前的负面情绪中走出来。不要给自己任何压力，也不要给您的先生任何压力，更不要采取过激的方法。挽回，不是报复。不要为了挽回感情而去报复谁、打击谁。那样做只会一时爽，但起不到任何作用。当然，您实在出不了这口恶气想报复谁的话，也请放在挽回成功或者挽回失败之后。"

"接下来就是重建您自己的人设。您可以想象一下，您和你的先生当初恋爱的时候，您在他心目中是一个什么样的形象。您是一位优秀的家庭主妇，还是一位优秀的室内设计师？您吸引他的除了外表、气质外，是否还有您工作时的专注、您的设计作品的出类拔萃？这些才是您区别于那些比您更年轻、更漂亮、更会打理家庭的人的地方。"

方若菡得到了钟慕辰姑姑的肯定答复之后接着说："然后就是重

建关系。不带任何情绪地回想一下您和您的先生发生不快的那些场景。我相信您如果能从客观的角度复盘的话，一定会找到根源的。如果您能从您先生的角度设身处地地复盘，效果会更好。做这些事情的过程中，其实也是给您的先生留下一段空闲，对他而言也是一个缓解压力的机会。等您把这些事情做完之后，就可以找一个合适的机会，比如旅游、外出就餐的时候，找他谈心。必要的情况下放低姿态也可以……"

"放低姿态？"

"比如道个歉什么的。"

"我向他道歉？切！他向我道歉还差不多。"

方若菡笑道："您不必把这些形式看得这么重。我说的都是一些策略。是否需要道歉，是否需要采用一些亲密的方式，这些都随您。关键是要找到当初恋爱时的感觉。最好就是从陌生的环境中重新认识对方。"

钟慕辰的姑姑带着犹豫的神情说："这样做能管用吗？"

"有没有用，您得先试一试才知道。人的内心世界是很难猜的。也许不得其法，但是在做的过程中，您才可以真正了解他的想法。"

方若菡的话只说到这个程度便不再往下说了。然而，还有一段话她没有说出来，也是不方便对当事人说的。

人是感情的动物。人的心理不可能百分之百保持理性，许多行为、情绪都受感情的影响。当一个人为另一个人做出改变的时候，另一个人受到的是感性的触动。而这种触动有可能会改变他的行为或情绪。靠理性解决情感问题，多半会适得其反。靠感性去解决，才会峰回路转。爱情，本来就是非理性的化学反应。用理性方法解决感性问题，岂非南辕北辙？

这是解决情感问题的一般套路。不过，这些和心理咨询并没有太多关系。方若菡并不确定这些方法对钟慕辰的姑姑挽回感情有多大的帮助。

接下来，才是方若菡作为心理咨询师的工作重点。

"姑姑，如果您先生真的不愿意离开那个摄影师，您除了伤心、不甘心，甚至想办法报复以外，只能接受这个结果，也没有别的办法，对吧？"

钟慕辰的姑姑沉默了许久，点点头："是的，只能接受这个结果。"

方若菡说："您之所以伤心、不甘心，其实原因就在于您对这个结果是抗拒的，这就造成了人格分裂，就好像电影里看到的那样，您的头脑里出现了一个天使，一个魔鬼，天使让您回归自己的内心，魔鬼在挑拨您的战斗欲望。可事实呢，也许就像堂吉诃德挑战风车一样，您永远也赢不了。所以，你首先要去接受。就好像您的心是空的一样。不管是宝藏还是垃圾，在心里什么也留不下。"

"可是……"

"您可以试一下闭上眼睛，深呼吸，然后感受自己的身体……对，就这样，您可以想象自己的样子，年轻、美丽、智慧、自信……这个人才是您的本来面目。"

几分钟后，钟慕辰的姑姑睁开眼说："嗯，这个感觉像做完瑜伽一样。"

"对的，瑜伽的一个作用也是让人关注自己。"方若菡笑道，"其实，人内心的不痛快，大多数都和不接受客观事实、否定自己有关。当您接受了已经发生的一切，并且开始肯定自己的时候，也许很多事情就会发生改变。我给您的建议是,您回日本之后和您的先生开诚布公、不带任何情绪地谈一次。不论谈的结果是好还是坏,接下来您过好您自己的生活就好。"

"嗯。让我想想。"钟慕辰的姑姑想了好久才说,"我试试看吧。有点儿难度。"

"肯定是有难度的。因为您现在就在把盘踞在心里的魔鬼赶走。"

之后,方若菡和钟慕辰的姑姑聊了一个小时,又是开导又是引导。

中午他们又在一起吃饭,这时话题转到了方若菡的公司上。

钟慕辰姑姑说:"既然开公司,首先就要把公司业务做大,如果业务发展与个人爱好冲突,首先要满足业务要求。就像我们做室内设计,经常碰到业主对我们装修好的房子改来改去,如果仅考虑自己的审美品位不配合业主,那十个案子有九个是收不到钱的。你们做心理咨询这个行当也一样吧,赚钱才是公司最主要的目标,什么方法最容易赚到钱,就用什么方法啰。"

这一席话让方若菡对尽早开始做心理平台有了紧迫感。她理解顾芊芊的想法,她热爱这个职业,就想认真做好每一个咨询案子,积累口碑,成为业界权威,像业内大咖邬老师那样,名气有了自然不愁业务。但现在面对更多新手段的竞争,这条路需要太长的时间。

第五章　**研精静虑**

吃完饭,方若菡要赶到莘庄去,钟慕辰把她送出餐厅,站在门口问:"你跟我姑姑说的那些靠谱不?"

方若菡说:"怎么不靠谱?解决情感问题我还是很有经验的好吧。"

"你那么有经验,我们的情感问题你怎么不解决一下?"

"我们有什么情感问题啦?"

钟慕辰揽着方若菡的腰说:"昨天晚上我叫你到我这里来,你怎么不来?"

方若菡说:"我去梦梦家里了啊。"

"去完梦梦家也可以到我这里来啊。"

"到你那里去,那你不是……哎呀,我们不要在大门口讲这些好吧。"

"你看,还是情感出问题了吧。"

方若菡推开钟慕辰:"好好好,我来给你做情感咨询。"

"那今天晚上就到我家做咨询。"钟慕辰搂住她的腰。

"好好好。"

一间书房里,方若菡安静地坐在一张椅子上,看对面的女人忙碌。

那个女人正在将几张圆片往一个十多岁的男孩的头上贴,男孩规规矩矩地坐着,他母亲规规矩矩地站着。

圆片贴好了之后,女人把一个毛绒玩具放到男孩怀里:"你抱着这只河马。"

"啊?还要抱个粉色的河马?"男孩并不拒绝河马,而是拒绝粉色。

方若菡偷笑。

男孩的母亲在他身后说:"哎呀,又不给你拍照,抱个粉色的毛绒玩具又怎么啦?"

陕西北路南京西路. 作者／高昭

陕西北路展示咨询中心　　作者／许永伟

女人没有理会母子之间的对话,指着男孩面前的电脑屏幕说:"等下这里会有一个开车的画面,你用眼睛盯着那辆车,车就会往前跑,如果走神的话,车就会停下来。知道了吧?"

男孩点点头。

女人启动了电脑程序,电脑屏幕上出现了一辆停在草地上的军绿色的越野车。这辆越野车在男孩的注视之下开始缓慢加速,然后在草地上向前开去,开了一段距离之后,越野车突然掉进了一个洞里,这个洞像一个光滑的隧道一样,过了不久,隧道变得越来越不光滑,隧道的墙壁上也出现了干扰视线的花纹。

五分钟过去了。

方若菡不知道训练还要做多久。她感觉到有些焦躁,可是她不敢动也不敢发出声音,怕影响那个做训练的男孩。男孩依然死死地盯着越野车,这期间他有两次走神,但很快他又恢复了专注,越野车停下来之后很快又加快了速度往前开。

十分钟之后,越野车终于歪歪扭扭地停下来不动了,训练结束了。

整个房间的空气就仿佛直到此时才开始流动起来,所有人突然都轻松了下来。

等男孩和他母亲走了之后,方若菡和做专注力训练的那个女人、她的朋友多多聊起来。

"做专注力训练应该很受欢迎吧?现在每家的小孩学习压力都那么大,家长又给孩子一天到晚安排那么多课外班,还要考级、考证书,没考好就嫌小孩子注意力不集中。"方若菡苦笑一下,"就来求助你这个训练。"

多多说:"怎么说呢,小孩子注意力不集中有很多原因,不一定是智商或者心理有问题，有的小孩很聪明的，有的小孩就是反感家长一天到晚剥夺他们玩的时间。不过，有一说一，这个训练项目还是很赚钱的。"

"买这套专注力训练程序需要多少钱？"

"20万人民币。"

方若菡心想，这个投入不便宜。

方若菡又问："蛮赚钱的，你为什么不想做了呢？"

"主要是太累了。我其实对专注力训练还是蛮感兴趣的，但是我绝大部分时间都花在了找客户上面，怎么样说服客户过来体验，怎么样让他们购买套餐，怎么样解决退订套餐、退款，甚至还要给客户安排时间、安排路线，这些事浪费了大量精力。我一个做专注力训练的人，结果把自己弄得很不专注，你说这搞笑吧？"

方若菡若有所思，她从多多的苦恼看到了顾芊芊现在的状态。现在她卷进这家公司做合伙人，从业务经验来说，其他人都远不如她，却总想着一步登天赚大钱。特别是左问云，自以为在上市公司混了多年，没吃过猪肉也看过猪跑，创个业易如反掌，做的PPT倒是头头是道，真正实操，顾芊芊觉得除非她能如愿忽悠到投资人，否则靠做业务根本不可能做到她那个融资水平。租中信泰富作办公室就是好大喜功、盲目冒进的结果，现在又要增加投资做线上平台，她更觉得是把烧钱当儿戏，还没学会走就想飞，当然要坚决反对。

当然，顾芊芊的坚持还有一个原因，她是离婚的单身母亲，家庭、孩子都压在她身上。左问云有一份大企业高管的高工资、方若菡单身未婚、黎秋儿刚刚大学毕业家境也不错，她们都没什么生活负担，创业出资，哪怕亏钱，也不会弄到生活窘迫，而她不行。她不仅要维持家庭生活开支，还有女儿的教育，那也是没底的投入呀。

想到这些，方若菡心里有些怅然。她不像顾芊芊那么敏感公司的费用花销，但是，自己前两次投资都失败了，还搭进去父母的钱。这次虽然说是自己创业，但她心里明白，以她的经验要应对一个公司，实力远远不够。所以她与其说是相信左问云，不如说是只能依靠左问云。

"哦对了，我让你来，除了让你看看我们这套系统，还有个事情。"

多多拿起手机在微信通信录里翻出一个人来，"这个人叫Rock，给专注力训练提供系统和设备的公司就是他投资的，听说他想投资心理咨询行业，应该跟他这个系统开发也有关联。你想认识一下吗？"

方若菡感到突然，之后是喜出望外。

郊区的一套别墅里，一场轰趴派对正在进行中。

昏暗的灯光中，男男女女亲密地搂在一起跳舞。其中和一个二十岁出头长得极帅的男子搂在一起的，是左问云。左问云毫不介意男子对她肆无忌惮地抚摸，并陶醉其中。

灯红酒绿，是时间的加速器。

别墅门口，左问云紧紧抱住男子不断亲吻。一直等到出租车停在身边，左问云才依依不舍地和男子分开，钻进了车里。

左问云在出租车里调整了一个舒服的姿势，准备打个盹，可是她却并没有睡着，嘴上挂着醉意的笑容，一半是方才的酒醉，一半是方才的迷醉。

左问云是个爱玩的女人，她平生有两大爱好，一是工作，二是玩。别人嘴里说"爱工作"可能是伪装，而左问云嘴里说的"爱工作"却是发自内心，工作也可以玩得很嗨，因为在工作中她可以接触到形形色色的人，而这些人，也是她"玩"的一部分。

左问云爱交际，尤其是爱交男友，有的男友是为了情，有的男友是为了一夜情。她也是个容易动情的人，特别容易被男人的殷勤及浪漫所打动而付出真心。

和精明强干的左问云比，她的老公秦观却是另一种类型。他是左问云的大学同学，一个典型的宅男，在 IT 行业工作，温柔体贴，对左问云百依百顺，他和左问云的所有情人都不是一种类型。

方若菡分析左问云之所以和秦观结婚，主要是两大原因：

一方面是因为左问云用情过多、过重，而过多的激情又让她无所适从，所以她宁可选择一个温顺的人成家，过上平淡而又能够掌控的家庭生活。另一方面是左问云小时候被父亲的家暴留下了心理阴影，所以她宁可找一个性格温和而顾家的男人过日子。

左问云结婚后头几年确实是痛改前非，专心工作和相夫教子。不过，儿子长大之后，左问云从育儿的艰辛中解脱了出来，那颗被压抑许久的贪玩之心又躁动了起来。

一开始左问云还只是浅尝辄止，担心事情败露，但她发现她的行动路线和丈夫秦观的行动路线永远是不可能有交集的平行线，于是就愈发玩得大胆了。情感和肉欲两者到底哪一个是主菜哪一个是冷盘，左问云已经分不清了。她也不想分得那么清。

第二天是周六，也是问菡公司开周例会的日子。之所以定在周六，主要还是为了照顾到左问云的时间，四个合伙人中，只有左问云是有全职工作的。

然而这一天，左问云直到午饭时间才到，这让顾芊芊十分不快。通常周例会要开两个小时，但这一次的周例会只开了十几分钟，顾芊芊就说有事先走了。本来方若菡还准备和大家交流一下自己这几天的见闻，只好草草作罢。

左问云看到顾芊芊走了，别人也没什么话跟她说，就说下午公司还有活动，匆匆离开了。

左问云一走，顾芊芊就回办公室了，进门就说："这么做下去，公司会出问题的。"

方若菡和黎秋儿沉默不语。

"云云这样的状态，大家一起合作开心理咨询室都有问题，何况是投钱做平台呢。要做公司，是不是得全身心地做？是不是大家要利益绑定在一起，破釜沉舟？如果创业失败了，她可以回去接着上班，可是我们前期投入的钱就打水漂了。"

方若菡不知道说什么好，她对左问云的表现也感到失望。

三天之后，顾芊芊突然通知大家说要召开临时股东会议。尽管也是四个人开会，可是看顾芊芊的口气，情况有点严重。左问云内疚上一次得罪了其他三个人，所以特地请假第一个赶到了3306室，方若菡进门的时候，人已经到齐了。

方若菡心里隐隐有种不祥的预感。上一次参与李思源的公司，最后结局就是合伙人召开临时会议宣布散伙的。

顾芊芊等方若菡坐定，便说出了开场白："云云、若若，我和秋儿商量好了……我们同意做心理平台。"

"啊？""啊？"方若菡和左问云一时间没反应过来。

"这段时间我看到朋友圈消息，爱一点心理咨询平台融资成功了，他们的 App 一下子就有很多咨询师挂上去了，有资本介入确实发展速度大不相同。云云做的关于平台预算的 PPT，我反复看了很多次，若若也给我算了一笔账，初期投资不算很多，我们不如拼一把，走一条新路试试看。"

左问云站起来走到顾芊芊面前搂着她说："太好了！太好了！创业肯定是有风险的嘛，我觉得我们四个人能在一起做事情，既是缘分，也是情分。不管结果怎么样，我们先拼一把。"

"是的。"顾芊芊点头。

"开发平台的前期工作，我可以让我家秦先生来做，不花钱，主要是系统软件要购买，反正这个我家秦先生是专业的。"

方若菡也把多多要介绍 Rock 的信息告诉了她们。

这一刻，她们又有了开业那天的感觉，同心协力，憧憬明天。

会后，四个人一起去吃日餐，顾芊芊非要她做东。公司所在的这片区域虽是市中心核心商圈，但是周边的南阳路、奉贤路、南汇路、吴江路，每一条老马路都隐蔽着好吃不贵又有特色的网红餐厅，日餐、西餐、火锅、上海馄饨、港式点心，全球美食汇集。每到中午，附近白领、金领们洪水破堤一般涌出甲级写字楼，钻进老街的各类饭馆，半小时一小时之后，又一脸满足地出来，西装纽扣解开、衬衫领口松开，女孩子们一定走到路边的咖啡店或甜品店，买杯奶茶或咖啡拿在手上。这一带遍布着大大小小的咖啡店，几十米就有一家，尽管附近兴业太古汇的星巴克全球旗舰店闻名遐迩，规模之大、内容之丰富如同一个主题公园，但是几平方米的小咖啡店、奶茶店也生意兴隆，还时常排着队。上海就是这么神奇，不到二十年，咖啡文化已经成为不可撼动的主流消费。

这顿饭四个人吃得非常轻松开心。小街上的餐厅店面不大，环境却非常高雅，本来嘛，这些餐厅的客人大多是附近公司的老外。

方若菡接了一个电话："啊？你怎么到我公司来了……是吗？不好意思。刚才一直在跟那几个姐妹聊天，没有看微信……不会吧？好的好的，我们就在附近，一刻钟就回来。麻烦你们等我们一下。"

方若菡把电话挂掉，对另外三个还在热烈讨论的人说："你们先别讨论了。多多带着 Rock 现在就在我们办公室外面等，我们赶紧回去。"

"那我们快走。"左问云拿出手机扫了桌上的二维码付款，站起来就走。

顾芊芊见状，只好把刚准备扫码付款的手机放回包里，追上左问云问："我和秋儿也要参加吗？"

左问云干脆地回答："当然。"

"那我都不知道说什么好，万一说漏嘴了怎么办？"黎秋儿有点儿紧张。

"兵来将挡，水来土掩，见招拆招呗。"方若菡笑着回答黎秋儿。

尽管 Rock 的突然到来她们毫无准备，不过也不是一件坏事，投资人首次接触就到这个高大上的写字楼，这不正是她们暗中所愿么。

3306 室门口，多多正和一个个子很高鼻梁也很高的老外在说话。方若菡一边致歉，一边请他们进办公室。

"我叫 Rock，来自美国。"Rock 礼貌地给四个人递了名片之后，环顾了一圈办公室说，"这个环境非常 nice，看得出来你们确实是打算为高端客户提供服务。"Rock 一口流利中文。

方若菡和左问云把他们请到沙发上就座，准备开启会谈模式。顾芊芊拉了一张椅子坐在方、左两人的后面，像个足球场上的守门员，黎秋儿则是茶水伺候。

先由方若菡把公司情况向Rock做了说明，然后左问云讲解她们决定创建的心理咨询平台的商业计划、盈利模式和投资收益测算。

方若菡偷偷给多多发了个微信："他怎么中文这么好？"

多多偷偷一笑，回复："混血儿。"

左问云将PPT方案全部讲完后，看向Rock："请问您有什么想法？或者对我们的定位、运营模式、发展前景有什么要了解的？"

Rock用迷人的褐色眼睛看了她们一圈，然后说道："我先自我介绍一下我的背景。你们大概会奇怪我为什么中文这么好，其实我母亲是上海人，她们家以前是资本家，家族里面很多人都是留美的或者圣约翰的毕业生。不过我母亲出生不久就解放了，家里的房子、财产后来都没了。高中毕业碰到上山下乡就到农村去插队劳动了，很苦很苦。后来改革开放，她家里马上联络国外亲戚担保，全家都去了美国，到美国不久就跟我父亲结婚了。我长得像父亲，但其实我小时候在家里是讲上海话的。"

Rock一开场就讲自己的身世背景，让方若菡她们猛然有了两个印象：一是Rock很了解中国，甚至比她们更了解上海，别把他当傻老外；二是即便在上海，他的家世背景也是不容小觑的。

"好了，言归正传，说说我对投资心理咨询平台的诉求。我认为中国经济发展很快、生活变化很大、钱也突然很多，但是很多人并没有幸福感，压力很大、焦虑感很重，所以，有心理咨询的人其实很多，理论上说，心理咨询这个市场是有前景的。但是呢，现在这个行业良莠不齐，进入门槛不高，什么人都可以去读培训课、考证书，然后就从业了。"

Rock 从包里拿出一叠资料放到茶几上："你们看，这是我做的公司背景调查，这一页是竞争对手分析。当然，你们同行的名字我都隐去了。"

四个人凑过去看，这份资料确实做得非常专业，连左问云也连连点头。

"当然，你们公司不是最优秀的，也不是最有竞争力的，而且目前也有资金困难吧，不过，还是有我看重的地方，所以我想跟你们谈谈看。"

Rock 继续说："我的想法很简单，我收购你们公司，你们可以开一个薪水条件，股份嘛，原则上不超过 10%。"

"每个人 10%？"方若菡问。

"一共 10%。"

四个人愣住了，原本以为天上掉下了馅饼，还没吃到嘴，就像冰一样化了。

"不接受！"左问云斩钉截铁地说。

Rock 依然用迷人的褐色眼睛看着她们："别这么轻易就下结论。你们的股份比例是不高，但是有保底薪水呀，而且也不需要继续投入资金了。你们现在财务状况并不好，正是需要资金支持的时候，我说得很实在吧。我控股之后，只参与重大决策，不干涉公司日常运营。"

四个人虽然从成立公司开始就没有一天不为钱烦心，但是，自己的公司就这样活生生地被人抢走，谁都不能接受。这一回，连顾芊芊也没犹豫。

第六章　知安忘危

投资的馅饼没掉下来，线上平台的架构却搭建好了。左问云家的秦先生对老婆在背后的勾当木知木觉，对自己专业的事情却手到擒来，一举搞定。

秦观虽然是做技术的，但是他服务过的几个客户都是通过做专业平台拿到了一轮又一轮融资，甚至还有公司实现了IPO上市。所以秦观对于平台数据与融资预期给出的结论是：1万客户+100万净利润=500万至1000万估值；10万客户+200万净利润=2000万至5000万估值；以此类推……

"反正我们几个客户公司的估值就是这样算出来的。"秦观对四个半懂不懂的女人说。

"资本增值游戏就是这样玩的吧。"技术男也会一针见血。

平台整体架构完成后，开发分为两个阶段：第一个阶段用短平快的方式完成平台基本功能建设，并尽快上线推广。第二个阶段才是用大量的时间去做后台的大数据分析。

问菡公司的四位合伙人进行了分工，左问云负责开拓咨询师加盟、方若菡负责平台推广、顾芊芊负责原来的线下咨询、黎秋儿负责行业监控，哪个公司有新动向、新模式，她要马上研究分析跟大家分享。至于平台上收到的咨询预约，她们轮班接待。

这一天方若菡值班，正拿着手机在网上发帖，一个男人进了办公室，说要做心理咨询。他人长得高高大大，打扮却有点另类，很花哨的裤子、卡通图案T恤，头上包着一条花头巾，右耳戴了个耳钉。

方若菡愣了一下，以她的理解，右耳戴耳钉，是——？

"我们公司主要做女性心理咨询的，请问您？"虽然方若菡并不介意来做心理咨询是否符合高端女性这个定位，但此时她正忙着做线上推广，不想在一个男客户身上花时间。

"我这个情况应该和性别没有关系吧，我是抑郁症。"

抑郁症？方若菡心中一动。自己给梦梦妈妈治疗抑郁症初见成效。现在又来了一个抑郁症患者，倒是可以看看能不能给他提供些帮助。

进了心理咨询室之后，不等方若菡拿水，男人就开始说起来："我女朋友刚刚和我分手了，我心里觉得很不爽。"

方若菡一听这个开场白，心里已经拿出了感情心理咨询的预案。

大多数人碰到感情问题，无外乎这么几种：第一种是两人感情不和。第二种是性格、三观、行为和沟通方式不合拍。第三种是生理或心理因素导致的"性福"程度低。此外，再加上外部因素，包括经济条件、父母影响、第三者插足等。

那么咨询者想达到的目的无非是：婚恋修复，如果婚恋修复不成那么就进行自我心理修复。这和解决钟慕辰姑姑的情况是一样的，而和抑郁症的关联其实不大，有一些甚至和心理学的关联也不大。

感情问题大多数算是社会行为学的范畴，除非严重到影响心理并影响工作、生活的程度。这样的心理咨询相对而言是比较轻松的，也有大量的案例可以参考。

方若菡做出这样的预判之后，就带着微笑倾听男人的讲述。

这个男人的讲述和方若菡以前碰到的客户相比，可以算是非常优秀的自我陈述。而且方若菡还注意到这个男人还用了几个心理学上的术语，这就说明他对心理学还是有一些了解的，和这种客户之间的沟通无疑是顺畅的。

男人的问题很简单：他的女朋友之所以和他分手，是因为女朋友认为他的心理有问题，而他不愿意正视这一点。现在女朋友离开了，他想弄清楚自己到底有没有心理问题。

"所以，我想搞清楚到底是我有病，还是她有病。"男人最后说道。

"您姓道路的路对吧？路先生，您的情况我大体知道了。您能不能把您女朋友说您心理有问题的原因和表现说明一下？"

"不是女朋友，是前女友。"路先生纠正道。

"哦，不好意思。前女友。"

路先生继续说："前女友说我这人话特别多，为一点儿小事絮絮叨叨没完，行为上呢有躁动的现象，这种躁动出现在孩子身上很正常，但是出现在成年人身上就很反常。她还说我这个人越来越睚眦必报，而且很享受报复的快感……你说，她是不是电视剧看多了啊？"

"嗯嗯。您接着说。"方若菡不置可否。

"还有她说我跟她说话做事不在一个频道上，我越来越听不懂她的话，她也搞不懂我在想什么。我怎么觉得这些都是借口呢？"

"嗯嗯。您接着说。"

"说完了啊。"

"就这些？"

"就这些？就这些，她说这就够她受的了。"

方若菡在头脑里对她获得的信息进行了归纳整理，然后说："仅凭这些呢，是没有办法证明您是不是有心理问题的。当然，每个人的心理或多或少都有些问题，谁都不可能超凡脱俗。我的意思是说我们普通人心理有问题不要紧，重要的是看这些问题是不是影响到我们的生活。"

"影响到了啊，女朋友跟我分手了。"

方若菡忍不住笑："嗯嗯，女朋友和您分手并不一定是您的心理问题造成的，有可能是因为沟通的问题对吧？要么这样吧，如果您不介意，可以做一个简单的测试，我把测试链接发到您的手机上吧。"

测试的结果出乎方若菡意料之外，显示的是重度抑郁。不过方若菡个人判断并没有那么严重。当然她也不能确定是测试有问题还是自己的判断有问题，于是告诉他一些缓解抑郁症的方法，约了过一周再谈一次。

送走这位路先生，方若菡马上又拿起手机，看线上平台的用户数据变化。

平台是顺利上线了，但是，平台推广却是她们面临的新的难题。怎么样让有需求的人知道他们的 App，注册他们的 App 呢？

在上市公司做到营销总监的左问云这次也抓瞎了。在公司里，每年从她手里进出的营销费用有几千万之多，一大堆全中国最好的供应商围着她转，每天比稿会、评标会从早到晚，她随便说个想法，那些乙方公司都会通宵达旦地做出 N 个方案让她挑选，不合心意，推翻再来，改五次十次最后又回到最初方案，这种事情左问云习以为常从来都觉得理直气壮。现在轮到问菡了，营销费用为零，她这个习惯高高在上、颐指气使的女王，也要放下身段求人帮忙。

方若菡也陷入苦恼，心理咨询跟其他电商最大的不同就是：淘宝购物、大众点评用餐、小红书打卡，好的体验用户会自己发朋友圈去宣传，哪怕是看病吃药的体验，也有人愿意发朋友圈宣传。但是，心理咨询这么隐私的事，谁会去发朋友圈？甚至告诉身边朋友亲人都不会，即便告诉朋友亲人，他们也不会去发朋友圈宣传是吧。似乎天然就是个没法滚动的雪球。

营销做不好，一切都是白搭。必须得尽快找到突破口。那么，有没有突破口呢？方若菡每天都在关注同行的 App 和微信公众号。

平台上线并未像先前想象的那样业务猛增，但是，当她们看到越来越多的同行也在推出 App 或用微信公众号时，她们意识到自己迈出的那一步是正确的。

行业的拐点已经出现了，趋势的到来是迟早的事。

所谓东方不亮西方亮。

当平台的推广困难重重时，线下咨询却接到了一笔大单，而且还是最不看好线下业务的左问云拉来的。

左问云安排了一个系列课程，帮助六位妈妈解决孩子的不良习惯问题。六个孩子是不同年龄段的，这也十分符合心理干预的条件，也是左问云的执念——"差异化"。

这种差异化也是混龄班存在的理由之一。因为如果一个班上所有的孩子年龄是相同的，那么无论做任何事情，这些同龄的孩子之间就会形成竞争关系，久而久之，就会出现强者恒强、弱者恒弱的局面。对于心理尚未成熟的孩子来说，这种局面很容易导致心理出现问题。

那些始终表现优秀的孩子容易自负、骄横，在老师、家长的表扬下产生优越感。从幼儿园到高中的阶段问题不大，然而到了大学或者走上社会之后，一旦碰到些许不如意，就会出现一些令人惋惜的事情。

社会新闻中有那么多大学生、职场人自杀的事件就是这类心理问题的表现。

而那些表现不佳的孩子容易产生自卑感,这种自卑感很容易困扰其一生。他们的逆商虽然比那些优秀的孩子强,但是他们也更容易沉沦。

混龄班就会把竞争的局面变成合作的局面,大孩子会有意识地帮助小孩子,在这个过程中他们学会了解决问题的方法,也建立起了自信的心理。而小孩子也不会因为大孩子事事都比他做得"优秀"而感到自卑,他们会向大孩子学习。等到大孩子毕业离开混龄班之后,当初的小孩子便成长为了大孩子,开始用他们"优秀"的能力与沟通技巧来帮助更小的孩子。这样使得每一个孩子都能随着时间而成长起来。

孩子的不良习惯产生的原因很多,除了家庭教育之外,很大程度来自压力。所以左问云这些心理咨询师开出的方案就是在活动中观察、分析并引导他们走出压力。同时,也请家长们观察和学习,引导家长们掌握帮助孩子们减压的方法。

经过多次协调,左问云终于把第一次课安排在了星期六的下午,这样左问云自己也能全程参与。同时,顾芊芊也可以把女儿带到办公室里和其他小朋友一起玩。

3306室场地并不大,但是之前搞过一次有十几位客人参加的开业庆典,所以利用这个不大的空间来举办活动也算是比较有经验。在方若菡的安排下,大家只花了两个小时,就把办公室装点成了小朋友能够融入的温馨乐园,让以前来过办公室的家长们对上训练课的环境十分满意。

一切准备就绪，下午两点活动正式开始，所有的小朋友都戴上了眼罩，戴上手套。问菡心理要做的是一场被称为"感觉剥夺实验"的训练。这个实验是通过夺去人的感觉能力，让人暂时处于没有外界刺激且无能为力的状态，在这种状态下人的心理会发生有别于正常情况下的变化。通常，人们在实验初期会有一些不适应，心理上也处于混乱的状态，但是进行一段时间之后，人们常常会回归自己内心，并激发出精神的潜能。这对于消除不良习惯有积极的作用。

实验进行得比左问云、方若菡等人想象的要成功，这让左问云脑洞大开："若若，我们在业务中增加和强化少年和儿童的心理咨询会是一个突破口。大人做了心理咨询不会去主动传播，可是，这样的儿童训练课程，家长会愿意传播的。你说是吧？"

"那不是和我们定位于为高端女性提供心理服务有冲突吗？"

"不冲突呀。我们的定位是高端女性的问题专家。她自己有心理问题，我们帮她们解决。她们的孩子有心理问题，我们也能帮她们解决。这样不是更好？"

"也对，这些家长，特别是妈妈们本身也是我们的目标客群。我们做儿童咨询的同时，建立家庭信息档案，建小群，课程结束后还能跟踪孩子的成长信息，不断给家长发送各年龄段孩子的心理建设要点，也针对不同年龄段家长发送适合她们的心理健康常识和与孩子沟通的方法。这些内容，家长会愿意转发的。"方若菡觉得看到了一线曙光。

然后她调皮了一下："那她们的老公有心理问题呢？"

"那……就让她们的老公自生自灭吧。哈哈哈。我来埋一埋这个逻辑关系。别把我们平台的定位弄乱了。"

第七章　六根清净

左问云终于东窗事发了。

这天她照常在公司开比稿会，排了五家供应商，从一早一直开到下班。这样的会看上去她决定权很大，但是她在这个位子久了，深知责任也重大，营销方案最终都要与销售业绩挂钩的，而销售业绩会有很多不确定因素影响。比如，最近一家国际大牌找了个很红的代言人，作品刚刚发布，代言人爆出生活丑闻了，所有的努力前功尽弃。公司自然是损失了一大笔投入，更要命的是，全年推广计划全部泡汤，而且还难免给品牌带来负面影响。

即便不发生这种极端事件，也很难判断怎样的营销决策一定就是最优的。所以坐这个位子的人，跟乙方开会时又傲慢又自信，其实每天的心情也是紧张不安的。

会快结束时一个电话打进来，左问云看了看号码，揿掉，电话又响她又揿掉，脸上露出不耐烦的神情。

散会后，左问云回到自己的办公室，伸了伸坐了一天酸痛的腰，拿出手机拨过去，是老公秦先生的电话。

"怎么啦……我在哪里？在公司呀。"

……

"秦观，你刚才说的话是什么意思？你怀疑我……什么苟且？秦观，你把话给我说清楚……照片？好，你发来看看。"

左问云挂掉了电话，心中隐隐有些不安，一向唯唯诺诺的老公罕见地在电话里怒吼着。手机传来了微信提示声，左问云打开微信一看，愣住了：秦观发来了一张左问云和一个男人接吻的照片，照片不止一张，每张照片都有拍摄日期。

左问云拿着手机的手微微颤抖，她也设想过有一天东窗事发，也曾在头脑里预演过该怎么对付秦观，可是，出了事她却发现自己完全大脑空白手足无措。

她在消息框里写了一大段话，然后又全部删掉了。接着她又写了一段，又删掉了。最后只写了一句"等我回来再说"发了出去。

左问云的手机还没有放下，秦观的消息就回复过来了："你还用回来吗？"

几天之后，坐在上海中心办公室里的左问云摁掉方若菡的语音通话后，接听了另一个电话，是儿子的班主任打来的。

班主任有事情一般是发微信联系的，很少会打电话。现在打电话过来显然是急事。左问云听了半天，最后说了一句："好的好的。麻烦老师了。我现在就过来。"

左问云以最快的速度从公司赶到了儿子所在的小学，看到儿子在楼梯上坐着，她的心放下了一半，轻轻走过去喊了一声："儿子。"

"妈妈，你怎么才来啊？"

左问云坐到儿子身边问："你怎么一个人坐在这里啊？你爸来了吗？"

"他在老师的办公室里呢。"

"哦。"左问云想了想问，"你怎么不去找别的同学一起玩呢？需要我陪陪你吗？"

"不用了。我就想一个人坐在这里安静一下。"

左问云进了老师的办公室。秦观正在和儿子的班主任聊着。

班主任看了秦观一眼对左问云说:"刚才和孩子的爸爸聊过了,说你们家最近气氛有些不太和谐,我想这有可能是孩子心情低落的主要原因,除此之外一切都很好。他和同学之间的关系也很融洽,最近一次考试的成绩也还不错。哦,他写的作文前些天不是还得了作文大赛的一等奖嘛。"

这事儿不提还好,一提起作文大赛左问云觉得心口有些发痛。因为儿子得奖的那篇作文题目叫作《我有一个幸福的家》。这篇作文写完之后没几天,这个"世界上最幸福的家庭"就爆发了婚外情。成人的世界孩子不懂,但是成人的心情孩子是懂的,相互之间不说话的爸爸妈妈,就像动画片中的恶魔一样,浑身带着冰冷而邪恶的阴云,令人不寒而栗。

从老师的办公室出来,左问云问秦观:"你和老师都说了些什么?"

秦观厌恶地看了她一眼:"你觉得你那破事能跟老师说吗?你不要脸我儿子还要脸呢。"

家里的冷战让左问云心绪烦乱,她是个自私自傲的人,感情上从来没把秦观放在眼里。长期职场生涯一方面养成她干练、果断的性格,另一方面各种各样的职场潜规则早已深深刻在她的生活准则中,比如逢场作戏、比如不择手段、比如欺上瞒下。婚内出轨只是她的一个游戏,她想自己痛快,没想那么多后果,她身边那些成功人士有几个不玩这种游戏?

然而,左问云没有料到的是,这件事情的结果比她预料的要严重得多。

这天,左问云被李总叫到副总经理办公室里。她最不愿意发生的事情还是发生了。李总坐在老板椅上向前欠了欠身说:"小左,私生活问题是你的私事,公司管不了,但是你在外面开公司,这是严重违反公司规章的行为,你自己应该知道后果。"

毕竟没有不透风的墙。左问云从这几天她那些手下对她不再噤若寒蝉的态度中,已经隐隐感觉情况不妙。

"我代表公司管理层现在要跟你谈的,是怎么解决而不是听你解释。"

正在这时,门外传来敲门声。

"请进!"李总坐正了身子,清了清嗓子喊了一声。

营销部副总监谈默拿着一份文件进来:"李总,找您签个字。"

谈默把文件放到李总的办公桌上,一边翻页一边用余光观察左问云。

签好字转身出门的时候,谈默脸上现出了得意的笑容。左问云是她这个副总监晋升的天花板,不把她踢开,谈默怎么能上位呢。

"李总,谢谢您的关心!"左问云深深吸了一口气说,"我还是辞职吧。"

李总依然脸色铁青:"你辞职公司不反对。有两个方案你可以选,如果你主动提出辞职呢,公司是没有补偿方案的。如果你选择被公司辞退的话,公司可以给你补偿三到六个月的工资,你可以用这笔补偿金,在找到下一份工作之前先过渡一下。"

"不用了,我主动辞职。"

这种事情就够人受的了,难道为了那几个月的工资再给自己留个被公司开除的恶名吗?自己的名声也不是几个月的工资能够买来的。

回到办公室,左问云刚打开电脑准备写辞职信,就有电话打进来了。左问云接起电话听了一会儿,说:"是的,我要卖的是辆宝马M2,两年前买的,跑了4万公里……什么?才39万?那辆车是高性能版,是花了将近80万买的……什么?太小众,和性能没关系?"

放下电话,左问云感觉自己快要崩溃了。

她和秦观之间现在已经是同一屋檐下的陌生人,除了管孩子的时候还保持着"男女混合双打"的队形,其他时间各管各的。问菡公司虽然有所起色,但财务状况依然捉襟见肘。原本想着自己有一份高薪,先拿出一点补贴公司费用也不在话下,等公司有了入账了再还她,卖车本也是想先套点现金。当初是她坚持把办公室设在中信泰富广场,现在,就像大出血买了名牌外套却没钓到金龟婿的傻女孩,咬着牙也要把门面装下去。

可是现在,为了保住自己面子选择主动辞职,两个门面损失的都是真金白银呀。

方若菡也被突如其来的变故打懵了。

这天钟慕辰约她去看话剧,他们有一段时间没见面了。方若菡因为平台推广、左问云离职、公司遭遇瓶颈等一系列问题,忙得有点自顾不暇,也没多想两个人的事情,而且,钟慕辰几次三番对她做心理咨询师的嘲讽、他性格中的自私,让方若菡心里的疙瘩一直没解开,她有心故意晾晾他。

可是这次,在剧场门口钟慕辰向方若菡提出,两人最好还是分开一段时间。

"为什么?"方若菡惊呆了。

剧院的门口依然行人如织,而方若菡和钟慕辰却像被照相机定格在那里，一动也不动。

"我们不太合拍。"钟慕辰淡淡地说。

"什么叫我们不合拍？这算什么理由？"

钟慕辰说："你以前告诉我，你学心理咨询是因为你想自我救赎，你说人人都有心理问题。"

"是啊，这又怎么啦？"

钟慕辰说："没怎么。既然你是一位心理咨询师，那你认真剖析一下你自己，看看心里是不是还住着另外一个人。"

方若菡说："你到底在说什么啊？我可以告诉你，我并没别人。"

钟慕辰说："我的意思是你看看你自己是不是……算了，我就明说了吧，我怀疑你有些人格分裂。嗯，就是这样。"

"你怀疑我有人格分裂？这不是搞笑嘛。"

尽管方若菡对这段恋爱有着"食之无味弃之可惜"的矛盾，但毕竟年近三十，要干脆利落地断掉，她并未做好心理准备。而且，钟慕辰提出的分手理由在她看来实在荒唐，好像早有计划，只是故意找个借口。

"这就是我的决定。你也可以做一个决定，我们接下来还要不要进去看话剧。"钟慕辰的表情近似冷酷，方若菡脑子一片空白。

"哪里还有心情看话剧啊？我觉得自己就是个悲剧，还看什么别人的悲剧啊？"

方若菡在心中挣扎了一下，要不要继续进去看这场话剧。一瞬间她脑子里闪过一个念头，在黑暗的剧场里她可以把手伸进他的衣服，让他难以拒绝，看完剧跟他回家继续"心理治疗"，明天，风波就过去了。

可是，心里的另一个声音又在说，算了。话到嘴边，就变成了拒绝。

两人悻悻而散。

回家的出租车上，方若菡忍不住一路流泪，又一直看手机，等着钟慕辰突然打电话来道歉或发个微信来讲和。

假如钟慕辰责怪她没把他放在心上，她也许还会撒个娇、使个坏让他服帖，可是指责她人格分裂，就像一本正经当面骂你是神经病一样，不但伤人而且屈辱，问题严重性超过了小情侣之间的小打小闹。

左问云约方若菡到浦东碧云社区的家里见面。两个人最近都强颜欢笑，心里都七上八下，有苦难言。

左问云更是一直在心里盘算，那些照片是谁拍的？为什么？她又不是明星，不到被狗仔队追踪的档次。如果是秦观找人干的，之前一点不露声色还起劲帮她做平台，像秦观这样的技术男怎么可能有这么深的心机。是副总监谈默干的？似乎她是最值得怀疑的，但是，以她的了解，谈默这种在职场八面玲珑、天天灯红酒绿的人，自己又能好到哪里？若是她干的，不怕别人也报复她吗？还会是谁？哪个被她踢出去的乙方供应商？这种可能性不是没有，跟着五百强公司，每年拿个几百万的业务单子是很多广告公司梦寐以求的。假如一次比稿或竞标失败，失去五百强这样的大客户，那这个案子的负责人很可能是要被炒鱿鱼的。这样得罪的人就太多了，平常恶声恶气虐乙方的时候，不觉得自己过分，换个角色想一想，人家也有自尊，人家也是凭水平吃饭，不是找你讨饭。

比起左问云"艳照门"的冤无头债无主，方若菡把钟慕辰提出分手看作是情变找借口,而为什么借口是怀疑她"人格分裂",方若菡也想不出头绪。

左问云约方若菡不是为了谈公司的事情,而是想让方若菡跟自己儿子聊一聊。

左问云把他们带到小区一间餐厅里喝饮料,自己到附近逛超市,秦观就在餐厅外的网球场边玩手机。

"你真的不想和我聊聊吗?"方若菡问。

男孩摇摇头:"我们没什么好聊的。"

"为什么?我们以前不是聊得很开心吗?"

"那可不一样。以前我们是随便聊,今天你是来给我做心理咨询的。"

原来这个孩子早就对形势了如指掌。方若菡一笑:"做心理咨询也没什么好紧张的嘛,就和以前一样,想聊什么都行。"

"我知道,我也不是随便和人聊天的那种人。"

这都是哪儿学来的话啊?方若菡想笑,却强忍住了。此后不管她说什么,男孩都没有表达的欲望。方若菡只好给左问云发信息,告诉她心理疏导失败。

"他还是什么都不说?"左问云望着儿子跟着秦观离去的背影问方若菡。

方若菡说:"他的情况,你应该比我清楚啊。这样强行沟通,看来是不会有什么效果的。"

"他现在对我有抵触情绪,整天关在房间不理我们,你是我的朋友,自然也在抵触之列。"

方若菡笑道:"原来他抵触的不是心理疏导啊,他抵触你,顺带着把我也误伤了。你和老秦现在情况怎么样了?"

"唉,万万没想到把孩子伤成这样了。你说我除了低三下四、处处小心翼翼,还能怎样?人生翻车。"

左问云一脸黯然,出轨带来的副作用让她始料未及,丈夫不再相信她,感情的裂痕一时难以弥补。高薪工作被人借机炒了,二十年的神气活现,现在也不知能演给谁看了。特别让她受到打击的是儿子突然变得寡言少语,整天闷闷地关在自己房间,还挂个牌子禁止父母入内。他们想在吃饭时间跟儿子说说话,可是他端个饭碗就走,还把门锁上。

"那还不是你自找的?自作自受。"

四个女人中传来的好消息是,傻白甜黎秋儿在发现怀孕后马上跟男朋友登记结婚了。"简单即幸福"说的就是黎秋儿,她不给自己制定诸如年薪50万、成为白骨精、结婚要有车有房之类的"小目标",随遇而安是她的生活信条,碰到满意的男朋友就好好恋爱、好好结婚、好好过日子。心理学是她的本科专业,做心理咨询师也是水到渠成的职业选择。比起那些物质欲望强烈的时尚女孩,她平淡如水,却踏实如岸,幸福指数很高。

另一个不好不坏的消息是,顾芊芊有了个新男友。单身母亲有男友的好处当然是生活似乎回归正常,两个人的家庭总比一个人好过。可是不好的地方是,生活的复杂性不是1+1,而是1变成了N。首先两个都有婚史的人对生活的理解和期待就不一样,女人想找依靠,男人想找照顾,恨不得对方像爸、像妈,不见青年人恋爱的冲动浪漫,计较和算计想藏都藏不住,要彼此适应,不是一天两天能达成的。其次，双方都有子女，他们会成为朋友还是不理不睬还是谁也容不得谁，顾芊芊和中年爷叔都心中没底，又不好摊开来说，只能走一步看一步。眼见一直稳重平和、以女儿为天的顾芊芊，一边开始打扮自己，这周去辰山植物园、下周去黎里古镇，朋友圈晒出中国大妈标配的各种围纱巾、戴纱巾、手舞纱巾的照片，一边又忧心忡忡地烦恼女儿对他的态度、男友那边该表态的事情没有表态。

第八章　转危为安

问菡公司的业务没有实质性突破，但也比较平稳地发展，左问云辞职后在家日子难熬，自然也转了全职。

方若菡给钟慕辰发了几次微信，问他姑姑情况如何，问他荣宅又开放了，是否要安排客户去参观。如果钟慕辰给她个回应，那么就约见面了，见面后就吃饭，吃饭后就回家。一切如前。可是钟慕辰的回复都很客气冷漠，毫无复合之意。过了一段时间，方若菡从他的朋友圈隐约感觉有了另一人，再后来她能看到的他朋友圈动态很少。

可是有一天，她看到他在朋友圈转发了一篇公众号文章，她本能地点进去，文章是推荐大卫·芬奇导演、布拉德·皮特主演的一部电影，名字叫《搏击俱乐部》。文章写道，大部分观众看完第一遍之后还会再看第二遍，因为看到电影的最后才明白这不是讲一个人如何获得成功的励志故事，而是一个人的精神如何分裂的故事。作者说，他的一位朋友在看完这部电影后，猛然醒悟，自己恋爱多年的女友，其实也有人格分裂。这个女友是个心理咨询师，给人做心理辅导总是头头是道，也帮助很多人解决了心理危机。后面的文字让方若菡惊出一身冷汗：

朋友的姑姑曾经因为丈夫婚外恋而几近崩溃，丈夫的热恋对象不如姑姑漂亮、不如姑姑有名气、还比姑姑年龄大，作者列举了查尔斯王子与戴安娜、卡米拉两任妻子之间的关系，说明这样奇葩的恋情并非孤例，姑姑在女友的帮助下最终走出了感情危机。但是，作者并不是要表扬心理咨询师的无所不能，他话锋一转，写道：其实这个咨询师自己也曾患抑郁症，平时经常说"人人都有心理问题"，自己一会儿自以为是，一会儿又脆弱多疑，更要命的是，对男友动不动就用心理分析来责怪他的言行举止，搞得男友自信心越来越差，做什么都要听她支配，简直就像被情感操纵。男友看了《搏击俱乐部》之后，意识到其实是女友有心理问题，严重一点说就是人格分裂，将来的生活必定不太平，于是断然分手。

方若菡马上点了关注，进入这个叫"路漫漫兮修长哥"的公众号，里面文章不多，阅读数也不大，点开看了几篇，都是对一些话题进行议论，抒发自己的看法，但是观点比较偏激，看得出作者有几分愤世嫉俗、几分怀才不遇、几分冷漠、几分厌世。

这样的人，负能量太多。方若菡心里正想着，手指点开了一篇"女高管无底线反被套路"的标题，看下去，整个就是左问云的故事。文章议论道，这样的女性在社会上被很多人视作社会精英、职场榜样，但她们的另一面却是价值观混乱、缺少道德底线。他又话锋一转，骂了一通被媒体捧上天的某个综艺节目，说满屏都是打了玻尿酸、做过整容的假脸、五十多岁中年妇女非要假装少女感、跟一堆富商闹丑闻的女星却说自己"勤奋学艺"，这些假模假式的明星跟社会真正的优秀女性有什么关系？

方若菡背脊发凉，仿佛有双窥视着她们的眼睛，藏在哪里却不知道，把她们看得近乎赤身裸体。

这个人是谁？他为什么要这样做？动机是什么？目的是什么？

方若菡想了一会儿，开始用她的微信小号在留言区留言。她认真读了这个公众号的每一篇文章，也认真地、不带情绪地写下留言，有的是有共鸣，有的是指出偏激，有的用心理学方法帮他分析他攻击的人或事件的深层次原因。总之，每一条留言都就事论事，言之有据，也流露真诚。路漫漫也积极回复留言，有时他们会讨论几个来回。

一周之后，路漫漫提出跟她互加了微信，她依然使用小号，小号没有朋友圈，却能看到他的，通过他的朋友圈动态，方若菡能八九不离十地猜测出路漫漫这个人的大概：他的年龄、社会经历、个人偏好。

方若菡有一种角色反转的得意：从被窥视到悄悄窥视对手。

讲真的，路漫漫发在朋友圈的照片品位不俗。跟他公众号文章的调性一样，这些照片不是跟风网红打卡，也不是肤浅的美人美图，拍的都是城市角落，画面却是抽象的、细节的，看不出是什么具体物体，但是，色彩、构图、光影恰到好处。

方若菡内心有点复杂，凭公众号文章和朋友圈晒图，方若菡对他的好感值八十分以上，可是如果他是那个坑自己和左问云的幕后凶手，那这个人无疑就是人渣。

要不要约他见面，把事情搞个水落石出？方若菡犹豫了很久，她担心的是，一旦对方知道真相，会不会用更离谱的方式报复。

没想到，路漫漫先提出了能否跟她见一面。像这种阅读量不大的公众号，号主对每篇都看还认真留言的读者会特别在意。他把我当粉丝了吧，方若菡心想。摊牌就摊牌，被人莫名其妙捅了刀子，总归要讲讲清楚吧。

她约了在办公楼下面奉贤路上的一个小咖啡店见面。别看小到只有三张咖啡桌，但是，从选咖啡豆到烘焙到研磨到手冲，每一道工序都非常讲究。这是方若菡的小心机，她故意用这些讲究的细节体现优越感，心理上先胜一筹。

见面那天，方若菡穿了件黑色外套，黑裤黑皮鞋，看似不起眼却都是大品牌，全身上下只有耳朵上一对CHANEL双C耳环的水钻闪闪发亮。这又是方若菡的小心机。她从不喜欢衣服裤子上布满logo的设计，她能接受的logo在围巾、皮鞋、挂坠、耳环上，而衣裤绝对不能花哨。

这家咖啡店本就小众，人很少，约在这里即便是没见过面的人也一看就知道谁是谁。所以，当路漫漫走进门时，两个人都愣住了，都一脸尴尬。

路漫漫是来找方若菡做心理咨询的那位路先生路莫惜，而路莫惜看到这个"天下大方"昵称的粉丝原来就是方若菡，顿时一脸惊慌。

假如不是那些让方若菡真心点赞的摄影图片，她一定像对付李思源那样把咖啡泼到路莫惜脸上。

而路莫惜巴不得扭头就走，如此狼狈的重逢实在太伤天害理了。

可是，两个人都出乎自己意料地没有任何行动，好像都在等待对方先表示。

方若菡指指对面椅子让路莫惜坐下："你喝什么？"

"我自己点。"

路莫惜在吧台点了曼特宁手冲。手冲咖啡要等，他又坐回椅子上，不知所措。

方若菡打量了他一下，仍然是夸张的花哨衣裤、耳钉，花头巾倒是没戴，头顶却扎了个冲天小辫子。眼下男明星都喜欢扎这样的小辫子参加时尚活动，从贝克汉姆到谢霆锋。这也太潮了吧，方若菡觉得这种打扮与他公众号文章里的虐气怨怼十分矛盾。他自己倒像个"人格分裂"的。

咖啡端上来之后，两个人都准备好开战了。开战不是说要打一架或者吵一架，而是，怎么才能不失颜面地把前因后果、动机、理由都讲清楚。既然都没有拔腿就走，说明双方都想求得沟通和谅解，要达成这一点，智商、情商都不能缺。

几天后一个下午，顾芊芊安排了一场团体心理咨询课程。团体心理咨询是现在越来越流行的心理咨询手段，这种方式是将具有同类心理问题的人聚在一起，让他们进行一定程度的互动，从而起到心理分析和心理介入的方法。企业 HR 部门牵头举办的团队训练也可以归入团体心理咨询的范畴。

项目是由顾芊芊领衔的，她在学习心理课程期间就作为导师助手参与这类项目，效果很好。与传统的心理咨询相比，这个项目针对人群可以是企业集体员工，操作过程具有娱乐性质，参与度很广也比较轻松。这个课程是循序渐进式的，十节课一个疗程，一个企业一单做下来，公司收益不错。

现在大型企业除了抓生产管理，也越来越多地关注员工心理建设。前几年接二连三发生企业工人跳楼事件，让企业老板们意识到，工人不是机器人，不是一份工资一个合同就能解决所有问题，潜在的心理疾病一旦爆发，后果很惨烈，定期安排心理辅导在很多企业已成常态化管理。这次活动的甲方就是左问云以前的职场同僚，他们是一家IT公司，90%以上员工是程序"猿"，原本就生活趣味单调再加上996工作时间，基本很少与现实中的人交往，他们在网络上高智商的无所不能与生活中低情商的封闭习性，让企业HR部门担心。这次，他们带了五个有社交困难的员工想尝试一下效果，加上公司客户里面报名了四位，还有一个是问菡公司特地安排在客户中引导配合的卧底，就是给方若菡介绍Rock的多多。

因为这个项目需要在户外进行，左问云托人借在陕西北路新闸路口带院子的老洋房"花园住宅"。这是一幢文物保护建筑，二十世纪二十年代建造的，建筑风格是新古典主义与装饰艺术派相结合，立面线条对称，装饰立柱，齿饰线角，东北角是个八角形房间，外墙爬满树藤，显得既沧桑又富贵。

活动由顾芊芊当指导员，方若菡协助，左问云和黎秋儿负责观察和记录。

方若菡到达花园住宅的时候，十个参与者已经在花园里围成了一个圈，顾芊芊让他们互相进行自我介绍："你们自我介绍的时候，声音要大一些。要盯着对方的眼睛，充满自信。像我一样，好吗？"

这些有社交障碍的人其实并非不自信，但却无法用正常的心理来面对陌生人，并与他们产生情感的联系。他们所有的社交天分都展现在虚拟世界中，在网络或者游戏那一类不真实的世界里，他们有可能是社交达人、有可能是演讲天才、有可能是国家或商业帝国的领袖。然而一旦回归现实生活，他们就是害羞的宅男宅女，他们在工作上、生活上也因为社交恐惧的心理问题而饱受困扰。

在第一个自我介绍环节结束后，开始了主题为"信任与付出"的互动环节。顾芊芊让十个人两两分为五组。其中一个组员的眼睛被眼罩蒙住来扮演盲人，另一个组员牵着盲人的手来扮演领路人。在禁止语言交流的情况下，两个人需要互相配合由花园的一侧走到花园的另一侧。其间还要经过若干障碍物。

因为有多多这个卧底的带头响应，其他九人跃跃欲试，这些宅男宅女只需要给他们打开一扇与人正常交往的窗口，就可以打开他们的心扉。

第一组"领路人"就是多多，她牵着"盲人"搭档的手，通过肢体语言不断地提示"盲人"左转、右转、停下、高抬腿、弯腰等一系列动作，"盲人"虽然什么都看不到，但是对刚刚认识的这个陌生人十分信任，他们很快就成功地穿行到了花园的另一侧，完成了任务。

第二组的"领路人"学多多的样子，不断地用肢体语言进行引导，也很快完成了任务。第三组也是如此。

然而到了第四组，出了意想不到的状况。"盲人"在跨越一块石头的时候摔了一跤，"盲人"很不高兴地爬起来，对"领路人"很不客气地抱怨。"领路人"有点吓坏了，但是也忍了，继续牵着"盲人"的手引导。没想到接下来"盲人"在一段平路上又摔倒了，又开始抱怨"领路人"，最后"盲人"在快到终点时第三次摔倒，并且扯下眼罩对着"领路人"一通大骂。

明显是受了欺负又很委屈的"领路人"也被激怒了，两个人吵了

张园. 作者／许永伟

静安寺． 作者／陈松

起来。

这个场景不仅让那些参加项目的客户看呆了，顾芊芊、方若菡她们也呆住了。

总算劝开了两个吵架的，"盲人"却情绪十分激动，他几乎要哭出来："你们搞的这是什么玩意儿嘛，我本来就不喜欢这种跟人互动的活动，你们非说参加了对我有好处。好，我就参加呗，结果你们把我们当猴耍。"

顾芊芊解释道："我们真没有把您当猴耍，团队咨询就是这样采取多人参加的方式，这样可以更快地提升人的社交能力。"

"还提升社交能力？这样一搞我更不敢社交了。""盲人"甚至发出了哭腔。

顾芊芊走到"盲人"身边，说："您先不要急噢。从我们的观察看，您的搭档并没有什么失误，可能是您太过紧张，才造成几次摔倒。看来您的情况比较特别，结束之后我们换一个更温和的方式来给您做服务，您看可以吗？"

"你这话啥意思呀？怀疑我假装摔跤吗？你们自己方法不当还怪消费者有问题，你这样我倒要去投诉。"

他顿了一下继续说："别怪我到网上去黑你们。"

左问云急了。企业客户多难争取呀，他们一个合同的费用比一群上门客户都高，谁不想做这种大单子呀。如果不是她的老关系，这种项目根本不会给问菡做。而现在，刚做第一场就出现这种情况，朋友在企业怎么交代？后续合作怎么开口？而且这事如果真的在网上传播，那不是置她们于死地吗？

"芊芊，这种情况以前发生过吗？"方若菡悄悄问顾芊芊。

"从来没发生过。我看这个人不像有社交障碍，倒像是故意找碴。他是谁的客户呀？"

"是在平台上找秋儿报名的，之前做过一次网络咨询。"

左问云忙着把 IT 企业的五位参与者叫到老洋房底层的一间休息室，这里按照原来格局应该是客堂间，屋顶很高，老式木框小玻璃窗，还是彩绘玻璃的。左问云一边给他们发小瓶的巴黎水，一边跟他们解释这个活动安排的心理学依据、在国外哪些企业采用过、在国内哪些机构在推广，总之，要让他们知道这个活动安排不是糊弄人的，而是有科学依据的正规项目。

黎秋儿把包括多多和"领路人"在内的另外四位叫到花园边上，说："我带你们到对面的咖啡书店去坐会吧，请大家喝杯咖啡，正好听听你们对今天活动的感受和改进建议。"

"领路人"虽然气呼呼地满脸不悦，但是秋儿挺着孕肚，一脸谦恭，让大男人不好拒绝，再加上充当卧底的多多一个劲地响应，他们三女两男也就穿过马路，到了对面挂着"陕西北路中国历史文化名街展示中心"门店。一进门就看见 L 形房间的左边一排书架、一个咖啡吧台，正厅的墙上挂着老建筑照片，一排排座椅放在中间，前面的电视机正播放片子，最右侧还有一个通往二楼的楼梯。

见一群人进来，一位五十多岁戴眼镜的女士迎上来，黎秋儿跟她打了个招呼："韩老师好！我带几个朋友来坐一会，我们喝点茶和咖啡好哦？"

韩老师忙点点头："没问题没问题，欢迎大家。"

一转眼，她把吧台前的小方桌拼成了一个长方桌，正好让一群人坐一圈。

"哎，这边墙上的照片是哪里呀？"多多走过去，看墙上一幅幅照片。

"都是陕西北路上的老建筑。"韩老师从吧台边的架子上拿出一叠小册子，给每人发了一本。

"这条路有一百年历史了，是上海仅有的三条有中国历史文化名街称号的老马路之一。你们走过来觉得人行道很窄的对吧，这条路也是上海六十四条永不拓宽的马路之一。"

韩老师打开那本小册子，指着上面的图片跟他们说："你们看噢，这些老房子都是这条街上的名人旧居、优秀历史建筑。你看，这个房子叫宋氏老宅，宋氏姐妹的妈妈在这里住的，宋美龄跟蒋介石结婚也是从这里出嫁的。"

"还有这个，叫西摩会堂，是二十世纪远东最大的犹太教宗教场所，是犹太大亨沙逊家族捐资建的，里面还保存着汉白玉的约柜。"

见他们都挺好奇，韩老师就讲了一通犹太人在上海的历史，告诉他们，造马勒别墅的马勒家族也是犹太人，还给他们讲了马勒别墅的传说，马勒的小女儿做梦，梦见了一个城堡，马勒就让设计师按照女儿梦中城堡的样子造了马勒别墅。

一群人听得津津有味，刚才发生的不悦早已忘到了脑后。

工作人员给他们泡了茶、煮了咖啡，韩老师干脆给他们一幅照片一幅照片地讲解，每一幢建筑的风格特色、住过什么人、发生过什么历史事件，包括已经拆掉建筑的上海大学旧址，她也讲了一通于右任、李大钊、瞿秋白创办这座国民革命干部学校的历史。

不知不觉一个小时过去了，大家仍意犹未尽。

之前一肚子愤怒的"领路人"早已没了脾气，他问韩老师："你们需要志愿者吗？以后我有空来做志愿者好吗？"

黎秋儿一听，立即说："韩老师答应他，答应他。"

又转头对他说："你要是来做志愿者，肯定什么社交障碍都好了。做公益本身就是最好的心理治疗。"

韩老师指着墙上的二维码说，你们要是感兴趣，关注一下我们的微信公众号。

左问云和黎秋儿把九个活动参与者分别带出去之后，留下顾芊芊和方若菡对付那难缠的"盲人"。

"你到底有什么目的呀？"方若菡不客气地看着他。

"没什么目的。你们这个课程就是个伪劣产品，我要投诉，我要揭发你们。"

"你去投诉吧，是不是伪劣产品不是你一个人说了算的。你觉得不满意，我们可以根据你的情况调整咨询方案，也可以把课程费全额退给你。但还是要说清楚，今天我们没有失误，你不满意，可能是你个人原因。费用退给你，以后需要我们为你做什么，也很欢迎你再来咨询。"

"不好意思噢，什么叫费用退还我，打发我呀。按工商条例假一赔十，没什么好商量的。不然我就网上曝光你们。"

"你这样就不讲道理了吧，按你这个逻辑，每个人都能来敲诈我们假一赔十了。"

"盲人"一下子提高了嗓门："你说我敲诈是吧？你说我敲诈是吧！你这是诽谤你晓得哦，当心我起诉你们。"

真是碰到无赖了。方若菡心里在想怎么尽快结束这场无耻的碰瓷。

"方若菡。"方若菡听到有人喊她,回头一看,是路莫惜。

方若菡一脸惊讶:"你怎么跑到这里来了?"

"我知道你们今天在这里做咨询项目。"

"你?"方若菡倒吸一口凉气。这个坑了左问云和自己的人,要来干什么。

路莫惜走过去,拍拍"盲人"的肩膀:"朋友,阿是 Peter 叫侬来咯?"

"盲人"一听 Peter 的名字,脸一下子涨红了:"侬啥人呀?"

"我也是 Peter 咯朋友呀。"

"哦,侬啥意思?"

"没啥意思,就帮侬讲,到此为止了。"

"哦,啥叫到此为止?"

"我就帮侬讲,我帮 Peter 做了交关事体,伊答应给我咯报酬一分也没拿到。"

"哦,真咯假咯?"

"弗相信侬自噶去问伊。"

"侬是啥人啦?"

"我 Peter 朋友呀,捼伊白相了憨忒咯朋友呀。"

"侬叫啥?"

"侬就问伊,答应 Eric 咯钞票啥辰光捼伊。侬看伊哪能讲。"

"盲人"看看方若菡,又看看路莫惜,有点不甘心,最后还是像只吃了药的老鼠,低头夺眉走了。

"怎么回事?你解释一下。"方若菡怒目圆睁。

"我们找个地方坐下说吧。"

"那你等一会。"

方若菡和顾芊芊到左问云的那堆人那边,跟他们又聊了一会活动体验,把每个人的感受都做记录、做档案。

等这里结束,他们一起来到陕西北路中国历史文化名街展示中心。最早方若菡想租这里园区的办公室,不过被左问云拉去了中信泰富。有一次她参加"阅读建筑俱乐部"活动到这里参观,才发现园区门口这个展示中心,也认识了韩老师。起先她以为韩老师是街道快退休派到这里来做讲解员的,后来才知道韩老师以前是资深记者,后来去企业工作、又从体制内出来跟人合伙开咨询公司。有一次她听静安区的一位领导介绍陕西北路,说有历史有文化,她就过来认真看了一圈,后来就到这里做文化志愿者了。她把这个展示中心办成了一个文化沙龙,很多名人都来过这里,每个月都有网络文学大神作家来做讲座,很多粉丝从世界各地跑来见他们的网文"大大"。

这时,黎秋儿的那批参与者已经各自回家,包括被欺负的"领路人"在内,大家都没有什么怨气了,也答应会继续参加后面的课程。

第九章　静言庸违

除了方若菡,其他人都是第一次见到路莫惜。

那天在手冲咖啡馆见面,两人尽管都各怀戒心,但还是交谈了三个多小时,彻底弄清了左问云的艳照门和方若菡的被人格分裂是怎么回事。

路莫惜告诉方若菡，去找她做心理咨询时，已经有报复她的念头，因为问菡开业那天迎来的第一个客人马小姐，就是路莫惜的前女友。马小姐去做心理咨询的时候，他们两人的关系正处于分手前夕，他不想分手，但马小姐嫌他做事莽撞，不计后果，脑子搭进搭出。马小姐越是嫌他，他越是盯牢她，就像孩子，越是得不到越要大吵大闹。有几次，他跟着她上地铁，他想抱住她，她就推开他，他就非要抱住她，她就一个耳光打过去，他趁机握住她的手，她就大声骂他，引来一车厢的人侧目。几次三番，马小姐都习惯了在公共场合对他出口就骂。这么没有自尊的恋爱，他就是不放手。马小姐来问菡做心理咨询其实不是讲自己而是讲他，回去之后，她就理直气壮告诉所有人包括他父母，他有神经病，人格分裂。

这样的结果当然让他恨透了问菡心理咨询。他到问菡来做心理咨询，就是想看看这是一帮什么人。碰巧那天方若菡心不在焉，又嫌他不是女性高端客户，本就敏感的内心更是被冷得冰冻三尺。他坚信，这些人就是江湖骗子！

与马小姐分手之后，有段时间他精神恍惚，情绪低落。那时他在一家挺有名的地产代理公司做销售，派到公司代理的郊区一个大盘卖楼。每天早上一进公司就是晨会，晨会的第一个环节就是每个售楼员都要汇报工作计划：今天要跑哪几个点去发广告传单、要打多少通电话拷客、要回访哪几组来过售楼处的客户，真跟打鸡血一样。一天工作辛苦自不必说，发广告传单十有八九被人拒绝，客气拿走的也多半转身扔进垃圾桶，站在那里被人一脸嫌弃。电话拷客同样被骂被回绝的超过99%，1%没骂人的也是没听完就挂了，难得听到对方客气说句"不要,谢谢",简直像听到天使的声音。每天晚上售楼处十点才关门,售楼员还要开会,总结一天工作:哪几个点发广告有效果,还能在哪个黑市弄到电话号码。

其实路莫惜的本科是平面设计专业,但是"这世界变化快",高考时还是热门专业,毕业后就找不到工作了。在他做销售的同事中,名校生大把。不管怎样,做销售运气好的话,拿提成收入还是可观的。

跟马小姐分手后的一天,他请认识的购房客户Peter吃饭。Peter在他手上买过房,还带过几个朋友过来看房,其中有两个成交了。路莫惜当然要给Peter回扣,房产公司把这个叫带客奖励,是明说的。一来二去,他跟Peter也从客户变成朋友,经常约了去打打羽毛球什么的。

喝酒闲聊时,Peter讲起他女朋友的上司是个很讨厌的女人,在公司一本正经对手下狠三狠四,在外面搞七搞八,三天两头换情人。Peter有老婆,路莫惜想,这女朋友的意思也就是情人啰。Peter接着又说:"不过这女人戆是也戆,外面胡天野地也要有点分寸吧,等个出租车也屏不住要当街亲热,正好被我女朋友的客户看见,照片也偷拍下来。这个客户本来跟他们公司有业务,我女朋友介绍进去的,人家做得蛮好,后来她上司要介绍另一家做,硬在比稿时做手脚把人家PK掉。这种情况反正也很常见,不过你把柄被人家抓住了,人家也不会放过你对吧。七弄八弄,她老公、公司都知道了,本来私生活的事情公司未必管,但是她又在外面跟人合伙开公司,这是他们企业明令禁止的,事体都抖出来了么,她也没办法只好辞职。"这就是后来路漫漫分修长哥公众号上"女高管无底线反被套路"那篇文章的素材。

本来路莫惜只是酒桌上听听八卦故事,Peter又接着说,这个女的辞职了就去做心理咨询师了,她跟三个女的开了个心理咨询公司。

"侬讲乱哄哄哦,这种人也跑到我们行当里面来了。同行是冤家,她变成我们的竞争对手了。"

路莫惜心里一震,问这个公司叫啥名字、在哪里办公。

果然。

他心底的怒火腾地升起。

在此之前他并不知道 Peter 干什么工作,每次见到都西装革履穿着讲究,他猜想是做金融做律师这类的,是在高档写字楼里进出的人。

他跟 Peter 讲了他跟女友马小姐分手的经过,以及他去找问菡公司做心理咨询的不愉快经历。

Peter 直截了当告诉他,问菡公司跟他的公司现在做的业务模式是一样的,都在拉咨询师加盟,都在设法融资,问菡在网上的咨询标价比 Peter 公司低 20%。Peter 认为,问菡这样做是扰乱市场,把行业利润都做低了,把他们这种老牌公司的新增客源都抢走了。

Peter 跟路莫惜说,你也讨厌她们是哦,那我们联手,反正能搅黄她们的事情你就别怜香惜玉,我会给你报酬。

回家之后,路莫惜搜索了网上所有关于问菡公司的信息,包括个人微博和微博跟帖里的蛛丝马迹都看了一遍。

他发现的重要线索就是钟慕辰。

钟慕辰跟他在同一个网络画友社群里,没见面但知道彼此。这个社群有几百人,都是美术爱好者,有专业美术老师、设计师,更多的是业余爱好者。网络社群不分段位高低,谁有画作都可以贴在群里让大家欣赏,有时哪个群友发起一下,大家就结伴成伙出去写生。钟慕辰和路莫惜都有美术专业基础,平常群里发个画,彼此都能看出水平。

很容易，路莫惜和钟慕辰加了微信，钟慕辰属于那种喜欢在朋友圈晒生活照片的人，参加活动跟名人合影、各种网红打卡，小到一杯奶茶大到一顿下午茶、哪个餐厅吃饭、看哪个话剧哪部电影，等等，画面中时常有方若菡。

在路莫惜看来，这样的男人又自恋、又爱装。不过放眼朋友圈，这样的男人女人比比皆是：没有富二代的资本炫富，就全力以赴跟风。有一次群里组织去奉贤海边新开发区做涂鸦，报名很踊跃，他俩都报了名。一起画涂鸦的时候，路莫惜有意跟他聊起他女朋友，钟慕辰把女友做什么工作、开什么公司，平常怎么老用心理分析来吓唬他等等都说了出来，甚至连女友以前得过抑郁症也说了。

路莫惜把他搞来的情报告诉了 Peter。Peter 说，钟慕辰跟方若菡在一起肯定很压抑，"他跟你不算很熟，就把蛮私密的事情跟你说，看样子他快要忍不住了。方若菡自己得过抑郁症，却老要怀疑男友心理有问题，说明她自己是有心理问题的。钟慕辰在她得抑郁症的时候肯定也被烦死了，又不敢分手，怕万一出事人家家里要怪到他头上。"

Peter 让路莫惜介绍电影《搏击俱乐部》给钟慕辰。

影片成了压垮骆驼的最后一根稻草。不过也可以认为是：结局不可避免。

那天，在手冲咖啡馆里，路莫惜讲述这些经过的时候，方若菡目瞪口呆。前男友的抱怨从第三者嘴里讲出来，就像一把利刃刺破了她的自尊心，她一向以为自己在男友面前很有优越感，很能让他听话。

她一再提醒自己冷静、冷静，别让路莫惜真相信她人格分裂。

终于，她没有怒气冲天怼他，反而帮他重新梳理了他跟马小姐关系中的问题,为什么他对马小姐有那么强的依恋,以至于被她各种羞辱却依然低声下气求她。

"其实是你的占有欲。我分析你的童年被你母亲伤害过,你想她亲近你、呵护你,但是她没有。你的童年严重缺乏母爱。马小姐是不是长得有点像你妈妈?你想完全占有她弥补内心伤痛,但结果适得其反。"

路莫惜心里一震,没错,他从小远离父母。母亲是父亲插队落户时在江西老区农村认识的当地人,知青落实回沪政策了,父亲因为已经结婚回不了上海,就是回来也没房子住、没工作做。到他小学快毕业,父母把他送到上海爷爷奶奶家,房子很挤,父亲三个兄弟结婚没房,都挤在爷爷家石库门的前客堂间,房间搭了个阁楼,再分别一隔二谷纳四个家庭。这样的大家庭毫无隐私、锱铢必较,兄弟妯娌每天吵架,他更是被视作多余,受尽白眼。从童年到长大,他跟父亲母亲几乎没有什么交流。长大之后,也无法相互融入。

方若菡说,如果你想进一步解开心结,你就到我办公室来,我们有一套方法帮你。

方若菡也坦率地跟路莫惜谈了她跟钟慕辰恋爱关系中的问题:"既然你知道我们的事情,我也没什么好避讳。每个人在生活中都会遇到问题,每个人都有不能驾驭自己的时候,每个人都会有意识或者无意识地经历心理创伤,我们做这个就是为了帮助不能自我解脱的人。"

其实路莫惜在读方若菡给他公众号留言的时候,已经对这个叫"天下大方"的读者深有好感,不多的文字却像甘泉滋润心田,他很想认识这个能洞悉他内心的人。万万没想到的是,这个"天下大方"却是他痛恨的方若菡。

曾经，他是那个在暗处狙击猎物的人，没想到局势反转，猎物站到暗处成了狙击者。

但是，路莫惜并没有把他跟 Peter 的交易告诉方若菡。

那天见面之后，两个人没再联络。

不过，路莫惜在心里越来越强烈地希望接近方若菡，有点当初他想拥有马小姐的那种情不自禁。

而方若菡也在不断回味对路莫惜的感觉：从最初他到办公室的花哨形象，到微信公众号不俗的文采，到坦白捉弄左问云、方若菡时的忐忑，到分析他童年时眼睛露出的无辜和惶恐。

此时，在陕西北路展示中心里，方若菡面对其他三个合伙人，她还不想把路莫惜的背景都讲出来，只跟大家说，路莫惜是她心理咨询的客户，他认识今天搞事情的那个"盲人"。

路莫惜告诉她们，这个人是 Peter 找来的："我听到这个消息之后就赶过来了。还好来得及时，没有出问题。"

顾芊芊马上反应过来，Peter 是另一家心理咨询平台——康惠公司负责业务推广的。如果说问菡跟它是竞争对手，她们是怎么也想不到的。毕竟，康惠成立时间比问菡早，规模也比问菡大。

"康惠在这个领域是比我们老牌，不过现在大家都在依靠网络平台扩张，都是新起点，网络平台受欢迎程度直接关系到对资本的吸引程度，所以，我们没把康惠当对手，他们未必这么想。市场竞争，谁都讨厌新同行出现，都是潜在威胁。"左问云听完路莫惜讲的前因后果，沉吟了一会儿说。

路莫惜欲言又止："不过这个 Peter 路子不正。之前也叫我帮他做托儿，他帮我推销过房子我当然要帮他忙，他答应有报酬的，可一次也没给我。这种小事嘛，我本来也不想计较，最近我发现针对的是你们问菡。方小姐也算帮过我，所以我就不想他再跟你们搞事情。今天来帮你们，我也准备今后就跟他拗断算了。"

三个女人面对这个陌生的、从天而降的男人，觉得匪夷所思。他说的是真话还是假话？他这样做的动机是什么？他有毛病哦？

大家一时沉默不语。方若菡隐隐感到这沉默的矛头指向着她，今天发生的麻烦和麻烦戏剧化地突然消失，对别人都是闷头一棍，而她，是那个应该知道原因的人。

她为什么没有明说路莫惜对她讲的更多的事？为什么没有告诉左问云艳照门的幕后？假如她们知道方若菡对她们隐瞒的那些，是否会认为方若菡背叛了她们的合作？

方若菡这样想着，对路莫惜也将信将疑，他说的是真话还是假话？他的动机究竟是什么？

方若菡咬咬牙，对着一头雾水又心绪不宁的三个合伙人说："从现在开始我们也监控康惠的所有动作。不过我们不做下三滥的事情，我们按照我们的计划做好每个案子就是了。"

大家走后，她跟路莫惜又聊了一会，但仍然保持着戒备，态度不冷不热。

创业初期就碰到这样的暗流旋涡是方若菡没想到的。她一直以为把业务做好，公司就一定能顺利发展，社会的暗面又给她上了一课。

几天后，多多来找她们。她说，她之前做的专注力训练那套系统，连公司带产品都被 Rock 买断了。这套系统源自硅谷的塞科罗电子技术公司，是一家规模不大的研发公司。Rock 收购这家公司后，请国内工程师进行了二次开发，现在这套专注力训练系统比之前售价降低了一半，在国内卖得很不错。多多来，一方面是帮 Rock 探探购买意向，另一方面也想看看问菡现在到底运作得怎样。

多多跟她们说，尽管股权合作没谈成，Rock 对问菡的印象却不错，认为是个有成长性的公司。

"所以他就要占 90% 股权，当我们都是给他打工的。"左问云没好气地说。

"美国人嘛，骨子里都认为自己是天选之子、上帝宠儿，高人一等。"多多撇撇嘴。

"就反感他们又要来赚钱，又要当自己是作施舍。现在中国人谁吃这一套，在商言商。"

"你们多接触一些做风投的人就知道，外国人中国人都一样，资本市场上只有能吃的羊和饿死的羊。"多多一番话把她们说笑了。

四个人讨论了一番，决定不购买专注力训练这个系统。

但是多多的拜访让顾芊芊受到启发。她建议针对儿童和少年的心理咨询项目做些改进，引入家长普遍关心的华德福教育的理念、蒙特梭利的教具等，让容易引起紧张的心理辅导、心理训练变成孩子们喜欢的娱乐。

"其实华德福教育中用了大量的心理学知识。"顾芊芊拿着一本华德福的书对她们说，"比如强调观察多于介入，尽量不去干涉，而只是观察，从而能够更深入地了解孩子的心理和行为。这样我们设计游戏和教具就更有针对性了。"

她的建议得到一致赞成,大家又分头做研究和准备,只有黎秋儿除外。

左问云和顾芊芊让怀孕的黎秋儿向村姑们学习,只做轻微的体力劳动,不做脑力劳动。

"知道农村女人为什么可以生一堆孩子,城里的女人生不出孩子吗?"左问云煞有介事地说,"就是因为想多了,大脑消耗的不是体力、脑力,而是生命力。生命力都没有了,怎么可能生出孩子来?"

顾芊芊笑:"你这是什么理论啊?你是心理咨询师,这种话可不能乱说的。"

"不管是不是乱说,城里女人生孩子费劲是个事实啊。总之,这段时间秋儿你就别看书,别琢磨事,多运动就好。"

肚子里有一个小生命的黎秋儿正值母爱泛滥,对于给孩子们做心理训练抱有强烈的热情,即便不像姐姐们那样操心,也十足投入。

项目的实操结果非常出色,受到家长普遍好评。给孩子们做心理训练是一件既有趣也有挑战的事情,咨询师需要让自己保持高度兴奋,同时又要克制自己的情绪。孩子们的天性是既有创造力,也有打破陈规的冲动,因此,与其由成年人去引导,不如让孩子们自己去引导、去相互影响。

不久,康惠公司也推出了一模一样的业务。

这个时代,模仿永远比创新更快。

这事让她们胸闷了一段时间。与此同时,另一个突发的状况也让她们十分纳闷。

第十章　心静即安

　　线上平台突然出现了很多来访，大部分指名道姓找方若菡。

　　这些新客户以五六十岁女性为主，聊着聊着会发现她们的共同状况是：孤单和无聊。子女有自己的生活，或者因为996而特别忙，或者宅男宅女整天躲在自己房间懒得跟她们说话。辛辛苦苦做了一桌子菜，可他们宁愿叫外卖也不高兴跟父母同桌吃饭，就是不想让他们有唠叨的机会。还有不少子女宁愿花钱自己租房子住出去而不愿意待在家里。工作、恋爱这些话题更是问都不能问，一问就炸锅。八零、九零都是独生子女一代，他们不理睬你，你也没别的孩子可以说话。看起来，这是当今社会生活造成的带有普遍性的心理问题。这些阿姨妈妈确实需要了解怎样跟孩子建立沟通。

　　一开始方若菡认为，是她们的公司定位带来的效果，尽管高端谈不上，但是女性这个群体是大到无边的。

　　过了一段时间，方若菡发现有些阿姨妈妈一来再来，说的问题跟之前差不多。往好里说可以解释为，中年女性心生活逐渐固化，突破机会很少，所以一旦产生心理问题不太容易轻易治愈，或者叫作客户忠诚度高。可是另一方面她发现，这些人在做咨询的时候并不专注，甚至有一些连话都没说完就匆匆结束了，这样咨询的效果自然也不会好到哪里去。然而，这些客户们又都对咨询效果持满意的态度，一点不吝啬给好评。

　　不仅方若菡很纳闷，左问云她们也觉得不太正常，更有加盟的咨询师质疑她们是不是为了销售会员卡故意炒作。

这是怎么回事呢？是真的碰到了机遇，还是潜在客户群爆发了？还是什么人挖的坑？

方若菡有了前车之鉴，这回她变得忐忑不安，神经绷得紧紧的。

这天梦梦又来电话请方若菡到家里吃饭，电话里梦梦告诉她，母亲终于同意她去留学。梦梦说着说着就哽咽了。

留学的事情梦梦早就开始准备了，母亲突然得了抑郁症，梦梦天天陪着她寸步不离，这事自然也搁下了。方若菡在对梦梦妈妈做心理治疗的过程中，理解了为什么很多单身母亲对孩子的控制欲强烈到不可理喻，因为她们在破裂家庭中的不安全感会随着孩子长大而转嫁到孩子身上，这些孩子似乎天然就要分担母亲的不安全感和压力。这种不安全感像一条锁链，紧紧捆绑了两代人，通常这样的孩子跟母亲感情特别特别好，但同时又很可能相互窒息对方，最终成为最要伤害、最不能容忍的对方。有个极端的悲剧就是高材生弑母案件。

梦梦去美国留学的事情，最终还是方若菡帮母女俩做的决定。方若菡的理由是，如果梦梦一直和母亲在一起，那么她母亲还会将梦梦视为自己的唯一寄托，不仅对她的抑郁症不利，未来也会影响梦梦的生活。让母女俩分开，暂时切断她们在心理上的联系，从而建立起她们各自的独立人格。

另一方面，梦梦妈妈的情况确实好转了很多，最近又开始对各种各样事情感兴趣了，尤其是看微信、看直播，整天拿着 iPad 和手机，眼睛须臾不离，简直可以说是沉迷。沉迷手机当然不是一件好事，但是两害相较取其轻不仅是医生的原则，也是心理咨询师的原则。跟抑郁症比起来，沉迷手机自然比对生命毫无兴趣要好太多。方若菡对此持支持的态度，沉迷就沉迷吧。再说了，现代社会又有谁不沉迷呢？分散注意力，也是心理咨询常用的一种方法。

梦梦妈妈在病情好转后又恢复了从前的勇气和要强，她意识到确实需要尝试一下新的生活方式，鼓励梦梦去美国，既是要让梦梦放飞梦想，也是要找回失落多年的自己。女儿出国之后的孤独感、失落感肯定会有，不过，现在互联网如此发达，远在天边的人可以天天视频倾诉，近在一个屋檐下的人倒可能话都不说，地理上的距离远不敌心理上的距离。况且，身边还有个真正能帮她的方若菡呢。

饭桌上，梦梦妈妈问方若菡："你们最近生意一定特别好，对吧？"

方若菡奇怪："您怎么知道？我没有跟梦梦说过啊。"

梦梦妈妈说："咦？不是有个小鲜肉老在抖音直播给你做宣传吗？"

"小鲜肉？直播？我不知道啊。"方若菡一脸茫然。

"你们自己都不知道？哦哟，这个小鲜肉现在粉丝很多的，他喜欢把社会新闻讲得很搞笑，比老早柏阿姨做的电视节目更好白相。每趟讲完社会新闻，就介绍介绍哪个旅行社有性价比高的团队游，哪里的民宿又好又实惠，周边哪个养老地产不限购、可以用上海医保，反正介绍的内容对我们这个年龄的人蛮实用的。最近我看到他几次讲，人到中年不仅要学会养生，还要学会养心，心理健康比身体健康更重要。年龄上去了身体总归要出毛病的，心理健康，身体有病也能过得开心，心理不健康，天天发牢骚，怨天尤人，就是没病也不会有幸福感。我觉得他讲得太好了。他讲养心，就介绍你们公司，把你在公司网站上的照片都放到视频里面去了。"

"是哦，你快点找给我看。"

梦梦妈妈拿出手机，在一堆 App 图标里找。

梦梦说："您别找了，我把那个 App 给删了。"

"你删了做什么？"

"您每天黑灯瞎火的不开灯看手机，对眼睛不好。"

"不用你管。快给我装上。"

梦梦只好接过母亲的手机给她装上，又帮她登录好她的账户。

梦梦妈妈熟练地打开一个她关注的界面，方若菡一看：路漫漫兮修长哥。

碰到赤佬了。方若菡心里骂了一句。

点开梦梦妈妈推荐的视频看了几段，有一说一，路莫惜出镜还是很亮眼的，花头巾冲天小辫子都没有，干干净净的脸、清清爽爽的着装，像个乖巧的邻家大男孩，难怪阿姨妈妈们没意见，还喜欢得不得了。

"你不认得这个人呀？那他宣传你，是你们公司叫他做的啰？"

"认得认得，是个朋友，但是不知道他在做这个。"

这次方若菡没耽搁，马上把视频发到她们四个合伙人群里。

"这样吸引客户的方法实在是太好了！"这是黎秋儿发的。

"好什么好？我们是心理咨询公司，不是男主播圈钱的工具。他哪里是为我们导客户啊，他是为了自己吸粉。"这是左问云发的。

"对我们来说也不是坏事，有客户总比没客户好，我们从这些人里也是可以筛选真实客户的。"这是顾芊芊发的。

"虽然增加了线上来访，但这是冲着爱豆来的，不理智的。万一哪天翻脸，就是铺天盖地的投诉了，到时候就真的把我们的牌子砸了。"

这又是左问云发的。

方若菡一时无法厘清这件事的利弊得失，从视频的播放数据看，那是她们想都不敢想的点击量。公司创办初期四个人分工，方若菡负责推广，天天愁眉苦脸看着推文、公众号两位数阅读量，左问云总拿五百强的天价推广费安慰她不是她的错。现在有人不要一分钱给你做到10万+的点击量，难道不是好事？

一朝被蛇咬十年怕井绳，管他三七二十一，先叫路莫惜离问菡公司远点。

方若菡给路莫惜发了条微信，叫他别在自己的视频直播中推销问菡："这是公司的决定。"

线上来访马上回落了，给四个人泼了一盆冷水。

几天后，左问云先开了口："那个路莫惜虽然我们对他的底细不了解，对他的路数看不清，不过抛开个人成见，我觉得他倒是个可以一用的人才。"

"嗯？他是个人才？什么人才？"

"做营销啊。一家公司最重要的东西是什么？财务、产品、服务这是基础，还有就是市场销售。产品和服务再好，在现在这个注意力经济的时代，没有好的营销和渠道也没有用。路莫惜在营销方面比我们都接地气。有没有可能跟他合作呢？"

"合作还是算了吧。这种人，少惹。"方若菡一口拒绝。

左问云很坚持，她不容拒绝地要方若菡把路莫惜请到公司来谈一谈，她五百强的强硬作风好久没用武之地了。

方若菡发了个微信，路莫惜很快就到了3306室。

左问云先跟他交谈了一会儿。与左问云以往动辄花费几百万做营销的大手笔截然不同，路莫惜的思路是尽一切可能将所有的内容用最高效率、最低成本的方式生产出来。

"这位老兄真是太接地气了。"左问云不禁长叹。

方若菡笑道："你这个营销专家的三观是不是毁了一地？"

"毁毁，彻底毁。"左问云摇摇头，"说实在的，我从他身上学到不少东西，看问题的视角发生了很大的变化。我们这几个人都是同一类人，说好听一点儿是正派，说不好听点儿是满脑子的束缚，out了。他就很简单，抓住问题的核心去想解决的办法。"

路莫惜又讲了很多互联网传播的窍门。他并非误打误撞在网上红起来的，他们做房地产销售的，对各种推广新模式十分敏锐，像万科、中海、保利这些国内排名前一百的房地产公司，没有很强的学习能力，在最底层干销售都混不下去。

路莫惜对方若菡说："我觉得要不你自己做直播试一下。"

方若菡连连摆手："做不来做不来，什么一堆美颜、滤镜，弄得都不像我了。"

路莫惜一秒变回视频主播的口吐莲花："没事没事。你属于盛世美颜，完全不需要美颜滤镜，素面真人出镜就能红。"

"给你个白眼。"方若菡难得放松到像个小孩子。

"要不这样，你不想做直播的话，也可以尝试一下短视频、图文啊。现在自媒体这么火爆，你形象好、气质好、啥都好，不管是写自媒体文章还是做短视频，肯定能够吸粉。"

方若菡连连摆手："做不来做不来。我们公司的公众号就是我写的，写得都快吐血了，平均阅读量也就两位数。"

路莫惜摇摇头说:"我说的自媒体不是公众号,是自媒体平台。公众号必须要别人关注才能看得到,而自媒体平台是平台会帮你推荐的。你看啊,"路莫惜打开一个 App,选了一篇文章给方若菡看:"这是我以前写的一些游记,平台推荐了七万次,阅读人数六千,后面的几篇,都是推荐了两三万次,阅读人数至少也有一千以上。"

方若菡把路莫惜的手机接过来,把阅读量最高的那一篇看完了,心里有数了。

"这样,你先把主要的几个自媒体平台注册好,然后写好文章内容,我来帮你改一改。先用图文的形式发出去,然后我们再把这篇文章做成一分钟以内的短视频。我来帮你拍。"

聊到中午吃饭时间,左问云对方若菡说,你代表我们公司请路先生吃个便饭吧。方若菡愣了一下,想想也是应该,就带着路莫惜去了南京西路地铁站上盖的吴江路美食街。走到吴江路,路莫惜指着一个弄口高高挂着"张园"字样的一大片老房子弄堂说:"我小时候就住在这里面。"

"真的假的?"

"真的,我跟爷爷奶奶一个伯伯两个叔叔挤在一个石库门底楼的客堂间,房间外面有个小天井。我老看见头顶上挂着楼上人家晾的衣服呀短裤呀。"

方若菡猛然想到她住的小区的阳台风光,噗的一声笑出来。

"我们家地上铺的是解放前的地砖,花纹很好看,客堂间的门是木框彩玻璃的,房子很高,就在房间里搭阁楼,一层变两层了。"

方若菡带路莫惜走进张园弄堂,里面很大,支弄也有好几条。他们在靠近弄口的一个意大利餐厅点了简餐。午餐时间,邻近的几家都是欧式餐厅，坐满了老外。

他们等餐时，方若菡接到合伙人群发来的微信：我们已决定正式聘请路莫惜作为公司合作伙伴，你务必搞定，下午带他过来签约。

方若菡哭笑不得，什么鬼。

路莫惜爽快答应了问菡的邀约。

路莫惜加盟问菡之后，合作的产品是他跟方若菡一起打造了一个情景系列小品，用心理学知识对网络上的社会事件、生活矛盾进行解读和点评。方若菡扮演专业心理咨询师，路莫惜扮演问各种问题的小白，在路莫惜直播号上开播，两个颜值加分，粉丝喜欢。

问菡这个新武器相当成功，"方路配"人气大增，公司也名气大增，业务数据自然也是上升的线条。

七忙八忙、摸爬滚打，问菡公司不知不觉快走过一周年了。

多多打来电话说，Rock想请四个合伙人吃饭。

秋儿和芊芊没空赴宴，秋儿快生产了，芊芊正在准备结婚。那个爱让她用纱巾拍照、自我感觉良好又有点斤斤计较的上海爷叔，最终想通了。房子准备好了，子女都讲妥了，婚礼也是要办一下的，算是爱情修成正果。

方若菡、左问云考虑了一下，冲着Rock做资本市场的背景，即便有过不愉快，她们还是一口答应了。

"我一直关注你们这个行业，问菡公司发展还不错，没烧太多钱，影响力却做得很出色，比康惠知名度还高。康惠已经完成A轮融资，业界反映也不错，但是外界知名度很低，投资方有点着急。"

方若菡跟左问云互相看了一眼。当初她们多么希望得到投资人青睐，可是自己没长成人样，谁把你当美女。祸兮福兮。

"我想投资你们公司，这次我考虑这样的条件：我现金投入300万，占问菡30%股权，另外我带入两家跟投公司，各出资50万，股权比例你们直接谈，你们保持控股就是了，那两家公司是可以为问菡公司导入资源的。除了股权要求，我们对盈利目标和资金使用，会有严格管控，投入资金必须专款专用。"

他们谈了一整天，对合作细节讨论了又讨论。

最终，合作意向达成。

转眼秋天，梧桐金黄，街道上飘过隐隐约约的桂花香。

马勒别墅的花园草坪正在举行一场心理咨询师线下交流午餐会，问菡心理咨询公司的四名合伙人受邀在这个活动中交流创业经验。活动规模不小，来的业内同行大家谈的都是干货，没有人讲空话、绕圈子，主办方把会议主题定为"创新盈利模式"这个行业最关心的核心点上，活动气氛非常热烈。

轮到问菡公司演讲，方若菡和左问云微笑着登上了讲台，后面跟着沉静如水的顾芊芊和新手妈妈黎秋儿。此刻，四个人共同的回忆是：起起伏伏、跌跌撞撞。

她们仰头看着马勒别墅那童话般的屋顶，在这喧闹的尘世中，独守着一份别样的安宁，任世事如潮，我如如不动。

心若安宁，便是晴天。

正应了那句生活中最最重要的理儿：

心静即安。

后　记

　　小说集《转角看见陕西北路》即将付梓，作为这本书的策划，感觉就像等到了孕育足月，心定了，你总会诞生。

　　首先要感谢上海市静安区文化和旅游局的大力支持。早在2017年，静安区文旅局和上海市作家协会共同发起了"陕西北路网文讲坛"，最新潮的网络文学就此闯进了静安老街区，五年来，许多网文大咖和年轻读者前来"打卡"。这本书是我们2020年启动的项目，也再次得到上海市静安区文化和旅游局、静安区文物保护管理中心的支持和帮助。项目启动时，静安区文物保护管理中心举办了创作讨论会，邀请上海史专家熊月之先生、作家陈村先生、党史专家吴海勇先生、电影史专家汤惟杰先生以及街区居民与网络作家们座谈。

　　让网络作家用类型创作来写一个城市街区的虚构小说，似乎没有先例，要结集出版，也有很多挑战。正像梦风所说，在网络上写一百万字不难，要写成十万字并且结构完整，对网络作家倒是为难。另外，网络小说最惯常的"上天入地""升级打怪"也没发生在这本小说集中，篇幅和主题要求他们"规规矩矩"。其间跟作者们沟通讨论多次，我很感谢他们的理解和支持。

　　摘取几段作者写下的文字，集成后记，让读者们了解创作经过。

君天——《西摩路密码/刺白》作者：

刺杀白鑫又被称为"亚洲第一刺杀案"，这次行动在中共中央特科的历史上留下了浓重的一笔。事后，不管是法租界的巡捕房，还是国民党党务调查科（中统前身）都扬言一定要破获此案，但最后还是不了了之。

我们的这个故事，就是根据历史上的"刺杀白鑫"事件构思创作的。

小说里的王庸就是中央特科的领导人陈赓的化名，冠生是周恩来的化名，董牧师董健吾和杨登瀛都是著名的历史人物。这些都是真实的。这篇小说里涉及大量的真实历史地点，这些地方有些已经消失于时间长河，在那里建造起了新时代的建筑，有些则仍然屹立在上海的街道上。本文所有提到的马路名字都是租界时期的真实路名。还有些一晃而过的商铺地名，也承载着大量的历史。

小说里，赵逸、陈文月、吴禄、丁远明等人物则是虚构的。历史小说本就是虚虚实实，但我信奉的创作法一直是尽量真实。所以不论是调查白鑫，还是最后的击杀，都保留了大量史实的痕迹。尤其是最后的击杀，基本上是还原史实的。

我个人觉得这个谍战故事对静安寺路附近的介绍也好，对当时租界的历史痕迹的把握也好，都做得比较柔和。西摩路小菜场、范公馆、达生医院、圣彼得教堂、何公馆、沧州饭店，这几个历史地点构成了一个真实完美的故事场景。为了把握故事的节奏，我还实地重新走了几遍事件发生的马路。用现在的导航计算，从和合坊到西摩路菜场，也就是三十分钟的步行距离。这是我实际勘察过的。

民国的故事是很有趣的,当时一些平淡无奇的寻常东西,在今天看来往往有着道不尽的惊喜。比如那时候的香烟、那时候的打火机、那时候交通出行、那时候转过几个街角就能看到的教堂等。

研究资料的时候,稍许深入调查,就会挖到许多宝藏人物。比如小说里出现的杨登瀛、董健吾牧师、柯麟医生,每个人的人生都足以写一部作品。如果结合这些人的特点,我们是不是能写出更精彩的故事?

赵逸这个人物,来自我2020年写的《三次工人武装起义》的报告文学。当时我虚构了一个施英身边的交通员,他本来是个黄包车夫,后来成为工人武装纠察队的战士。落到我们这个故事里,就成了中央特科情报科的"红兵"。中国象棋里,小兵过河之后,就不能回头了。作为一个间谍,差不多就是这样的情况。而他属于中央特科,自然是红色的属性,所以我让他的代号叫作"红兵"。不过在我最初的设定里,红兵是好几个人的代号,分别是红兵一二三四五。因为象棋里有五个小兵五个小卒。

我期待有一天,能够创作"红兵"赵逸的系列故事,我真心地期待着。

梦风——《心静即安》作者:

作为网文作者,其实并没有写后记的习惯。大部分网文作者把书写完了,在作家后台点一个"申请作品完结"按钮就算完事儿。写完本感言通常是两个目的,一是感谢,二是预告新书以继续吸粉。

在获知《心静即安》终于过审可以付梓时,我高兴之余,更多的是释然。本书的写作过程可谓一波三折,着实不易。我认为有必要将本书写作的缘由、过程作一个说明，一则向读者说明本书的背景，二则给那些打算出版作品的网文作者以参考，三则感谢为本书付出过心血的人们。

这篇小说虽然署的是我的笔名梦风，但严格意义上而言应该算是联合创作。另一位创作者是吴斐老师。

吴老师向我约稿的时候是 2020 年 10 月下旬。彼时我有一篇蓄谋已久的小说一直没有时间动笔。和吴老师谈妥之后，我很快就按以前的构思写了一篇大纲，并把小说的名字取为《心静即安》。"静"与"安"是小说的文眼，正合上海静安区之意。

随后吴老师为了写作的需要，安排了一系列活动，包括邀请沪上知名的作家、史料专家、社会学专家、影视及传媒界人士一同座谈，随后又安排我们参观历史建筑，让我们了解上海的历史与风情。

正如小说中的故事一样，这件事的开端是美好的，然而过程中却碰到了一系列问题。首先是小说篇幅的影响。网络小说为了吸粉的需要，通常会将篇幅尽量拉长。一本小说不写到一百万字，作者出门都不好意思跟人打招呼。两三百万字的篇幅属于正常水准。而此次约稿的字数要求是不超过十万字。这对于擅长浅入深出、把简单的问题搞复杂的网络作者而言是一件十分棘手的事。其次，情节安排、叙事方法甚至修辞手法都与我一贯的写作风格大相径庭。

第一稿交上去之后，吴老师直接在故事情节上进行了大刀阔斧的修改。第二稿交上去之后，吴老师的修改更加深入。第三稿则更是精雕细琢。我想，本书过审之后吴老师的释然应该是远胜于我的吧。

最后，诚挚期待读者们的批评、指教。

闲听落花——《遇见爱了》上篇作者：

记得头一次到陕西北路，是一个夏天。

浓绿的树荫下，掩映着一幢幢欧式小楼，小楼前枫叶斑斓，草坪青翠。路中间，车辆穿梭，窄窄的人行道上，行人悠闲。

那一次，我站在街边，看了很久，看得恍惚起来，仿佛时空在这里交错，昔日重来。

后来，有幸得到吴斐老师约稿，我头一个念头，就是一段时空交错的爱恋，于是，就有了这一篇现下和过往的两段爱情。

头一个故事里，林青的执着和困惑，也是我曾经有过的。

随着年岁的渐长，对于生命中，什么才是最重要的东西，渐渐起了极大的变化，这一份变化，我放到了林青身上。

相比于漫长的城市纪元，以及更加漫长的大千世界，我们只是极其短暂的过客。在匆匆而过的几十年里，我们能拥有的，不过是我们自己，我们的感情，我们的爱。

头一段故事里，林青生在长在和平之中，在新的时代，她是幸运，以及幸福的。

后一段故事，龚老先生和关小姐那份爱恋，发生于民国，那些古早些的年代，我对于此一段的上海，以及陕西北路，知之甚少，也极难描绘出那一份上海风情和旧日情怀，就交给了北路溜溜。

下篇里，龚泽的城市遗惠了林青，更使这个故事，脱离市井之气，有了一份底蕴深厚的温雅。为此也感谢北路溜溜。

北路溜溜——《遇见爱了》下篇作者：

有点不知所措地接过了闲听落花的爱情故事，她写了朝气蓬勃、勇往直前的当今都市人，而我，要回到过去。

像两个老朋友在一起聊天，她看到今生，我探秘前世，走着走着，我自己也有点恍惚了，是真是假？

比如小说中的地点几乎都是真实的，如果画一张导游图，每个地点今天都能到达，而且有故事；

比如经历了近几十年城市变迁的上海人，一定也会对小说人物的无奈与欣喜极有共鸣；

再比如，小说副线写到的民国女作家施济美，关于她的故事是从研究资料上获得的，并非杜撰也不是扒网。

下篇《龚泽的城市》年代跨度比较大，但每个时间节点都认真查阅过，不敢"乱窜"，也由此积累了更丰富的每个年代的素材。

写到后来自己是有些困惑的，这样的故事适合今天喜欢读爽文的读者吗？算了，就给经历过生活的人读吧，就这样。

最后要说，书中的二十幅插画来自"速写上海"网络社群，这个拥有数千画友、每天能晒上 N 多画作的热闹社群里，有高段位的专业人士，也有入门不久的爱好者，每当他们拿着画板出没在上海各处的老街区时，他们就成了一道风景。这次，他们的插画在黑白分明的书页里面，分外亮眼。

这是一本虚构写作的小说集，读下去，却又置身于实实在在的城市街区，前后左右，都是生活。

吴斐
2021 年 6 月

图书在版编目（CIP）数据

转角看见陕西北路 / 君天等著. —上海：文汇出版社，2021.8
ISBN 978-7-5496-3573-3

I.①转… II.①君… III.①中篇小说-小说集-中国-当代 IV.①I247.5

中国版本图书馆 CIP 数据核字（2021）第 122487 号

转角看见陕西北路

总 策 划	上海市静安区文化和旅游局
策划/统筹	吴 斐
著　　者	君 天　闲听落花　北路溜溜　梦 风
插　　画	速写上海
封面插画	李 劼
责任编辑	徐曙蕾
装帧设计	董红红

出版发行　　🄜 文匯出版社
　　　　　　上海市威海路755号
　　　　　　（邮政编码200041）

照　　排	南京理工出版信息技术有限公司
印刷装订	上海颛辉印刷厂有限公司
版　　次	2021年8月第1版
印　　次	2022年2月第2次印刷
开　　本	890×1240　1/32
字　　数	230千
印　　张	10.375
插　　页	10

ISBN 978-7-5496-3573-3
定　　价　　68.00元